国家社会科学基金项目（编号：17BJL107）

本土市场效应影响出口企业技术创新的机制与路径研究

王云飞 著

立信会计出版社
LIXIN ACCOUNTING PUBLISHING HOUSE

图书在版编目(CIP)数据

本土市场效应影响出口企业技术创新的机制与路径研究 / 王云飞著. —上海：立信会计出版社，2024.6
ISBN 978-7-5429-7623-9

Ⅰ. ①本… Ⅱ. ①王… Ⅲ. ①外向型企业－技术革新－研究－中国 Ⅳ. ①F279.24

中国国家版本馆 CIP 数据核字(2024)第 083871 号

策划编辑　王艳丽
责任编辑　王艳丽
美术编辑　吴博闻

本土市场效应影响出口企业技术创新的机制与路径研究
BENTU SHICHANG XIAOYING YINGXIANG CHUKOU QIYE JISHU CHUANGXIN DE JIZHI YU LUJING YANJIU

出版发行	立信会计出版社
地　　址	上海市中山西路 2230 号　　邮政编码　200235
电　　话	(021)64411389　　传　　真　(021)64411325
网　　址	www.lixinaph.com　　电子邮箱　lixinaph2019@126.com
网上书店	http://lixin.jd.com　　http://lxkjcbs.tmall.com
经　　销	各地新华书店
印　　刷	江苏凤凰数码印务有限公司
开　　本	710 毫米×1000 毫米　　1/16
印　　张	17.75
字　　数	300 千字
版　　次	2024 年 6 月第 1 版
印　　次	2024 年 6 月第 1 次
书　　号	ISBN 978-7-5429-7623-9/F
定　　价	89.00 元

如有印订差错，请与本社联系调换

前　言

改革开放以来,中国凭借低成本优势成功嵌入全球分工体系,出口规模不断扩张,已成为世界第一大货物贸易国。但由于受到国内生产成本上升、国外需求下降及贸易保护主义盛行等多重因素的影响,中国商品出口贸易面临来自其他发展中国家产品低价竞争和发达国家低端锁定的双重打击。中国出口企业利润空间被不断压缩,产品国际竞争力持续下滑,急需通过技术创新形成新竞争优势。当今世界经济面临百年未有之大变局,地区对抗加剧,发达国家对中国经济封锁日益加强,中国出口企业继续通过"出口学习效应"实现技术创新的路径已无法持续。

与此同时,随着改革开放政策的推进,中国国内市场的需求规模日益庞大。根据国家统计局的数据,截至2022年年底,中国人口达到14.1亿人,约占全球总人口的18%;人均国内生产总值(gross domestic product,GDP)为85 698元,约为1978年381元的225倍;社会消费零售总额为439 733亿元,约为1978年1 559亿元的282倍。中国本土市场不仅规模大、升级快,而且网络化、现代化交通运输体系的建设和不断迭代升级的信息网络化平台也使得国内统一大市场建设日见成效,本土市场交易成本不断降低。中国经济经历了改革开放以来的长期高速发展,并最终培育出超大规模的本土市场优势和内需潜力。在这一背景下,中共十九届五中全会通过的《中共中央关于制定国民经济和社会发展第十四个五年规划和二〇三五年远景目标的建议》明确提出,要加快构建以国内大循环为主体、国内国际双循环相互促进的新发展格局。基于此,中国超大规模的本土市场优势可成为中国出口企业技术创新的动力来源。

本书以货物出口企业为研究对象,在梳理总结中国货物贸易发展历程和货物出口企业典型特征的基础上,分析中国出口企业依赖本土市场优势实现技术创新的理论机理、作用效果和具体路径选择。本书共分为八章。第一章在梳理中国出口贸易发展历程的基础上,分析中国出口企业进行技术创新的迫切性。

第二章分析中国出口企业技术创新的现实约束与超大国内需求规模带来的机遇。第三章以需求引致创新理论和本土市场效应理论为基础，梳理本土市场需求影响出口企业技术创新的机理。第四章采用中国微观数据检验本土市场需求对出口企业技术创新的作用效果。第五章到第七章提出立足本土市场需求实现出口企业技术创新的三条路径：借助外资企业本土化实现联合创新；通过出口转内销实现自主创新；立足本土市场需求，通过对外直接投资实现内外资源融合创新。第八章是总结与展望。

  本书从理论上综合分析了在本土市场需求的促进作用下，出口企业通过研发要素投入实现技术创新的机制；从实证上采用中国微观层面数据对本土市场需求促进出口企业技术创新的作用效果进行了检验；从路径上探讨了中国出口企业借助国内超大本土市场规模实现技术创新的可行性。本书融合发展经济学、新经济地理学、新贸易理论与新新贸易理论的研究前沿，在开放一般均衡框架下分析了发展中国家如何利用本土市场优势促进出口企业技术创新，是对本地市场化理论的一种发展和诠释。

  本书是国家社会科学基金项目"价值链视角下本土市场、创新资源投入与出口企业技术创新研究"（编号：17BJL107）的研究成果。感谢国家社会科学基金和上海对外经贸大学优秀学术专著出版基金对本书的资助。上海对外经贸大学国际经贸学院高运胜教授、景瑞琴副教授、张秋菊副教授、雷辉副教授等多位教师在本书编写过程中给予了指导与帮助，在此一并感谢。

  由于作者水平有限，本书难免存在疏漏和不足之处，希望读者谅解并批评指正。

王云飞

2024 年 1 月

目 录

前言

第一章 绪论 ··· 1
    第一节 中国出口贸易发展的历程 ··· 1
    第二节 中国出口企业的典型特征 ··· 9
    第三节 中国出口企业进行技术创新的迫切性 ································· 17

第二章 中国出口企业技术创新的现实约束与机遇 ···························· 26
    第一节 出口企业技术创新的现实约束 ··· 26
    第二节 出口企业技术创新的机遇 ··· 45

第三章 本土市场需求影响出口企业技术创新的机理 ························ 55
    第一节 本土市场需求通过规模效应影响出口企业创新 ··················· 56
    第二节 本土市场需求通过竞争效应影响出口企业创新 ··················· 61
    第三节 本土市场需求升级与差异引致出口企业创新 ······················ 69

第四章 本土市场需求促进出口企业技术创新的效应检验 ················· 77
    第一节 基于企业所在地本土市场需求的效应检验 ························· 78
    第二节 基于出口企业本土市场有效需求的效应检验 ······················ 92
    第三节 通过扩大本土市场需求促进出口企业技术创新的政策建议
    ·· 105

第五章 外资企业本土化与出口企业技术创新：从模仿创新到联合创新
·· 109
    第一节 外资企业本土化典型事实 ··· 109
    第二节 外资企业本土化对出口企业技术创新的影响机制及数据检验
·· 115

第三节　外资企业本土化促进本土企业技术创新的典型案例 …… 128
第四节　从模仿创新到联合创新路径实施的政策建议 …………… 142

第六章　出口转内销与企业技术创新：从引进创新到自主创新 …… 144
第一节　中国企业出口转内销的典型事实 ……………………… 144
第二节　出口转内销对企业技术创新作用的检验 ……………… 148
第三节　出口转内销促进企业技术创新的典型案例 …………… 163
第四节　从引进创新到自主创新路径实施的相关建议 ………… 174

第七章　对外直接投资与出口企业技术创新：从自主创新到融合创新
………………………………………………………………… 179
第一节　中国企业对外直接投资的现状 ………………………… 179
第二节　对外直接投资促进出口企业技术创新的机制和经验检验
………………………………………………………………… 184
第三节　通过对外直接投资实现出口企业技术创新的典型案例 …… 198
第四节　从自主创新到融合创新路径实现的制约因素和对策建议
………………………………………………………………… 204

第八章　总结与展望 ……………………………………………… 209

参考文献 …………………………………………………………… 213

附录1　扩大内需战略规划纲要（2022—2035年）……………… 236

附录2　国务院办公厅关于支持出口产品转内销的实施意见 …… 263

附录3　中共中央　国务院关于加快建设全国统一大市场的意见 …… 267

第一章

绪　　论

长期以来,对外贸易一直被认为是中国经济增长"三驾马车"里的中流砥柱。改革开放初期,人民生活水平较低,国内需求相对低迷,中国通过外向型经济发展战略,利用成熟的外部市场发展本国经济。中国出口企业凭借低成本优势成功嵌入全球价值链分工中的加工装配环节。经过数十年的发展,中国经济已形成"市场和资源两头在外"的国际大循环,以及"以外需促内需,以开放促改革"的发展模式。然而,随着国内劳动力成本和土地成本的上升及人民币的升值,中国出口企业依靠低成本扩张的发展模式已经无法维持。中国出口企业在国际市场上的竞争力正在不断下降,亟须发掘新的竞争优势,而技术创新是中国出口企业构建新竞争优势的核心所在。

第一节　中国出口贸易发展的历程

新中国成立以后,绝大多数西方国家对中国实施禁运政策,中国对外贸易额很低。随着国内外经济和政治形势的变化,1978年中共十一届三中全会决定把全党工作的重点转移到社会主义现代化建设上来,并实行改革开放。改革开放之后,中国与世界的联系日益紧密。凭借着低劳动力成本优势,中国对外出口发展迅速,根据国家统计局数据,1978年中国货物出口额为97.5亿美元[1],全球排名第29位,仅占国际市场份额的0.8%[2]。中国商务

---

[1] 本书以货物贸易企业为研究对象,如无特殊说明,书中涉及的出口额均指货物出口额,即商品出口额,出口企业均指货物出口企业。
[2] 本章中关于中国出口贸易的数据若无特殊说明均为国家统计局公开数据。

部数据显示,2022年中国货物出口额上涨到35 936亿美元,世界排名第一,在世界货物出口份额中的占比上升到14.4%。截至2022年,中国出口贸易的发展可以分为四个阶段:1978—1991年的探索发展阶段、1992—2000年的快速发展阶段、2001—2012年的加速发展阶段和2013—2022年的贸易强国转型发展阶段。

一、探索发展阶段(1978—1991年)

改革开放初期,基于居民收入偏低、国内市场需求不足、资金和技术短缺、劳动力等生产成本廉价的国情,中国决定发展"三来一补"的加工贸易,凭借低劳动成本优势嵌入全球价值链分工中的加工装配环节。"三来一补"是来料加工、来样加工、来件装配及补偿贸易的统称。1978年7月,国务院出台《开展对外加工装配业务试行办法》,允许对外加工装配所需原材料、零部件、设备的进口一律免征关税、工商税。1979年,国务院颁布《发展对外加工装配和中小型补偿贸易办法》和《以进养出试行办法》。这两个文件强调,要对加工贸易实行特殊的海关监管政策,积极利用国外原材料和技术,发挥国内生产能力,大力发展"以进养出"业务,把出口贸易做大做活,增加外汇收入,增强国家的外汇支付能力。1980年,中国设立深圳、厦门、汕头和珠海四个首批经济特区,作为对外开放试点,允许其采取特殊政策和灵活措施;同时,上海、北京、天津等城市被中央批准允许设立外商投资企业。在一系列政策鼓励下,中国加工贸易首先在广东、福建和上海等具备产业承接条件的沿海地区发展起来。

1981年,中国对外贸易进出口总额为440.3亿美元,其中总出口额为220.1亿美元,加工贸易出口额为11.3亿美元,加工贸易出口额占总出口额的比重为5.1%;到1991年,中国对外贸易总出口额为718.4亿美元,其中加工贸易出口额为324.3亿美元,占总出口额的比例上升到45.1%,详见图1-1。与此同时,中国出口商品结构不断改善,1980年初级产品出口额占总出口额的比重为50.3%,到1991年这一比重下降到22.5%。中国出口贸易对GDP的拉动作用也不断增强,1978年对外出口额占全国GDP的比重仅为6.5%,1985年该比重上升到8.8%,1991年该比重进一步上升到18.7%。

改革开放初期,国家对外贸经营权管制比较严格,这一阶段的出口贸易主

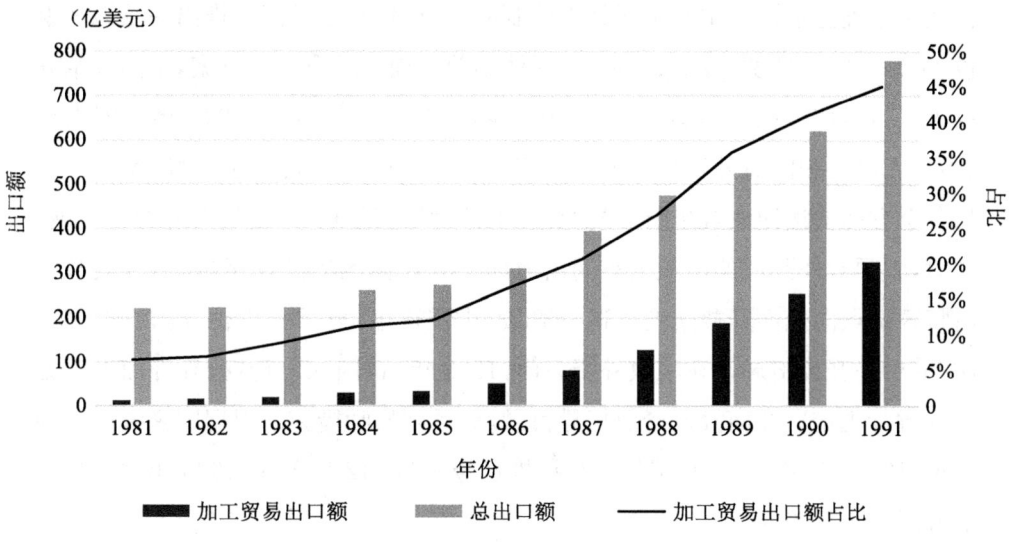

图1-1 中国加工贸易出口发展趋势(1981—1991年)

资料来源:《中国贸易外经统计年鉴2000》。

要由国有企业完成。1981年,220.1亿美元出口额中有219.6亿美元由国有企业完成,占总出口额的99.8%。1985年,国有企业出口比重亦高达98.9%。1990年,国有企业出口额为541.4亿美元,占总出口额的87.2%,如表1-1所示。

表1-1 1981年、1985年、1990年不同类型企业出口额及占比

年份	出口金额(亿美元)			占比		
	国有企业	外资企业	民营企业	国有企业	外资企业	民营企业
1981	219.6	0.3	0.2	99.8%	0.1%	0.1%
1985	270.4	3.0	0.1	98.9%	1.1%	0
1990	541.4	78.1	1.4	87.2%	12.6%	0.2%

资料来源:马林静,梁明.中国对外贸易体制70年变革与未来改革思路探索[J].国际经济合作,2020(01):45-55.

二、快速发展阶段(1992—2000年)

1992年,邓小平同志总结了中国改革开放初期取得的成就,指出新一阶段"深化改革,扩大开放"的发展方向。1992年10月,中国共产党第十四次全国

代表大会确立了社会主义市场经济体制的改革目标,之后国家推出一轮涉及财税、金融、外汇、外贸、投资、价格、流通体制等方面的综合改革方案,中国改革开放进入新时期。在外贸方面,为抓住国际产业转移的机会,1994年中国出台《中华人民共和国对外贸易法》。《中华人民共和国对外贸易法》对涉及对外贸易各个方面的法律法规进行了规范,以维护对外贸易秩序,促进对外贸易发展。同时,中国对外开放的区域由东南沿海向更为广阔的内陆地区推进,开放政策由特区试点向全面开放转变。这一阶段,中国逐渐形成"全方位、跨领域、多层次"的对外开放格局。在吸收外资方面,1992年后,国家出台《指导外商投资方向的暂行规定》《外商投资产业指导目录》等系列鼓励措施。根据国家统计局的数据,1992年中国实际利用外商直接投资金额为112亿美元,1995年这一数值上升到377亿美元。

这一阶段,中国对外出口特别是加工贸易出口进入快速发展期。根据《中国贸易外经统计年鉴(2001)》,1992年中国进出口贸易总额为1 656亿美元,总出口额为850亿美元,加工贸易出口额占总出口额的比重为46.6%;2000年,中国进出口贸易总额上升到4 743亿美元,其中总出口额为2 492亿美元,加工贸易出口额占总出口额的比重上升到55.2%,详见图1-2。

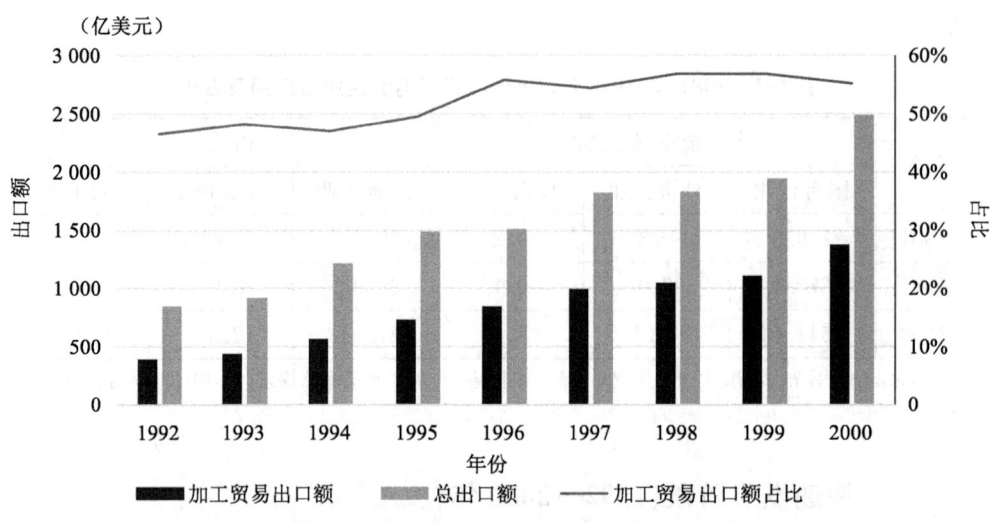

图1-2 中国加工贸易出口额及其比重变动趋势(1992—2000年)

资料来源:《中国贸易外经统计年鉴(2001)》。

这一阶段,外商投资企业成为中国出口贸易的主要推动者。1990年,外商投资企业(包括外商独资企业、中外合资企业和中外合作企业)出口额为78.1亿美元,占总出口额的12.6%;1995年,外商投资企业出口额上升到468.8亿美元,占总出口额的31.5%;2000年,外商投资企业出口额已经迅速增长到1194亿美元,占总出口额的47.9%。同时,民营企业(包括私营企业和集体企业)出口额占总出口额的比重也有所上升,2000年,民营企业出口额占总出口额的比重上升为5.4%。这一阶段,国有企业出口额占总出口额的比重大幅下降,2000年该比重为46.7%。

三、加速发展阶段(2001—2012年)

2001年,中国加入了世界贸易组织(world trade organization,WTO)。加入WTO之后,中国积极践行自由贸易理念,围绕入世承诺开展对外贸易政策改革,深度参与全球贸易分工体系。这一时期,中国对外出口贸易呈现井喷式发展,从2001年到2007年,中国出口额的年均增长率高达28.96%。2001年,中国总出口额为2662亿美元;2012年这一数据上升为20489亿美元,约为2001年的7.7倍。

这一阶段,中国出口结构发生重大变化。首先,随着中国劳动力成本的不断上升,加工贸易出口额在总出口额中的比重呈现下降趋势。2001年,中国加工贸易出口额为1475亿美元,占总出口额的比重高达55.41%;2010年,这一比例下降为46.92%,2012年进一步下降为42.11%,如表1-2所示。其次,中国加工贸易的主要商品不断向机电产品、高新技术产品等资本密集型产品转移。同期,一般贸易快速增长,2001—2004年,一般贸易出口额增速接近加工贸易出口额增速;2005年后,一般贸易出口额增速开始超过加工贸易出口额增速;2012年,一般贸易出口额为9880亿美元,占总出口额的48.22%。

表1-2 2001—2012年中国加工贸易与一般贸易出口额及其占比

年份	出口额(亿美元)			占比	
	加工贸易	一般贸易	总出口额	加工贸易	一般贸易
2001	1 475	1 119	2 662	55.41%	42.04%
2002	1 799	1 362	3 256	55.25%	41.83%

(续表)

年份	出口额(亿美元)			占比	
	加工贸易	一般贸易	总出口额	加工贸易	一般贸易
2003	2 418	1 820	4 384	55.16%	41.51%
2004	3 280	2 436	5 934	55.27%	41.05%
2005	4 165	3 151	7 620	54.66%	41.35%
2006	5 104	4 163	9 691	52.67%	42.96%
2007	6 177	5 386	12 180	50.71%	44.22%
2008	6 752	6 626	14 285	47.27%	46.38%
2009	5 870	5 298	12 017	48.85%	44.09%
2010	7 403	7 207	15 779	46.92%	45.67%
2 011	8 354	9 171	18 986	44.00%	48.30%
2012	8 628	9 880	20 489	42.11%	48.22%

数据来源:中华人民共和国各年国民经济和社会发展统计公报。

这一阶段,中国中间产品出口额所占的比重不断上升。中国中间产品出口额占总出口额的比重从2001年的35.97%上升到2008年的39.76%。受2008年金融危机影响,中国中间产品出口额占比在2009年下降比较大,如图1-3所示。中间产品出口额的上升意味着中国嵌入全球分工的地位在提高。

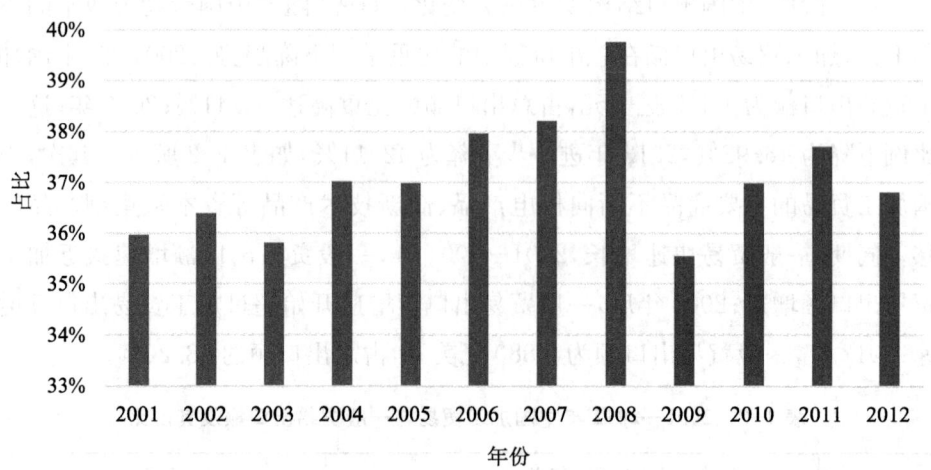

图1-3 中国中间产品出口额占比(2001—2012年)

数据来源:作者通过联合国商品贸易统计数据库数据计算得到,这里的中间产品按照联合国商品贸易统计中广义经济类别分类获取。

中国加入WTO以后,外商投资企业和民营企业成为出口贸易的主体。外商投资企业出口额从2001年的1 332亿美元上升到2012年的10 227亿美元;2001年,外商投资企业出口额占总出口额的比重从50.0%上升到2005年的58.3%;随后,这一比重开始逐步下降,到2012年这一比重降为49.9%,而同期民营企业出口额的比重则从2001年的7.4%上升到2010年的30.5%。这一阶段,中国国有企业出口额占总出口额的比重继续下降,2005年该比重下降为22.2%,2010年进一步降为14.9%。

四、贸易强国转型发展阶段(2013—2022年)

这一阶段,中国商品对外贸易总额跃升为世界第一,从规模上来看,中国已经成为贸易大国。2013年,中国出口额为22 090亿美元,占世界总出口额的比重为11.6%。2022年,中国出口额上升到35 444亿美元,占世界总出口额的比重上升为14.2%,详见表1-3。从出口增长率来看,该阶段的中国出口额年均增长率比2001年到2012年的平均增长率有所下降,2022年中国出口额仅为2012年的1.73倍。此外,这一阶段中国出口增长率呈现较大波动:2012年到2014年中国出口增长率基本都高于6%;2015年和2016年中国出口增长率为负值;2019年受中美贸易战影响,2020年受疫情影响,中国出口增长率均低于5%。

表1-3　2013—2022年中国出口额及占比情况

年份	世界总出口额 (亿美元)	中国出口额 (亿美元)	中国出口额占比
2013	189 699	22 090	11.6%
2014	190 111	23 423	12.3%
2015	165 581	22 735	13.7%
2016	160 452	20 976	13.1%
2017	177 429	22 633	12.8%
2018	195 504	24 867	12.7%
2019	190 147	24 995	13.1%
2020	175 829	25 900	14.7%
2021	222 838	33 630	15.1%
2022	249 000	35 444	14.2%

资料来源:世界贸易组织货物贸易统计数据库。

该阶段,中国一般贸易快速发展,而加工贸易出口额占总出口额的比重持续下降。2012年,中国加工贸易出口额为8 628亿美元,占总出口额的比重为42.11%。从2019年开始,中国加工贸易出口额占总出口额的比重已低于30%,并呈现继续下降趋势;到2022年,这一数值仅为22.5%。一般贸易出口额占总出口额的比重在2022年则上升到63.6%。根据海关统计数据,中国出口商品主要以资本密集型的机电产品为主,2018年机电产品出口额占总出口额的比重高达58.8%;2020年机电产品出口额占比进一步上升到59.4%,2021年和2022年该占比分别为59.0%与57.2%。

2012年之后,中国民营企业成为中国出口贸易的主力军。从2015年开始,民营企业出口额在总出口额中的占比超过了外商投资企业出口额的占比。2022年,中国民营企业出口额占总出口额的比重为60.8%。这一阶段,国有企业出口额占总出口额的比重继续下降,2022年这一数值仅为7.9%,详见图1-4。

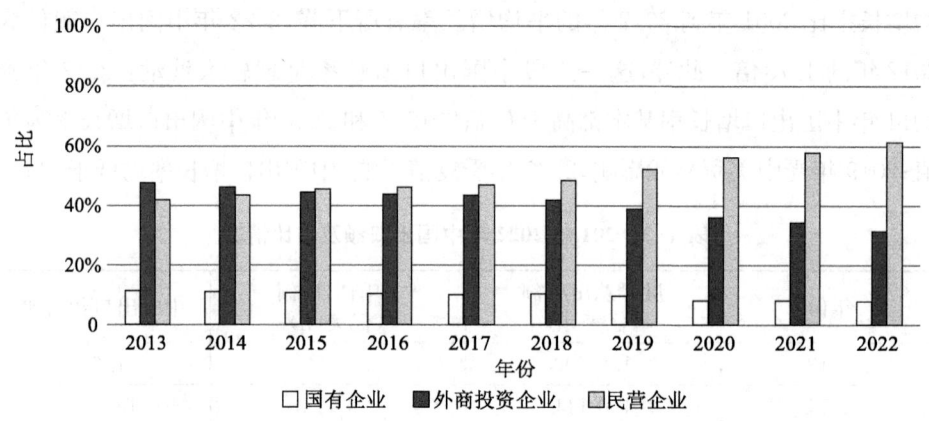

图1-4　各类企业出口额占总出口额比重(2013—2022年)

资料来源:中国海关总署(这里外商投资企业包括港澳台投资企业)。

这一阶段,虽然从规模来看中国已经成为世界第一大商品出口国,但中国出口贸易存在"大而不强"的问题。首先,中国出口贸易主要还是依赖低成本优势,即使在资本密集型产品出口贸易中,中国参与的依然是劳动力密集型生产环节;其次,中国出口产品总体质量偏低,自有品牌和自有技术含量较少。因此,中国出口贸易需要向高质量转型发展。

第二节 中国出口企业的典型特征

现阶段,中国出口企业尤其是民营出口企业过度依赖低成本优势,创新能力差,出口产品质量低,附加值低。

一、中国企业出口产品的国内附加值低、质量低

改革开放以来,中国主要凭借低劳动力成本参与全球价值链分工,其出口产品中含有的国内附加值不高。根据联合国工业发展组织在2003年发布的报告《通过创新和学习参与竞争》,全球价值链是指在全球范围内为实现商品或服务价值而连接生产、销售、回收处理等过程的全球性跨企业网络组织,涉及原材料采集和运输,半成品和成品的生产、分销,最终消费和回收处理等过程。在全球价值链下,生产的国际化程度不断加深,国际分工已经深入到产品生产阶段内部,即每个国家只在商品(或服务)的某个特定阶段进行专业化生产。国际分工的深化表现为最终产品需要由多国多阶段分别来完成,不同国家或地区处于全球生产网络的不同位置。在当前全球价值链分工中,发达国家或地区依赖其人力资本、技术等优势往往控制着价值链的两端,即研发、设计环节和品牌、销售等环节,这些环节可以创造更高的产品价值;而发展中国家或地区主要参与简单零部件生产或组装等价值链低端的劳动密集环节,所创造的价值增值往往比较低。在全球价值链分工背景下,各国或地区出口的产品价值并不代表本国或本地区创造的总价值,因为其出口额中可能包含从其他国家或地区进口的零部件、中间产品以及原材料等的价值。学者通常对一国或地区的出口产品价值进行分解,通过剔除出口产品价值中从别国或地区进口的零部件、中间产品与原材料的价值来计算该国或地区的出口产品国内附加值(Kee 和 Tang,2016;Koopman 等,2014)。一国或地区的出口产品国内附加值越高,说明该产品创造的价值增值越高。虽然中国出口产品的结构发生了很大改变,但是其出口产品国内附加值依然被锁定在低端(刘维林,2021)。

我们以苹果手机的生产制造为例,分析中国在全球价值链分工中创造的国

内附加值。Louis 和 Ruslan(2015)对苹果手机生产各环节的价值创造进行了分解,详见图 1-5。从图 1-5 可以看出,中国为了完成苹果手机的组装,需要从韩国进口价值 80.05 美元的零部件,从德国进口价值 16.08 美元的零部件,从法国进口价值 3.25 美元的零部件,从日本进口价值 0.70 美元的零部件,从其他国家进口价值 62.79 美元的零部件,还需要从美国进口 24.63 美元的中间产品。中国将从各国进口的苹果手机零部件和中间产品进行加工组装,形成苹果手机整机,其出厂价值为 194.04 美元。不考虑运输成本和保险等费用,中国加工组装工厂将价值为 194.04 美元的苹果整机出口给美国。美国苹果公司还需要支付 45.95 美元的杂项制品与软件费用,苹果手机分销与运输费用为 90.00 美元。苹果手机的最终售价为 600.00 美元。在参与苹果手机的全球价值链中,中国虽然向美国出口了一部价值 194.04 美元的手机,但这部手机的出口价值中包含来自韩国、德国等国家的零部件或中间产品的价值。这些零部件或中间产品总价值为 187.50 美元,因此这部手机在中国的附加值仅为 6.54 美元。中国出口企业加工组装手机所创造的价值在苹果手机售价中的占比只有 1.09%。而美国苹果公司每卖出一部手机,其净利润为 269.05 美元,占整部手机销售价格的 44.84%。在全球价值链分工中,中国企业承担的基本是产品的生产环节,该环节创造的国内附加值往往是最低的。在全球价值链分

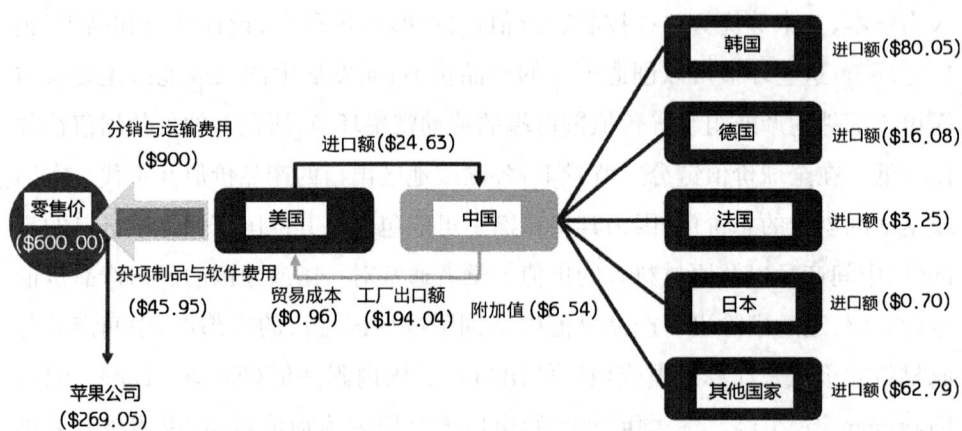

图 1-5 苹果手机全球价值链附加值分解图

资料来源:Louis B, Ruslan R. Global value chains and smart specialisation strategy: thematic work on the understanding of global value chains and their analysis within the context of smart specialisation[R]. Joint Research Centre Working Papers, 2015.

工背景下,中国想要从商品出口大国变为一个出口强国,需要中国出口企业通过提升品牌和技术获取更大出口价值增值。

中国出口企业除了创造的国内附加值比较低,其出口的产品质量普遍也比较低,而且随着时间的推移这种状况并未改变。从国际比较来看,刘伟丽、余淼杰和吕乔(2017)测度了1995年到2014年128个国家的出口产品质量指数,发现中国出口产品质量指数不仅低于发达国家,也低于世界平均水平,且中国出口产品质量指数在"金砖五国"中最低。因出口产品质量非常难以测定,不同的学者采用不同的方法和数据测算出来的中国出口企业产品质量变化趋势也不同。大部分学者认为,出口产品质量与出口价格息息相关,一般来讲,高质量产品的价格更高(Khandelwal等,2013;Fan等,2015)。李坤望等(2014)采用单位价值法,发现中国出口产品质量在2000年到2006年呈不断下降趋势,并且指出中国出口产品质量下降的原因主要是新进入的出口企业产品质量偏低、价格偏低。Rodrigue和Tan(2019)也发现,新进入美国市场的中国企业的出口产品质量和出口价格普遍低于有出口经验的中国企业。He等(2023)同样发现,新进入市场的出口企业的产品质量普遍低于老的出口企业。兰宜生(2020)则以鞋子为例,发现中国鞋子的出口价格呈下降趋势。中国是世界第一大鞋子生产国和出口国,但是中国鞋子出口价格长期低迷,2017年中国出口鞋子的均价为4.73美元/双,2019年其出口均价为4.71美元/双,折合人民币大约为30元/双,这一价格甚至低于越南鞋子出口的均价(8美元/双)。大量研究发现,外商投资企业的出口产品质量普遍高于民营企业,加工贸易的出口产品质量高于一般贸易,且民营企业的一般贸易出口产品质量更低(施炳展,2013;余淼杰和张睿,2017;张杰等,2014)。

二、中国出口企业的利润率普遍较低

纵观中国出口贸易发展的历程,中国的出口企业主要依赖低成本优势,尤其是劳动力成本优势参与国际分工。在改革开放初期,由于各地区的工资水平差不多,产业结构趋同,各地区之间相互竞争,不断压低商品的出口价格,出口企业的利润率普遍较低。这种低利润率的状况到今天依然存在。一方面,中国劳动力成本随着经济发展不断提升,而出口企业之间的低价竞争并未缓解,这进一步压低了企业的利润空间;另一方面,中国出口产品一直被锁定在劳动力密集型低端生产环节(刘维林,2012),很多出口企业尤其是民营企业的利润很大一部分得益于国家的出口退税政策(朱宇,2007)。

刘愿等(2017)通过对上市公司和债券公司的相关数据进行测算,发现中国工业企业的利润率平均在 5% 左右;从趋势来看,从 2000 年到 2007 年中国工业企业的平均利润率呈不断上升趋势,经历 2008 年波动之后,2011 年开始呈不断下降趋势。我们采用中国工业企业数据库①的数据对出口企业的利润率进行测算,发现除了 2010 年和 2011 年,出口企业的平均利润率都低于 4%。从趋势来看,出口企业的平均利润率从 2000 年到 2004 年不断上升,2008 年降到最低,低于 2%,后受政策鼓励影响有所上升,2010 年后呈现明显下降,详见图 1-6。按照武汉大学中国企业调查数据中心研究团队的结论,一般贸易出口企业的利润率要稍微高于加工贸易出口企业的利润率,以 2015 年数据为例,中国一般贸易出口企业的销售利润率均值为 3.5%,加工贸易出口企业的这一均值仅为 2.6%。

---

① 中国工业企业数据库(简称工业企业数据库或工企库)由国家统计局建立,它的数据主要来自样本企业提交给当地统计局的季报和年报。这里的工业统计口径包括《国民经济行业分类》中的"采掘业""制造业"以及"电力、燃气及水的生产和供应业"三个门类。目前,工业企业数据库可获得的年份区间为 1998—2014 年,但 2014 年数据质量不高,我们主要采用 1998—2013 年的数据。这一数据库统计的标准进行了多次调整,1998—2006 年为全部国有和年主营业务收入 500 万元及以上的非国有工业企业;2007—2010 年为年主营业务收入 500 万元及以上的工业企业,即规模以上工业企业;2011 年开始则为年主营业务收入 2 000 万元及以上的工业企业。该数据库包括企业的两类信息:一是企业的基本情况,如法人代码、企业名称、法人代表、联系电话、具体地址、邮政编码、所属行业、注册类型(所有制)、隶属关系、开业年份和职工人数等;二是企业的财务数据,如企业流动资产、应收账款、长期投资、固定资产、累计折旧、无形资产、流动负债、长期负债、实收资本、主营业务收入、主营业务成本、营业费用、管理费用、财务费用、营业利润、利税总额、广告费、研究开发费、工资总额、福利费总额、增值税、工业中间投入、工业总产值和出口交货值等。该数据库涵盖了比较全面的中国工业企业的相关信息,但该数据库是按照年份分别统计的,我们需要将各年份数据整合成为面板数据。我们对工业企业数据库的处理主要参照聂辉华等(2008)、Brandt 等(2012)的方法,首先根据相同的企业代码识别同一家企业,然后再根据相同的企业名称进行识别,最后再参考法人代表姓名、地址、邮编、电话、行业代码、主要产品名称、开业时间等基本信息进行识别。将逐年之间企业识别清楚之后,本书对数据进行合并,最终形成一个非平衡的面板数据。为确保数据的可靠性,在两个数据库匹配之前我们对数据库进行处理,删除不合理的数据。第一,删除从业人员、固定资产、工业销售产值等存在缺失值的企业样本。第二,删除从业人数小于 8 的企业样本。第三,参照一般会计准则(GAAP),本文还删除了流动资产超过总资产的企业样本和固定资产净值超过总资产的企业样本。第四,删除销售额小于 500 万元、实收资本小于等于 0 元的企业样本。第五,删除企业建立年份大于企业所在年份、成立月份大于 12 小于 1 的企业。后续各章中涉及的企业层面数据基本都是采用处理过后的工业企业数据库中的数据或者工业企业数据库与其他数据库合并所得数据。

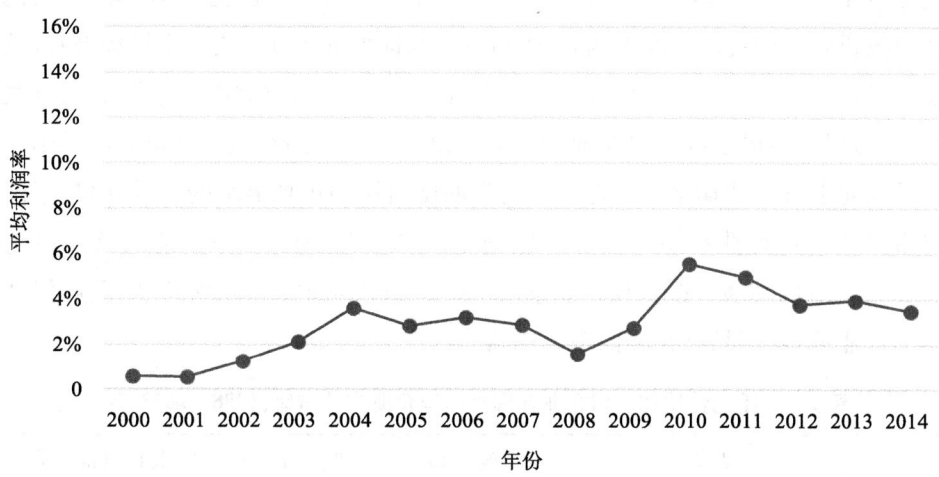

图 1-6　出口企业平均利润率变化

资料来源：作者根据工业企业数据库计算获得。

三、中国出口企业未形成本土规模化销售

在中国市场经济改革和对外开放的初期，中国居民收入低，消费能力有限，大量外商投资企业仅借助中国低劳动力成本从事加工贸易，并不服务于中国市场(张杰等,2010)。当时,中国各地区要素市场与产品市场分割,产业和出口结构趋同严重,国内交易成本高于国际贸易成本。这迫使中国出口企业尤其是民营出口企业以服务国际市场为主(Poncet,2003)。与其他国家不同,中国出口企业并非立足国内市场需求发展,很多出口企业的产品都不在中国市场销售(朱希伟等,2005);即使中国出口企业的产品在国内销售,但因国内市场与国外市场在产品型号、标准等方面不同,出口企业的国内销售额在总销售额中的占比也不高。

根据工业企业数据库的数据,我们发现大量中国出口企业的销售总产值等于出口交货值,这说明这些企业仅在国际市场销售,并不服务于国内市场,我们把这样的企业称之为纯出口企业。此外,我们发现从企业性质来看,国有纯出口企业在所有国有出口企业中的占比最低,民营纯出口企业在民营出口企业中的占比次之,外商投资纯出口企业的占比最高。从加入WTO后第一年(2002年)的数据来看,国有出口企业中纯出口企业占比为5.64%,民营出口企业中纯出口

企业占比为23.35%,港澳台投资出口企业中纯出口企业占比为47.38%,其他外商投资企业中纯出口企业占比为33.17%,详见表1-4。从变化趋势来看,港澳台投资纯出口企业和其他外商投资纯出口企业占同类型出口企业的比重基本呈下降趋势;民营纯出口企业和国有纯出口企业占同类型出口企业比重则基本呈现先上升后波动下降的趋势。这说明随着国内市场需求的上升,服务于国内市场的出口企业在不断增加。但到2013年依然有15.01%的民营出口企业、27.53%的港澳台投资出口企业和19.50%的其他外商投资出口企业仅从事出口业务,其产品不在国内市场销售。

表1-4 不同性质纯出口企业在同类出口企业中的占比(1998—2013年)

年份	民营纯出口企业	国有纯出口企业	港澳台投资纯出口企业	其他外商投资纯出口企业
1998	21.25%	5.69%	53.89%	38.77%
1999	21.30%	5.22%	52.03%	34.09%
2000	22.97%	5.38%	52.09%	33.84%
2001	23.95%	5.55%	50.35%	31.96%
2002	23.35%	5.64%	47.38%	33.17%
2003	23.86%	6.28%	46.96%	32.40%
2004	25.78%	6.77%	45.96%	33.64%
2005	22.01%	3.94%	44.35%	30.89%
2006	22.71%	3.23%	43.87%	28.59%
2007	24.77%	4.82%	41.63%	28.75%
2008	21.26%	4.55%	36.85%	26.56%
2009	21.88%	3.74%	31.42%	24.34%
2010	18.50%	3.64%	29.49%	22.11%
2011	15.12%	3.53%	27.56%	19.87%
2012	15.20%	4.46%	27.92%	19.36%
2013	15.01%	3.94%	27.53%	19.50%

注:表中数据根据工业企业数据库计算得到。

根据工业企业数据库的统计,即使中国出口企业的产品在国内市场销售,但其国内市场销售额在出口企业总销售额中的占比也不高。为了更好地了解中国出口企业在国内外市场销售额的比例,我们计算了中国出口企业中出口交货值占销售总产值的比重。该比重数值越高,说明中国出口企业外销比例越高,企业在国内市场销售(内销)的比例越低。表 1-5 列出了不同行业企业出口额占其总销售额的平均比重。

表 1-5 不同行业企业出口额占其总销售额的平均比重

行业分类	2000 年	2005 年	2009 年	2011 年	2013 年
食品加工	61%	51%	61%	58%	58%
食品制造	57%	48%	50%	48%	48%
饮料制造	37%	36%	38%	31%	31%
烟草加工	6%	9%	10%	4%	3%
纺织	60%	63%	62%	58%	51%
服装及其他纤维制品制造	84%	81%	78%	73%	76%
皮革、毛皮、羽绒及其制品制造	84%	82%	78%	75%	77%
木材加工及竹、藤、棕、草制品制造	73%	68%	68%	61%	61%
家具制造	74%	74%	74%	72%	73%
造纸及纸制品制造	51%	41%	46%	40%	40%
印刷业,记录媒介的复制	49%	45%	44%	39%	41%
文教体育用品制造	82%	82%	78%	75%	75%
石油加工及炼焦制造	26%	20%	16%	11%	18%
化学原料及化学制品制造	40%	39%	37%	32%	31%
医药制造	36%	35%	37%	35%	35%
化学纤维制造	46%	34%	24%	26%	26%
橡胶制品	56%	58%	56%	51%	53%
非金属矿物制品	54%	47%	54%	44%	46%
黑色金属冶炼及压延加工	36%	30%	26%	25%	33%
有色金属冶炼及压延加工	40%	35%	30%	31%	27%
金属制品	65%	66%	60%	54%	54%

(续表)

行业分类	2000年	2005年	2009年	2011年	2013年
普通机械制造	43%	47%	45%	39%	40%
专用设备制造	31%	36%	39%	35%	36%
交通运输设备制造	38%	45%	42%	38%	33%
电气机械及器材制造	54%	66%	63%	60%	59%
电子及通信设备制造	67%	64%	58%	50%	47%
仪器仪表及文化、办公用机械制造	58%	83%	78%	71%	63%

数据来源：根据工业企业数据库计算得到。

从均值来看，烟草加工业出口企业的出口额占总销售额的平均比重最低，2013年的数值仅有3%；石油加工及炼焦制造业出口企业的出口额所占平均比重也相对较低，在2000年为26%，在2013年为18%；而化学原料及化学制品制造业、医药制造业、专用设备制造业、交通运输设备制造业、普通机械制造业等资本密集型行业出口企业的出口销售额占总销售额的平均比重要稍微高一些，基本在30%~50%。有些资本密集型行业因为加工贸易比例比较高，其出口企业的外销平均比重高于50%，如2013年电气机械及器材制造业的外销平均比重为59%，仪器仪表及文化、办公用机械制造业的外销平均比重为63%。中国有比较优势的劳动力密集型行业企业的出口额占总销售额的平均比重基本都超过50%，如2000年服装及其他纤维制品制造和皮革、毛皮、羽绒及其制品制造业的外销平均比重均为84%，家具制造业的外销平均比重为74%，文教体育用品制造业的外销平均比重为82%，纺织业的外销平均比重为60%。这说明劳动力密集型行业出口企业的销售额主要来自国外市场。

从企业出口额占其总销售额的平均比重变化来看，随着国内市场规模的扩大，大部分行业企业的平均出口额占比有所减少，内销比重有所增加。但从数值变动来看，木材加工及竹、藤、棕、草制品制造业，造纸及纸制品制造业，化学纤维制造业，有色金属冶炼及压延加工业，金属制品业，电子及通信设备制造业企业出口额占总销售额的平均比重从2000年到2013年下降超过10个百分点；其他很多行业企业出口额占总销售额的平均比重并未大幅度下降。还有一些行业，比如专用设备制造业、电气机械及器材制造业和仪器仪表及文化、办公用机械制造业企业出口额占总销售额的平均比重随时间推移反而有所上升。这说明随着时间的推移,很多行业的出口企业依然依赖国外市场的现状并未改变。

总体来看,中国出口企业的出口产品质量和附加值普遍较低,利润低。又因国内市场分割严重,出口企业无法立足国内市场规模经济形成比较优势,只能依赖国外市场促进创新。但在国外市场需求缩减、国内生产成本上升等因素影响下,这种低成本、低质量产品的出口格局越来越无法维持。

第三节　中国出口企业进行技术创新的迫切性

一、中国国内生产成本不断上升

中国对外贸易早期之所以发展迅速,主要依赖于低廉的国内生产成本。一方面,中国经济是典型的二元经济,农村存在大量剩余劳动力,城市发展对外贸易的过程中对劳动力需求上升,这些农村剩余劳动力不断转移到城市,使得城市劳动力成本一直维持在较低水平。另一方面,中国土地属于国有,为了发展经济,很多地方土地转让成本低,尤其是工业用地转让成本更低。但随着改革开放的不断推进和中国城镇化水平的上升,再加上土地市场化改革,中国产品的生产成本大幅上升,劳动密集型行业产品在国际市场上的竞争力不断下降。

(一)劳动力成本上升

根据要素禀赋理论和要素价格均等化理论,劳动力丰裕型国家大量出口劳动力密集型产品,国内的工资将上涨。随着中国出口劳动力密集型产品数量不断增加,国内的工资水平也在不断上升。2008年之前,中国对外贸易出口企业雇佣大量农民工,采用的大都是短期劳动合同甚至无合同,给予员工的工资普遍都较低。2008年,中国颁布新的《劳动合同法》,从劳动合同的订立、履行和变更、解除和终止等多个方面完善了劳动合同制度,明确了劳动合同双方当事人的权利和义务,规定企业必须签订劳动合同,否则需要支付两倍工资,同时引入无固定期限劳动合同。新《劳动合同法》的实施直接导致企业尤其是外贸企业用工成本增加(苏永照,2020)。中国社会科学院发布的《如何延续中国经济奇迹》专题报告指出,中国已经进入"刘易斯拐点",劳动力市场跨越了无限供给阶段,中国人口红利消失。根据国家统计局的数据,中国农民工总量增速于2010年上升至最高点,其后一路缓慢下行;2018—2019年已降至1‰以下;2020年首次出现负增长,数值为-1.8%。中国人口红利的消失使得中国劳动力工资水平进一步增长。

图1-7为1995—2022年中国城镇就业人员年平均工资变动趋势,我们从中可以看出,中国城镇就业人员年平均工资逐年上涨。1995年城镇就业人员平均工资为5 348元,2000年上涨到9 333元,2008年已上涨到28 898元,是1995年工资的5.4倍,2018年进一步上涨到82 413元。在1995年到2022年期间,中国城镇就业人员工资年平均增长率为12.04%,2022年的年平均工资是1995年的21倍多。

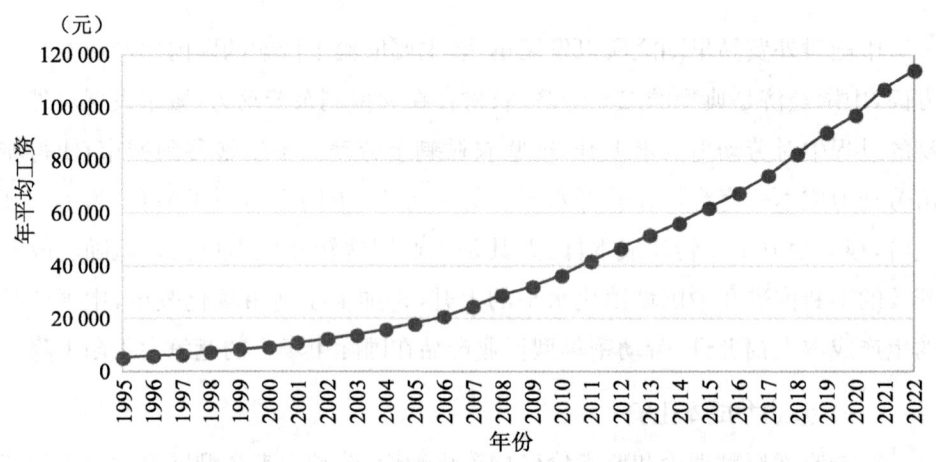

图1-7　1995—2022年中国城镇就业人员年平均工资变动趋势
数据来源:国家统计局。

国际劳工组织发布的2022—2023年全球工资报告显示,中国实际平均工资的增长速度是所有G20国家中最快的。如果将2008年的实际工资标准化为100,则2022年中国的实际工资为260,印度与俄罗斯的工资都在140左右,韩国的工资为123,德国、法国、加拿大等的工资基本都在115以下,而日本、墨西哥、意大利等国的实际工资不仅没有增长反而在下降。

从工资绝对值来看,2005年以前中国的工资水平远低于东南亚国家,2008年金融危机之后,中国的工资水平已超过泰国、印度尼西亚、马来西亚和越南等国家。根据郭也(2021)的测算,2002年中国的小时工资为0.437美元,低于泰国的0.717美元和马来西亚的2.015美元。但2016年中国的小时工资上涨到3.282美元,泰国的小时工资为1.976美元,马来西亚的小时工资为2.674美元。同年,越南的小时工资仅为1.311美元,是中国小时工资的39.9%;印度尼西亚的小时工资仅为0.836美元,是中国小时工资的25.47%。详见表1-6。

表1-6 中国与东南亚部分国家平均工资对比 (单位:美元/小时)

年份	中国	泰国	印度尼西亚	马来西亚	越南
2002	0.437	0.717	0.353	2.015	—
2003	0.473	0.716	0.433	2.016	—
2004	0.500	0.750	0.429	2.018	—
2005	0.522	0.792	0.423	1.985	—
2006	0.612	0.876	0.497	2.051	—
2007	0.780	0.996	0.516	2.235	—
2008	0.996	1.130	0.521	2.304	—
2009	1.103	1.100	0.565	2.228	—
2010	1.240	—	0.662	2.390	0.624
2011	1.658	1.360	0.697	2.532	0.733
2012	1.925	1.592	0.727	2.818	0.892
2013	2.611	2.006	0.744	3.052	0.952
2014	2.934	2.091	0.713	3.138	1.071
2015	3.261	1.557	0.659	2.719	1.230
2016	3.282	1.976	0.836	2.674	1.311

资料来源:郭也.中国制造业单位劳动力成本变化趋势——以2002—2016年数据为依据[J].北京社会科学,2021(4):4-22.

(二)土地使用成本上升

根据《中华人民共和国宪法》第十条,城市的土地属于国家所有,农村和城市郊区的土地,除由法律规定属于国家所有的以外,属于集体所有。随着改革开放的不断推进,1987年9月,深圳特区最先开始实施国有土地使用权有偿出让政策。1988年4月,第七届全国人民代表大会通过的《中华人民共和国宪法修正案》明确规定土地的使用权可以依法转让,为建立土地使用权市场和完善土地有偿使用制度提供了法律依据。1989年,国务院发布了《关于加强国有土地使用权有偿出让收入管理的通知》,规定土地使用权有偿出让收入的40％上缴中央财政,60％留归地方财政,其主要用于城市建设和土地开发,专款专用。1998年,中国实行住房商品化改革,随着商品房价格的不断推升,中国土地使用权的出让价格不断提升。图1-8是2001—2017年中国土地出让均价。整体来看,中国土地出让的平均价格随时间推移呈不断上升趋势,2003年全国土地出让价格为353万元/公顷,2017年已经上升到2251.4万元/公顷,增长了538％,每公顷年均增长135万元。

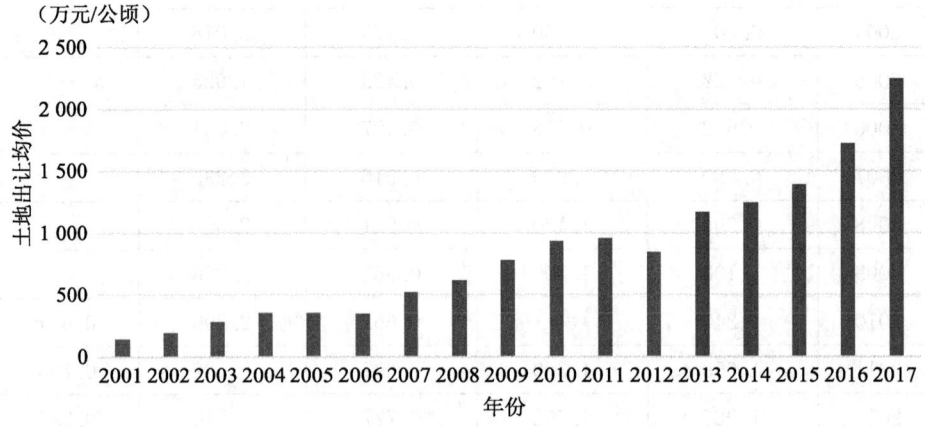

图1-8 中国土地出让均价(2001—2017年)

数据来源:历年《国土资源统计年鉴》。

根据《国土资源统计年鉴》中的数据,从105个大中城市各类型土地的出让价格来看,商业用地出让价格最高,由2013年的6306万元/公顷升至2017年的7251万元/公顷,总体涨幅约为15％。价格第二高的是居住用地,其转让价格从2013年的5033万元/公顷涨至2017年的6522万元/公顷,总体涨幅约为30％。工业用地出让价格最低,但也呈上升趋势,从2013年的700万元/公顷升至2017年的806万元/公顷,总体涨幅约为15％。虽然工业用地总体出让价格不高,但其他土地出让价格的上涨,尤其是商业用地和居住用地出让价格的上涨会推升各种生活物资价格,增加农民工在城镇的居住成本,从而带动劳动力成本上涨,最终导致中国各种生产资料成本的上升。

二、外需缩减

2008年金融危机之后,各国经济复苏乏力,经济增长速度明显下滑,再加上金融危机之后各国之间贸易保护主义盛行,国外对中国产品的需求不断萎缩。

首先,2008年受全球金融危机影响,各国的GDP增长率都大幅度下降,大部分国家2009年的GDP增长率变为负值,虽然2010年之后经济增长率有所上升,但随后各国GDP增长率都有所下降。表1-7显示了2008—2022年中国出口主要对象国的GDP增长率。从表1-7我们可以看出,所有国家的GDP增长率在2009年和2020年均呈现较大幅度下降。对比各国来看,日本的GDP增长率表现是所列国家中最差的,2011—2019年其增长率大多在2%以下。德国和法国在2011—2019年的GDP平均增长率分别为1.72%和1.36%,美国和韩国同期的GDP平均增长率分别为2.20%和2.95%。表1-7所列国家中,越南的GDP增长率保持较高数值,其2022年的GDP增长率为8.02%,而2022年日本的GDP增长率为1.03%,美国的GDP增长率2.06%。

表1-7 2008—2022年中国出口主要对象国GDP增长率

年份	日本	韩国	德国	法国	美国	越南
2008	−1.22%	3.01%	0.96%	0.25%	0.12%	5.66%
2009	−5.69%	0.79%	−5.69%	−2.87%	−2.60%	5.40%
2010	4.10%	6.80%	4.18%	1.95%	2.71%	6.42%
2011	0.02%	3.69%	3.93%	2.19%	1.55%	6.41%
2012	1.37%	2.40%	0.42%	0.31%	2.28%	5.50%
2013	2.01%	3.16%	0.44%	0.58%	1.84%	5.55%
2014	0.30%	3.20%	2.21%	0.96%	2.29%	6.42%
2015	1.56%	2.81%	1.49%	1.11%	2.71%	6.99%
2016	0.75%	2.95%	2.23%	1.10%	1.67%	6.69%
2017	1.68%	3.16%	2.68%	2.29%	2.24%	6.94%

(续表)

年份	日本	韩国	德国	法国	美国	越南
2018	0.64%	2.91%	0.98%	1.87%	2.95%	7.46%
2019	−0.40%	2.24%	1.06%	1.84%	2.29%	7.36%
2020	−4.28%	−0.71%	−3.70%	−7.78%	−2.77%	2.87%
2021	2.14%	4.15%	2.63%	6.82%	5.95%	2.56%
2022	1.03%	2.56%	1.79%	2.56%	2.06%	8.02%

数据来源：世界银行。

其次，自2008年金融危机爆发以来，世界主要发达国家认识到以制造业尤其是高端制造业为主体的实体经济对经济发展的重要性，纷纷推出再工业化战略。美国奥巴马政府从2012年开始推出"购买美国货"、《制造业促进法》、"五年出口倍增计划"等多项政策举措，帮助美国制造业复兴，促进就业，推动美国再工业化。特朗普上台之后更是推行"美国优先"策略，并实施制造业回流的各种鼓励措施。2013年4月，德国发布《实施"工业4.0"战略建议书》，旨在以其制造业方面的技术创新优势开拓新型工业化。英国、法国、日本等发达国家也纷纷出台促进工业振兴和再工业化政策。发达国家的再工业化战略不仅是恢复传统的制造业，而且通过技术进步对旧产业进行产业升级换代，化解高成本压力。发达国家再工业化政策的实施使得部分之前转移出去的产业回流到发达国家，导致这些国家对中国产品的需求进一步下降。

最后，由于各国贸易保护主义政策的推行，尤其是中美贸易战导致的对外贸易交易成本大幅度上升，世界对中国产品的需求下降。美国第45任总统特朗普上台以来一直推行"美国优先"政策，他认为美国与中国的巨额贸易逆差使美国制造业受到巨大影响，导致美国产生各种经济问题。2018年3月，中美贸易战正式开始。2018年7月6日，美国宣布对价值340亿美元的中国出口商品加征25%的关税。截至2023年年底，美国共对中国商品加征四轮关税。在这一过程中，大量企业将生产基地从中国向其他国家尤其是越南等低劳动力成本国家转移，以寻求更低的生产成本，并避免中美贸易战带来的负面影响。这导致中国出口美国的产品增速下滑。受中美贸易战的影响，其他国家对国内产业的保护力度都在加大，全球贸易因此受到巨大影响。

三、低成本国家的挤压

随着中国各项生产成本的不断提升,以往作为全球加工大国的中国在加工贸易上的优势越来越弱。大量在中国从事加工贸易的外资企业纷纷撤离中国,寻求成本更低的国家。苏州曾是外资企业尤其是电子产品加工制造商的首选之地,2005年刊登在《商周刊》上的《苏州工业园的和谐崛起》一文曾经描述苏州在引进外资和经济发展上的成就——1天创造1亿元GDP,1天上缴1 260万元财政收入,1天引进4 000万美元外资。但近年来,外资企业撤离苏州的消息不断曝出:2014年苹果供应商苏州联建科技有限公司宣布倒闭;2015年诺基亚苏州工厂关闭;从2017年开始,希捷科技、日东电工、欧姆龙苏州工厂相继宣布停产;2020年苏州三星电子电脑有限公司(三星电子全球唯一的笔记本电脑生产基地)发布《致员工的相关说明》,宣布关闭苏州工厂。这些大量撤离中国的企业大部分将工厂搬迁至成本更低的国家,比如,2015年希捷科技公司启动了泰国呵叻工厂的扩张计划,投资4.7亿美元,扩大一半产能,增加2 500名员工;2020年3月三星集团宣布再投资2.2亿美元,在越南建研发中心,研发人工智能、物联网、大数据等产品,并将其大部分显示器生产线从中国移至越南。

与此同时,国内劳动力密集型产品制造企业也将产品生产线往东南亚转移。根据中国商务部数据,截至2021年年底,中国企业在越南的有效投资项目有3 325个,累计合同金额为213.3亿美元;中国对越南投资项目总数在所有对越南投资的国家或地区中排名第7位。大量企业在越南布局看重的不仅是越南的低生产成本,还有越南在吸引外资上的各种优惠政策,比如企业所得税优惠政策、进出口关税优惠政策、土地租赁优惠政策等。除越南之外,东南亚其他国家,比如缅甸、马来西亚等,也都成为中外企业投资的热土。

长期以来,中国出口的产品主要优势是低成本带来的低价格,但来自更低成本国家的挤压使得中国企业在国际市场中的议价能力大大下降。随着中国国内成本的推升,来自越南等更低成本国家的挤压越来越明显,当前东南亚国家出口贸易的增速已经超过中国。图1-9展示了2011—2020年中国与越南出口增长率变动情况。从图1-9中我们可以看到,中国出口增长率远低于越南。2011年中国出口增长率为20%,而越南高达34%;2019年中国出口增长率只有 0.15%,而越南为 8.44%。

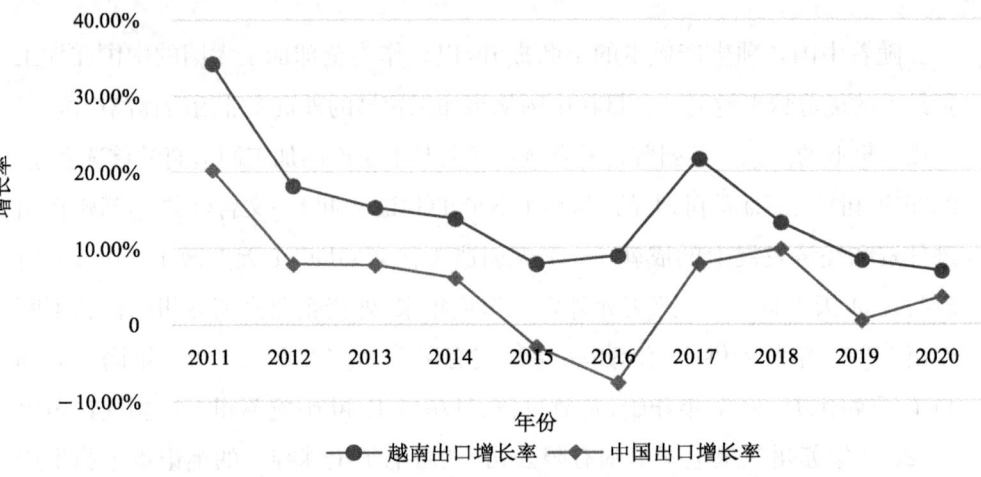

图 1-9　中国与越南出口增长率变动情况(2011—2020 年)

数据来源：世界贸易组织。

自对外开放以来,中国凭借丰富而廉价的劳动力积极发展劳动力密集型产业,不断融入全球价值链分工的劳动力密集型环节,发展加工贸易。经过四十多年的发展,中国已经成为世界货物贸易第一大出口国,中国制造的产品遍布世界各地,成为名副其实的制造业大国。虽然从量上来看,中国已经成为世界贸易大国,但从质的角度看,中国并非贸易强国。首先,中国的出口产品过度依赖低生产成本优势,出口企业过度竞争,出口产品的价格低、附加值低、利润低、质量低;其次,中国的出口企业过度依赖国际市场,受国外需求变动影响大。随着中国人口红利的消失以及土地市场尤其是商品房市场的繁荣,中国国内各种生产要素成本都在上升。自 2008 年金融危机以来,世界各国经济复苏乏力,发达国家纷纷推行再工业化及贸易保护政策,中国产品的国际市场需求萎缩。同时,低成本国家的发展也在挤压中国出口产品的市场份额。多重因素打击下,中国出口企业依赖低成本优势出口低质低价产品的模式已经无法延续。

改革开放以来,依赖低成本优势,中国已成为名副其实的货物贸易大国。但随着国内成本的上升,中国需不断推进货物贸易优化升级,拓展外贸发展空间。2022 年,中共二十大报告指出,要推动货物贸易优化升级,创新服务贸易发展机制,发展数字贸易,加快建设贸易强国。要建设贸易强国,就要加快创新驱动,提升贸易强国动力,而创新是建设贸易强国的第一动力。从贸易大国向贸易强国转变的主要执行者是中国出口企业,只有中国出口企业不断进行技术创新,构建依赖技术、知识等高级要素合成的竞争优势,中国才能实现从贸易大国向贸易强国的转型。

从中国出口贸易的发展历程来看,中国出口企业主要依赖海外市场,通过"出口学习效应"引致创新,使其技术水平不断上升。但当前地缘政治以及中美竞争格局等多重因素导致海外市场对中国企业产品需求下降,外需缩减和来自发达国家的技术锁定使得中国出口企业无法通过国际市场实现技术突破和发展,再加上国内资源错配抑制企业技术创新投入(戴魁早和刘友金,2016),中国出口企业缺乏技术创新动力,亟须寻求新的竞争优势和技术创新动力来源。后续各章我们在阐述中国出口企业面临的技术创新迫切性和现实约束基础上,探讨中国出口企业依赖本土市场优势实现技术创新的理论机理、作用效果和具体路径选择。

第二章
中国出口企业技术创新的现实约束与机遇

中国出口贸易存在"大而不强"的问题。中国企业出口产品质量低、附加值低的现状依然未见改善(袁凯华,彭水军,陈泓文,2019)。面对越南等低成本国家的竞争,中国出口产品的竞争力越来越弱。通过技术创新提升竞争力是中国出口企业的迫切需求。商务部印发的《"十四五"对外贸易高质量发展规划》提出,"十四五"时期外贸要坚持创新驱动。创新是引领发展的第一动力,是推动高质量发展和高水平对外开放的战略支撑。一直以来,中国出口企业尤其是民营出口企业规模小,利润率低,缺乏创新所需的高工资激励;再加上融资约束,中国出口企业进行技术创新面临资金和人才的双重约束,但不断崛起的国内市场又为出口企业技术创新提供了新机遇。

第一节 出口企业技术创新的现实约束

一、出口企业技术创新的资金约束

(一) 出口企业普遍面临较强的融资约束

融资约束问题是长期以来困扰中国企业特别是民营企业发展的重大难题之一。世界银行的调查数据显示,75%的中国样本企业将融资困难视为最大的发展障碍,13%的样本企业无法获取贷款,另有21%和25%的样本企业认为很难或较难获取贷款(Claessens 和 Tzioumis,2006;邱斌和杨晓云,2014)。世界银行发布的《2017年营商环境报告》显示,中国企业获得贷款的能力在190个经济体中排在第62位。张杰等(2012)发现中国出口企业普遍面临融资约束问题,这种约束抑制了中国出口企业的研发投入和技术创新。

一般来讲,企业用作技术创新的资金主要来自内源融资和外源融资两大渠道(胡恒强等,2020)。内源融资的资金是企业的留存收益,可由企业支配,外部利益相关者对其的干预并不明显,因此内源融资对企业创新能力的提升有较大的作用。若企业受到内源融资约束,将对企业的创新造成负面影响。外源融资主要包括股权融资和债务融资。股权融资是指企业的股东愿意让出部分企业所有权,企业通过引进新股东的方式进行融资。股权融资具有无须还本付息的特征,是应对企业研发项目不确定性的良好融资方式(潘红波和杨海霞,2021)。按照渠道来划分,股权融资分为公开市场发售股权融资和私募发售股权融资。根据2020年中国证券监督管理委员会修改的《首次公开发行股票并上市管理办法》,中国企业公开市场发售股权需要满足各种审查,因此大多数中小企业较难达到上市发行股票的门槛。而中国私募股权市场发展不完善,无法覆盖大部分中小出口企业。债券融资包含三种方式,即商业信贷融资、银行贷款融资和企业债券融资。因中国债券市场规模比较小,发展较晚,一般学者所讲的企业外源融资主要是指商业信贷融资和银行贷款融资。

1. 中国出口企业面临的内源融资约束

Myers与Majluf(1984)提出的"优序融资理论"指出,公司在进行融资行为时,倾向于优先考虑内源融资,其次才会考虑外源融资。李汇东等(2013)对2006—2010年中国上市公司的研究发现,内源融资对中国企业的创新投入起着显著的正向作用。中国出口企业尤其是民营出口企业的利润普遍偏低,这导致中国出口企业内源融资能力不足。相关学者经常采用净流动资产比率来衡量企业的内源融资能力。净流动资产比率以企业净流动资产占企业总资产比重来表示,该比率越大,说明企业拥有的内部短期净资产越多,其面临的内源融资约束越弱。

根据工业企业数据库,我们计算了中国企业的净流动资产比率,结果发现中国企业的净流动资产比率普遍较低。1998—2013年中国规模以上企业的平均净流动资产比重约为3.4%,其中出口企业为5.5%,非出口企业为2.7%。从趋势来看,中国企业的总体内源融资约束正在改善,但是波动较大。2008年和2009年企业净流动资产比率均为负数,说明中国企业内源融资情况并不稳定,很容易受到内外部因素的干扰。从企业类型来看,港澳台投资企业和其他外商投资企业的净流动资产比率比较高,民营企业的净流动资产比率次之,国有企业的净流动资产比率最低。这说明中国港澳台投资企业和其他外商投资企业的内源融资受到的约束最小,民营企业受到的约束次之,国有企业受到的内源融资约束最大。这可能是因为国有企业一般很容易获得外源融资,并不关心净流动资产比率。

虽然平均来看出口企业的内源融资约束小于非出口企业,但从企业性质类型来看,内源融资的表现在不同类型企业之间差别比较大。表2-1为各类型企业净流动资产比率情况。从表2-1中我们可以看出,在港澳台投资企业、其他外商投资企业以及国有企业中,出口企业的净流动资产比率普遍高于非出口企业。1998年,港澳台投资企业中出口企业的净流动资产比率为12.00%,非出口企业的数值为8.40%;国有出口企业的净流动资产比率为-9.40%,非出口企业的数值为-12.20%。2013年,港澳台投资企业中出口企业的净流动资产比率为20.00%,非出口企业的数值为17.10%;国有出口企业的净流动资产比率为5.50%,非出口企业的数值为1.00%。但在中国民营企业中,民营出口企业相比于非出口企业存在更大的内源融资约束。1998年,中国民营出口企业的净流动资产比率为1.00%,民营非出口企业的这一比率为3.00%。2013年,中国民营出口企业和非出口企业的净流动资产比率分别为8.90%和11.60%。民营出口企业相比于非出口企业面临更大的融资约束,这可能是因为中国国内市场分割严重,很多规模较低、盈利能力差的民营企业只能选择出口(张杰等,2012),而留在国内市场的民营企业更具竞争力,有更强的流动性。

表2-1 各类型企业净流动资产比率情况

年份	民营企业		国有企业		其他外商投资企业		港澳台投资企业	
	出口企业	非出口企业	出口企业	非出口企业	出口企业	非出口企业	出口企业	非出口企业
1998	1.00%	3.00%	-9.40%	-12.20%	6.40%	-3.50%	12.00%	8.40%
1999	1.40%	3.10%	-7.80%	-12.00%	8.60%	1.10%	11.50%	8.90%
2000	2.40%	3.60%	-7.40%	-11.80%	11.10%	3.90%	12.10%	9.10%
2001	4.00%	4.60%	-6.20%	-11.60%	11.60%	5.40%	12.40%	10.10%

(续表)

年份	民营企业		国有企业		其他外商投资企业		港澳台投资企业	
	出口企业	非出口企业	出口企业	非出口企业	出口企业	非出口企业	出口企业	非出口企业
2002	4.20%	5.00%	−6.10%	−10.50%	13.00%	7.20%	13.20%	12.00%
2003	4.40%	5.10%	−5.40%	−9.90%	12.80%	9.20%	14.80%	11.40%
2004	4.50%	5.30%	−4.00%	−10.00%	10.00%	8.10%	13.10%	12.50%
2005	5.90%	5.30%	−5.00%	−8.20%	14.00%	8.90%	15.10%	14.00%
2006	7.20%	5.90%	−3.40%	−7.90%	15.10%	11.20%	16.70%	15.40%
2007	5.30%	7.10%	−1.00%	−5.20%	15.30%	13.40%	16.90%	16.20%
2008	−25.10%	−20.60%	−31.90%	−29.60%	−20.50%	−14.30%	−35.60%	−26.30%
2009	−1.38%	−2.49%	−7.96%	−11.72%	8.85%	4.60%	9.29%	8.34%
2010	6.92%	8.90%	3.16%	−1.18%	18.19%	16.18%	17.02%	15.16%
2011	8.60%	10.70%	7.50%	1.80%	20.50%	17.30%	18.80%	17.50%
2012	8.80%	10.80%	7.60%	4.20%	21.20%	20.40%	20.00%	17.70%
2013	8.90%	11.60%	5.50%	1.00%	22.30%	22.40%	20.00%	17.10%

资料来源：根据工业企业调查数据库计算得到。

2. 中国出口企业面临的外源融资约束

企业的外源融资渠道非常多样，但因中国资本市场不够完善，民营中小企业通过资本市场进行融资相对比较困难。中国企业的外部融资主要依赖借款，因此本部分采用商业信贷和银行信贷约束来反映中国出口企业面临的外源融资约束。对于商业信贷约束指标，我们参考 Love 等(2007)的方法，采用应收账款与销售收入的比值来表示。该比值越大，说明该企业的资金被外部企业占用得越多，企业受到商业信贷的约束程度越深。对于银行信贷约束指标，我们参照 Yu(2021)的方法，选取利息支出来衡量。企业的利息支出越多，说明企业更有能力向银行融得资金，企业面临的外源融资约束越小。

1) 出口企业面临的商业信贷约束

商业信贷是指由商业交易产生的短期负债。中国企业的出口能力受出口企业商业信贷的影响，商业信贷约束大的企业在出口能力上往往受到更大的制约(于洪霞等，2011)。

根据工业企业数据库,我们计算了各企业的商业信贷约束指标,即企业应收账款占销售收入的比值。总体来看,中国企业在 1998—2013 年均受到了不同程度的商业信贷约束,且不同类型企业的商业信贷约束存在着较大差异。1998 年,在出口企业中,国有出口企业的应收账款占销售收入的比值最高,均值为 0.40;外资出口企业(包括港澳台投资企业和其他外商投资企业)的应收账款占销售收入的比值均值为 0.19;民营出口企业的应收账款占销售收入比值最小,均值为 0.11。图 2-1 为代表性年份中国各类企业面临的商业信贷约束。从图 2-1 中我们可以看到,民营出口企业相比国有出口企业和外资出口企业面临的商业信贷约束要小。

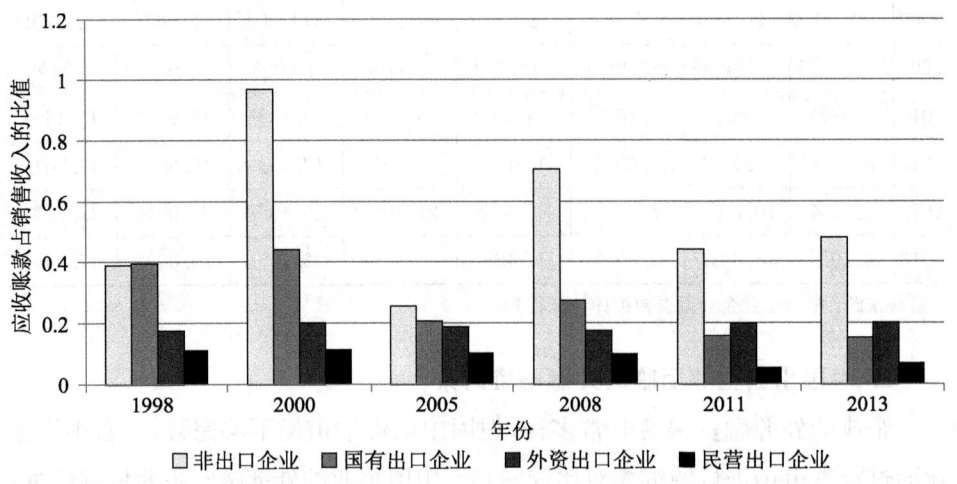

图 2-1　代表性年份中国企业面临的商业信贷约束

资料来源:根据工业企业数据库计算得到(这里的商业信贷约束用企业应收账款占销售收入的比值表示,外资出口企业包含港澳台投资出口企业和其他外商投资出口企业)。

2) 出口企业面临的银行信贷约束

银行信贷是指银行或其他金融机构将部分存款暂时借给企业和事业单位使用,在约定时间内收回并收取一定利息的经济活动。在中国当前的金融体制下,银行信贷不仅存在"所有制歧视",还存在"规模歧视"。国有企业因为政府干预和"隐性担保"往往享受信贷优惠且更容易获得长期贷款(袁淳等 2010)。非国有中小企业由于规模上的劣势,对风险和不确定性的承受能力更弱,出于贷款回收可能性的考量,银行或其他金融机构对非国有企业尤其是中小企业放贷的意愿很低(张杰等,2013;白俊和连立帅,2012;洪正等,2021)。即使非国有中小企业能获得银行贷款,其获得的信贷额度也较低而支付的信贷利率较高,同时还款期限较短(段丙蕾等,2021)。

我们根据工业企业数据库的利息支出数据计算了中国企业面临的银行信贷约束数据,结果显示,1998—2013年中国企业的平均利息支出整体呈上升趋势,尤其在2006年以后有一个较快的增长。这说明中国企业面临的银行信贷约束随着时间的推移有所缓解。但从结构上来看,出口企业与非出口企业之间以及不同类型出口企业间在银行信贷约束上仍存在较大差异。

从出口企业与非出口企业的比较来看,1998—2013年非出口企业的平均利息支出为1 239 995.88元,外资企业和民营出口企业的平均利息支出为833 031.52元。从不同企业类型来看,国有出口企业的平均利息支出最多,1998—2013年的平均值为14 985 165.07元;外资出口企业次之,其平均利息支出为1 229 797.92元,为国有出口企业的8.21%;而民营出口企业的平均利息支出最少,为436 265.13元,仅为国有出口企业的2.91%。图2-2展示了相关各年份非出口企业和各类出口企业的平均利息支出情况。我们从图2-2可以明显看出,民营出口企业在各年份的平均利息支出都显著低于国有出口企业、外资出口企业和非出口企业。这说明民营出口企业面临的银行信贷约束更大。

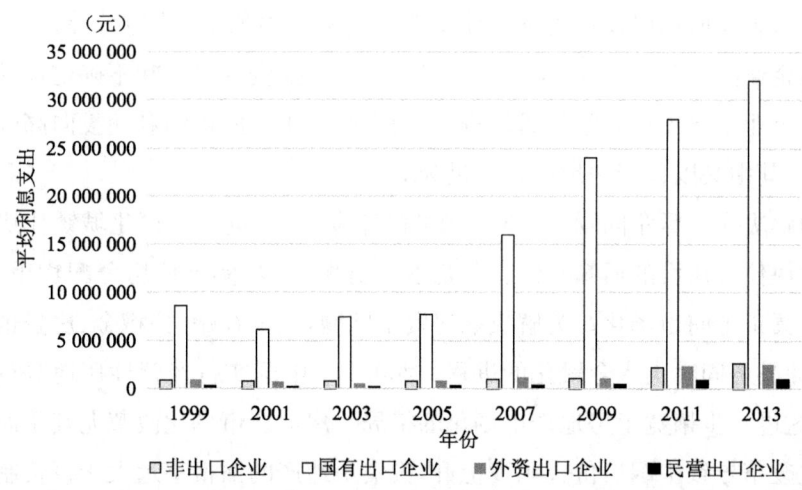

图2-2 相关年份不同类型出口企业的平均利息支出情况

数据来源:根据工业企业数据库计算得到(这里的银行信贷约束程度采用企业的银行利息支出来表示,外资出口企业包含港澳台投资出口企业和其他外商投资出口企业)。

从变动趋势来看,中国非出口企业的平均利息支出呈现缓慢上升态势,2013年相较于1998年的总增长率为171.70%;出口企业平均利息支出也在总体上呈现上升趋势,且增长快于非出口企业,1998—2013年总增长率为262.93%。出口企业的银行信贷约束较非出口企业表现出更多的向好趋势,但这种向好趋势主要是由国有出口企业和外资出口企业的银行信贷约束改善引起的。1999—2013年,国有出口企业的利息支出实现了271.94%的增长;外资出口企业各年的利息支出变动较大,但总体实现了178.96%的增长;民营出口企业利息支出的增长要缓慢很多。

总体来看,中国企业普遍面临内外源融资约束,出口企业受到的融资约束小于非出口企业。从企业类型来看,外商投资出口企业和国有出口企业受到的内源融资约束小于非出口企业,民营出口企业面临的内源融资约束普遍大于民营非出口企业。在外源融资方面,虽然民营出口企业面临的商业信贷约束比较小,但其面临的银行信贷约束比非出口企业和其他类型的出口企业都大。当前中国融资环境下,企业融资主要还是以银行信贷为主。融资约束的存在导致中国民营出口企业在技术创新上资金投入不足。

(二) 房地产等高投资回报行业的挤出效应

对企业来讲,技术创新面临非常大的不确定性,研发投资在效果上具有不确定性。企业增加研发投资不仅使企业的财务风险增加(黄曼行等,2014),也会提高企业的经营风险(陈彩云等,2019)。研发投资的风险和不确定性导致中国出口企业不愿支出高额的研发资金,而更倾向于将所赚的利润投向高收益回报行业,其中又以投资房地产行业最为突出。

为解决住房紧张问题,1998年国务院印发《关于进一步深化城镇住房制度改革加快住房建设的通知》,停止住房实物分配,逐步实行住房分配货币化,让房地产真正走向市场化。为解决购房资金问题,住房补贴、公积金、房贷也应运而生,商品房同时走入金融化的进程。2003年,中国实行经营性用地"招拍挂"制度,这进一步拓宽了房地产市场化的格局。房地产市场化改革尤其是商品房市场化改革导致中国房价大幅度上升,投资房地产的回报率远大于投资制造业的回报率,这使得中国大量资金进入房地产市场,从而进一步推升了房价的上涨。根据国家统计局公布的数据,全国商品房平均价格自1998年起直线上升。

从20世纪90年代后半时期起,中国商品房价格的涨幅超过了所有资产均价的涨幅(刘航,2021)。根据相关数据,我们计算得到1998年全国商品房平均销售价格为2 063元/平方米,2022年这一数据上涨至9 814元/平方米。

从不同类型商品房的情况来看,其平均销售价格的差异也比较大。图2-3展示了1998—2022年不同类型商品房的平均销售价格。从总体趋势来看,各种类型商品房的价格都随着时间的推移不断推升。从总量来看,办公楼以及商业营业用房的平均销售价格均高于住宅的平均售价。但从房价增长率来看,商业营业用房和办公楼的平均售价增长率低于住宅的平均售价增长率。

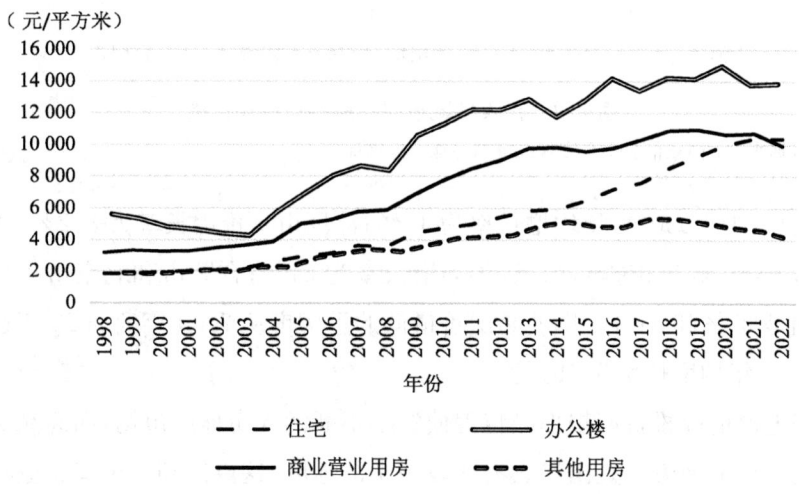

图2-3　1998—2022年不同商品房类型的平均销售价格
数据来源:中经网统计数据库。

中国各地商品房价格差异较大。从不同地区来看,东部地区的商品房平均价格远高于中部地区,中部地区的商品房平均价格高于西部地区,即中国商品房价格水平呈"东部高、中西部低"的态势。从增长率来看,东部地区的商品房价格增长率高于中部和西部地区。

为进一步比较各地区房价变动的情况,我们选取北京、上海、深圳、武汉、合肥、重庆为代表性城市,并对其房价进行对比。其中,北京、上海、深圳代表东部地区城市;武汉、合肥代表中部地区城市;重庆代表西部地区城市。图2-4为代表性城市商品房平均销售价格。

从2000年到2022年代表性城市的商品房售价增长率来看,上海市房价增

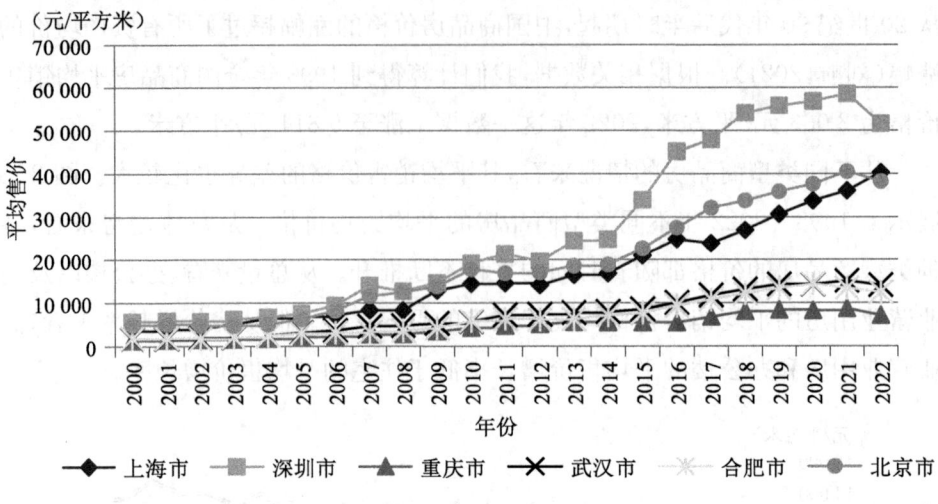

图 2-4 代表性城市商品房平均销售价格

数据来源：国家信息中心宏观经济与房地产数据库。

长率最高,为 1 030%,年均增长率为 47%;深圳市房价增长率为 802%,年均增长率为 36%;武汉市排名第三,年均增长率为 31%;合肥市和北京市年均增长率分别是 27%和 31%。即使是房价最低的重庆市从 2000 年到 2022 年也增长了 427%,年均增长率为 19%。

房地产的高投资回报率必将促使资本不断涌入房地产市场,而商品房价格增长比较快的地方也是出口贸易比较集中的地区,这更便利了出口企业将资金投入房地产行业。Miao 和 Wang(2014)从理论上证明房地产等资产泡沫对经济发展存在信用缓解效应和挤出效应。信用缓解效应是指商品房价格的上升提高了企业自有房产等资产的抵押价值,使企业能够获得更多的信贷资金,从而在一定程度上缓解了企业的融资约束。挤出效应则指在商品房价格不断上升的背景下,企业会受到房地产高利润率的驱动进入房地产经营领域,抑制其他行业发展。高房价对出口企业也会带来两个方面的影响,但是大量研究发现,中国房价上涨对出口企业投资的影响更多表现为挤出效应,从而抑制中国企业的出口和创新。李春顶(2012)指出,高房价是导致中国商务成本和劳工成本上升的重要因素,从而导致中国出口企业丧失价格竞争力,出口贸易受损。刘斌和王乃嘉(2016)利用 35 个大中城市的数据,研究指出房价上涨通过影响用工成本、融资约束及研发要素投入等挤压企业出口规模。王文春和荣昭

(2014)利用中国 1999—2007 年的微观企业数据,检验 35 个大中城市的房价上涨对企业创新的影响,结果发现房产价格上涨会显著抑制中国制造业企业的技术创新。Rong 等(2016)和余静文等(2015)的研究也得出同样的结论。张杰等(2016)运用中国 1996—2013 年地区层面的数据,采用广义矩估计法证明房地产投资与技术创新之间既存在直接效应,也存在间接效应。从直接效应上来看,房地产投资越大,研发投入与专利授权量越小;从间接效应上来看,房地产贷款期限结构的偏向效应会间接抑制工业部门的创新活动。厉伟等(2017)在张杰等(2016)的研究基础上,进一步从城市房价管理的角度出发,具体提出城市房价对城市创新的影响主要通过研发投入、财政支出和人才流动三个路径发生作用,发现整体上城市房价对城市创新具有显著的负向效应。余泳泽和张少辉(2017)运用地级市上市企业数据,在考虑了政策影响以及技术创新的外溢性和房价蔓延的空间效应后,发现房价上涨会抑制企业技术创新活动。

除房地产行业外,其他任何行业的高投资回报率也会使出口企业放弃出口业务改投其他行业。这是因为中国出口企业尤其是中小民营出口企业规模小,固定资产占比较低,业务灵活,在利润最大化的驱使下更容易将资本转投。如 2008 年金融危机时期,煤炭价格大幅上升促使很多外贸出口企业将资本投入煤矿行业。

二、研发人才缺乏

企业创新水平的提升离不开高质量的研发人才(He 和 Tian,2018)。企业雇佣的研发人才越多,意味着企业拥有更多用于创新的人力资本,企业拥有更强的创新实力(孙鲲鹏等,2021)。高质量研发人才促进了企业人力资本扩张,人力资本扩张对企业出口质量升级的贡献率达 24.68%(方森辉和毛其淋,2021)。根据科技部、财政部、国家税务总局发布的《高新技术企业认定管理工作指引》,企业中从事技术创新工作的研究开发人员分为三类:研究人员、技术人员和辅助人员。研究人员指企业内主要从事研究开发项目的专业人员;技术人员指具有工程技术、自然科学和生命科学中一个或一个以上领域的技术知识和经验,在研究人员指导下参与工作的人员;辅助人员是指参与研究开发活动的熟练技工。中国出口企业由于研发人才缺乏,在技术创新上受到一定的现实约束。

（一）中国整体缺乏研发人才

在目前统计科技活动人员投入量的三种主要方法（人数法，兼职、专职人员法和全职人力工时法）中，全职人力工时法更为科学合理。该方法既可以如实地反映投入的人力数量，也能较好地通过成果来考核工作效率，以便于国际对比。研发人员具有流动性，并不是一个稳定变量，因此研发人员数量是一个时点数，仅能代表某时点企业对研发人才的投入。如果样本时期内研发人员流动量大，则研发人员数量无法准确反映整个样本期内的研发人员情况，而全职人力工时法可以规避这个问题，从而更真实地衡量某一时期内企业研发人才的情况。

全职人力工时法也称相当全时工作量法，是对从事科技活动人员投入量的一种测算方法。全职人力工时法是指以一个工作人员在一定时期内全部法定工作时间的计算单位为基础，把非全时工作人员数折算为全时工作人员的相等数量。

根据经济合作与发展组织（organization for economic co-operation and development，OECD）的数据，与部分发达国家相比，中国按全职人力工时法计算的研发人员总数不足，中国总体研发人员较少。2005 年，中国万名就业人员中研发人员全时当量为 18 人年，德国为 121 人年，英国为 113 人年；到 2019 年，中国万名就业人员中研发人员全时当量上升到 62 人年，德国上升为 163 人年，英国上升为 148 人年。① 虽然从增速来看，中国万名就业人员中研发人员比例上升比较快，但该比例仍远落后于发达国家或地区。中国与发达国家或地区的研发人才差距不仅体现在科技活动人员投入量上，还体现在劳动生产率上。李凡等（2022）研究发现，中国高技术产业的劳动生产率为 27.29 万元/人，尚不及美国的十分之一。

中国总体研发人员的短缺对技术创新是一种软约束，导致中国企业整体创新能力不足。而出口企业主要为制造业企业，利润率普遍较低，工资上涨较慢，更不受研发人员的青睐。根据教育部、人力资源和社会保障部、工业和信息化部印发的《制造业人才发展规划指南》，到 2025 年制造业十大重点领域将出现总计约 3 000 万人的研发人才缺口。

---

① 数据来源：OECD 数据库。

(二)制造业研发人才流失大

大量研究发现,高工资对技术创新具有重要意义(David,1975;Broadberry 和 Gupta,2006;Romer 等,1987)。面对高工资,企业会用资本替代劳动力,用技术创新来降低单位生产成本;高工资也会吸引更高效率的人员,从而促进企业创新。中国出口企业大量依赖低端劳动力,这一现象在帮助中国企业获得出口优势的同时也在一定程度上阻碍了中国企业的技术进步。中国制造业的从业人员工资普遍偏低,增长相对缓慢,这导致越来越多的劳动力尤其是高端劳动力从制造业行业转向其他行业。因此,研发人才流失是中国出口企业技术创新的又一现实约束。

目前,中国不同行业从业人员的平均工资差异较大。以金融行业为例,2005—2015 年金融业从业人员的平均工资增加值占 GDP 的比重持续上升,实体经济行业无法达到与金融业同步增长的水平,这就造成金融业与实体经济行业从业人员的工资差距持续扩大(毛毅,2020)。在北京、上海等较为发达的城市,金融业和制造业从业人员的工资差距体现得更加明显,而出口企业多位于较发达地区,更大的工资差距意味着高工资行业有更大的工资吸引力,出口制造业研发人才流失的可能性更大(张甜迪,2017)。

图 2-5 展示了 2009—2022 年城镇所有行业,金融业,信息传输、计算机服

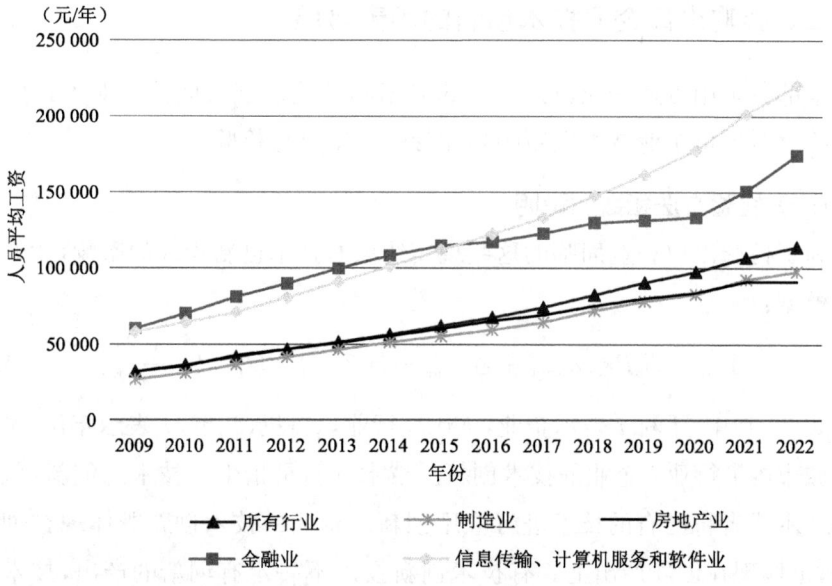

图 2-5 城镇不同行业从业人员平均工资(2009—2022 年)
数据来源:国家统计局。

务和软件业,房地产业以及制造业从业人员的平均工资。总体来看,各行业从业人员的平均工资总体呈上升趋势,但各行业从业人员的平均工资差距比较大。其中,房地产业和制造业从业人员的平均工资低于所有行业的平均工资;金融业,信息传输、计算机服务和软件业从业人员的平均工资高于所有行业的平均工资,更是远超制造业从业人员的平均工资。不仅如此,金融业,信息传输、计算机服务和软件业从业人员的平均工资增长率也高于制造业。根据国家统计局的数据,民营企业从业人员的平均工资远低于国有企业和私营企业从业人员的平均工资。2022年,民营企业从业人员的平均工资为65 237元/年,城镇单位从业人员的平均工资为114 029元/年。从制造业来看,非民营企业从业人员的平均工资为97 528元,而民营企业从业人员的平均工资为67 352元,非民营企业从业人员的平均工资比民营企业高30 176元。

面对行业间工资差距及行业内不同类型企业的工资差距,高端人才尤其是研发人员向高工资行业、高工资企业流动的现象一直持续,而且高校毕业生也更倾向于选择高工资行业企业,从而导致制造业研发人才后备力量不足。中国的出口企业主要集中在制造业,其中超过56%的出口产品由民营企业完成,人才流失将直接导致这些企业创新能力下降,阻碍企业创新水平的提升。

三、影响出口企业技术创新的因素检验

本部分采用工业企业数据库中的数据和其他宏观层面数据对上述资金和人才约束对出口企业技术创新的具体影响程度进行检验。

(一)检验方法和数据说明

为了检验出口企业面临的这些现实约束对技术创新投入的影响,我们构建如下模型:

$$Y_{ijct} = \partial_1 Price_{ict-1} + \partial_2 Z_{ict} + \partial_3 Z_{ijt-1} + U_t + U_j + \varepsilon_{ijct} \quad (2-1)$$

式(2-1)中,下标i表示企业,j代表行业,c表示城市,t表示年份,Y_{ijct}指在c城市内j行业i企业的技术创新。技术创新是指生产技术的创新,包括开发新技术或者将已有的技术进行应用创新。企业的技术创新既体现在创新投入上,也体现在创新产出上。有技术创新投入不一定有创新的产出,技术创新具有风险性。业界对企业技术创新的衡量方法有多种,有些学者是基于企业创

新投入进行衡量,比如企业研发费用投入占比(田巍和余淼杰,2014)、企业是否有研发行为等;还有一些学者基于企业创新产出来衡量技术创新,如企业新产品销售额占总销售额的比重(毛其淋和许家云,2014)、申请专利的数量(张杰,2015)以及基于专利数量、种类数和引用量等综合指标(何欢浪等,2021)。这里,我们主要检验人才和资金约束对企业创新投入的影响,采用两种方式衡量Y_{ijct}:一是采用是否有研发行为来表示,即如果数据中企业有研发经费支出,则认定该企业存在研发行为;二是采用企业研究开发经费的对数来表示。

式(2-1)中,$Price_{ict-1}$为i企业所在c地级市的房价增长率,该数据来自《中国区域经济统计年鉴》。Z_{ict}表示c地级市的其他控制变量,包括实际人均GDP的对数和科研综合技术服务业从业人员占全市人口的比重,用以反映城市科研人员供给情况。这些数据都来自相关各年《中国城市统计年鉴》。

式(2-1)中,Z_{ijt-1}是企业层面影响研发投入的主要变量,包括企业规模、固定资产所占比重、企业年龄以及企业净流动资产比率、利息支出对数、企业销售利润等反映企业融资能力或资金情况的指标。不同性质企业的融资能力不同,研发能力也存在差异,因此我们在各类回归检验中加入企业性质变量。这里,我们按照实收资本将企业分为国有企业和外资企业,企业性质变量为二进制变量(用0和1表示的变量)。如果企业是国有企业,则变量的取值为1,否则取值为0;如果企业是港澳台投资企业或其他外商投资企业,则变量的取值为1,否则取值为0。企业是否进行研发往往取决于上一期的经营状况,因此我们采用这些变量的滞后一期数据进行回归检验。企业层面数据都来自工业企业数据库。我们按照聂辉华等(2012)的做法删除不符合财务报表的数据和关键变量缺失的数据,剩余总观测值为4 023 028个。如果企业出口交货值数据大于0,我们认为该企业为出口企业,否则为非出口企业。此外,考虑到企业所在行业的竞争情况也会直接影响企业的技术创新动力,我们还限定了企业所在行业的竞争情况,具体采用该行业的赫芬达尔指数表示。赫芬达尔指数是一个行业中各市场竞争主体所占行业总资产百分比的平方和,用来计量市场中厂商规模的离散度。该数值越大,说明行业竞争程度越低;数值越小,说明行业竞争程度越高。U_t表示年份固定效应,U_j是企业所在行业固定效应。

本部分所用变量的统计描述见表2-2。

表 2-2 变量统计描述

变量名称	观测数量（个）	均值	最小值	最大值
是否有创新	4 023 028	0.682 986 8	0	1
研发费用对数	154 985	5.667 771	0	15.905 35
房价增长率	3 592 487	0.161 322 4	−1	13.081 83
固定资产比	3 989 818	0.527 322 9	−14.487 33	223 411.5
行业竞争	4 023 028	0.002 571 6	0	1
利息支出对数	2 490 167	5.667 11	−3.912 023	15.999 92
净流动资产比率	3 955 677	−0.072 024	−39 743.41	1 666.667
利润率	3 982 667	−0.088 019 8	−210 390	10 445
企业年龄	4 021 941	2.105 688	0	5.897 154
企业规模	4 004 893	9.967 973	0	20.671 72
城市科技人员对数	3 916 764	0.003 369 1	0.000 019 8	0.474 934
城市人均GDP对数	3 427 092	5.831 333	−0.010 050 3	7.510 321
是否外资	4 023 028	0.234 541 7	0	1
是否国有	4 023 028	0.064 906 8	0	1

（二）回归结果

根据式(2-1)，我们首先基于概率单位模型研究各变量对企业创新概率的影响，并对比分析了出口企业和非出口企业的差异，结果见表 2-3。因房价增长率上升对不同性质企业的影响可能不同，因此我们还加入了企业性质变量与房价增长率的交互项，结果见表 2-3 中"结果(2)"列和"结果(4)"列。

表 2-3 企业创新概率的影响因素回归结果

变量名称	出口企业		非出口企业	
	结果(1)	结果(2)	结果(3)	结果(4)
L.房价增长率	−0.179*** (0.024)	−0.173*** (0.028)	−0.029*** (0.011)	−0.035*** (0.012)
L.是否国有×房价增长率	—	−0.140* (0.076)		−0.059* (0.032)

(续表)

变量名称	出口企业		非出口企业	
	结果(1)	结果(2)	结果(3)	结果(4)
L.是否外资×房价增长率	—	0.079* (0.046)	—	0.018 (0.035)
是否国有	0.160*** (0.024)	0.175*** (0.025)	0.085*** (0.014)	0.091*** (0.014)
是否外资	−0.393*** (0.011)	−0.402*** (0.012)	−0.197*** (0.012)	−0.198*** (0.013)
L.利息支出对数	0.028*** (0.003)	0.028*** (0.003)	0.030*** (0.002)	0.030*** (0.002)
L.净流动资产比率	0.194*** (0.017)	0.194*** (0.017)	0.177*** (0.009)	0.176*** (0.009)
L.利润率	0.108*** (0.016)	0.108*** (0.016)	0.048*** (0.008)	0.048*** (0.008)
L.企业规模	0.300*** (0.004)	0.301*** (0.004)	0.252*** (0.003)	0.253*** (0.003)
城市科技人员对数	11.242*** (0.858)	11.335*** (0.858)	5.030*** (0.513)	5.052*** (0.513)
L.行业竞争	1.551 (3.106)	1.579 (3.112)	−5.669*** (2.130)	−5.667*** (2.130)
L.固定资产比	−0.105*** (0.024)	−0.105*** (0.024)	−0.105*** (0.005)	−0.105*** (0.005)
企业年龄	0.083*** (0.007)	0.084*** (0.007)	0.071*** (0.004)	0.071*** (0.004)
城市人均GDP对数	−0.134*** (0.008)	−0.135*** (0.008)	−0.063*** (0.005)	−0.063*** (0.005)
常数项	−4.440*** (0.112)	−4.433*** (0.112)	−4.577*** (0.049)	−4.573*** (0.049)
年份固定效应	控制	控制	控制	控制

(续表)

变量名称	出口企业		非出口企业	
	结果(1)	结果(2)	结果(3)	结果(4)
行业固定效应	控制	控制	控制	控制
观测值(个)	148 007	148 007	386 568	386 568

注：括号中为标准误差，$*p<0.10$，$***p<0.01$。表格中"L."表示滞后一期，比如"L.房价增长率"就是房价增长率的滞后一期。

表2-3中，针对变量"L.房价增长率"的回归结果显示，不论是出口企业样本还是非出口企业样本，其房价增长率的估计系数均为负值，且通过1%统计水平检验。这说明企业所在城市的房价上涨会显著抑制企业的技术创新。不过从估计系数大小来看，房价增长率对出口企业的抑制作用更大。从加入"是否外资"与"是否国有"交乘项（"L.是否外资×房价增长率"与"L.是否国有×房价增长率"）来看，房价增长率对国有企业创新的概率抑制作用更明显，这可能是因为国有企业更容易将资金注入房地产市场；而房价上涨对外资企业技术创新的作用不显著，因为外资企业主要是看重中国的市场规模或者是低劳动力成本，房价上升对其研发资金投入的影响并不像本土企业那么大。

表2-3中，反映融资约束的指标利息支出对数和净流动资产比率的估计系数都显著为正，详见变量"L.利息支出对数"和"L.净流动资产比率"的回归结果。这说明企业融资约束越小，企业技术创新的概率越大。另外，当企业的利润率越高、规模越大、成立年限越长时，不论是出口企业还是非出口企业，该企业的技术创新概率都会越大，详见变量"L.利润率""L.企业规模"和"企业年龄"的回归结果。

城市中科技从业人员的比重越高，出口企业和非出口企业进行技术创新的概率越大，详见变量"城市科技人员对数"的回归结果。这说明企业所在城市科技人员供给越大，企业越容易进行创新。企业所在行业的竞争状况对出口企业和非出口企业是否进行创新的影响有显著差异。所在行业的竞争状况并不影响出口企业技术创新的概率，但对非出口企业有显著负向作用，详见变量"L.行业竞争"的回归结果。这说明国内市场集中度越高，非出口企业技术创新概率越低。这可能是因为出口企业主要以外销为主，国内市场竞争状况并未对出口企业创新产生影响。

表 2-4 是企业研发经费投入的影响因素检验回归结果。表 2-4 中全样本大列是基于所有工业企业数据库样本的检验结果。从回归结果来看，企业所在城市房价增长率显著抑制企业研究开发费用投入。经计算，企业所在地城市房价增长率影响企业研发投入的估计系数为－0.056，并且该估计系数在 1% 统计水平下显著。详见表 2-4 中变量"L.房价增长率"的回归结果。从出口企业和非出口企业样本结果来看，这种抑制作用在非出口企业中更为明显，非出口企业房价增长率的估计系数在 10% 统计水平下显著为负值，具体数值为－0.063；而出口企业房价增长率的系数也为负值，不过并未通过显著性检验。这可能是因为房价上涨对不同性质企业的影响作用不同。加入"是否外资"和"是否国有"与房价增长率的交乘项后，我们可以看到房价增长率的系数明显上升。从表 2-4 中"结果(2)"列、"结果(4)"列和"结果(6)"列来看，房价增长率对民营企业研发投入的影响显著为负，估计系数都通过 1% 统计水平检验。从估计系数大小来看，这种负向影响对民营出口企业更大。企业所在城市房价增长率影响民营出口企业研发投入的估计系数为－0.171，影响民营非出口企业研发投入的估计系数为－0.111。"是否国有"和"是否外资"与房价增长率的交乘项的估计系数都为正，这说明房价增长率对国有企业和外资企业研发资金投入的影响相比于民营企业要小得多，尤其是在出口企业样本中。这说明剔除国有企业和外资企业后，房价上涨对民营企业技术创新的抑制作用更大。

表 2-4 企业研发经费投入的影响因素检验回归结果

变量名称	全样本		出口企业		非出口企业	
	结果(1)	结果(2)	结果(3)	结果(4)	结果(5)	结果(6)
L.房价增长率	－0.056** (0.027)	－0.126*** (0.032)	－0.041 (0.053)	－0.171*** (0.057)	－0.063* (0.032)	－0.111*** (0.039)
L.是否国有× 房价增长率	—	0.163** (0.069)	—	0.322** (0.160)	—	0.085 (0.068)
L.是否外资× 房价增长率	—	0.264*** (0.062)	—	0.270*** (0.082)	—	0.313*** (0.105)
是否国有	－0.052 (0.056)	－0.049 (0.056)	－0.105 (0.082)	－0.102 (0.081)	－0.023 (0.081)	－0.020 (0.081)

（续表）

变量名称	全样本		出口企业		非出口企业	
	结果(1)	结果(2)	结果(3)	结果(4)	结果(5)	结果(6)
是否外资	−0.170** (0.072)	−0.167** (0.072)	−0.249*** (0.096)	−0.244** (0.096)	−0.071 (0.112)	−0.072 (0.112)
L.利息支出对数	0.014** (0.006)	0.014** (0.006)	−0.003 (0.010)	−0.003 (0.010)	0.028*** (0.008)	0.027*** (0.008)
L.净流动资产比率	0.124*** (0.033)	0.125*** (0.033)	0.122** (0.054)	0.123** (0.054)	0.108** (0.042)	0.108** (0.042)
L.利润率	0.012 (0.053)	0.012 (0.053)	−0.056 (0.042)	−0.057 (0.041)	0.122** (0.058)	0.123** (0.058)
L.企业规模	0.097*** (0.013)	0.095*** (0.013)	0.103*** (0.019)	0.101*** (0.019)	0.091*** (0.016)	0.090*** (0.016)
城市科技人员对数	2.182 (1.412)	2.347* (1.410)	3.533* (1.923)	3.759** (1.906)	1.227 (1.629)	1.383 (1.630)
L.固定资产比	0.077* (0.046)	0.076 (0.046)	0.068 (0.081)	0.066 (0.081)	0.036 (0.056)	0.036 (0.056)
L.行业竞争	−0.924 (4.005)	−0.431 (3.988)	4.281 (11.039)	5.500 (10.888)	−2.329 (4.304)	−1.779 (4.274)
企业年龄	0.201*** (0.050)	0.205*** (0.051)	0.218*** (0.081)	0.221*** (0.081)	0.196*** (0.067)	0.201*** (0.067)
城市人均GDP对数	−0.767*** (0.046)	−0.755*** (0.046)	−0.792*** (0.072)	−0.776*** (0.072)	−0.672*** (0.063)	−0.658*** (0.064)
常数项	6.797*** (0.414)	6.722*** (0.405)	9.709*** (0.625)	9.648*** (0.625)	6.355*** (0.551)	6.262*** (0.551)
年份固定效应	控制	控制	控制	控制	控制	控制
行业固定效应	控制	控制	控制	控制	控制	控制
观测值(个)	70 125	70 125	30 039	30 039	40 086	40 086

注：括号中为标准误差，上标 * 表示 $p<0.10$，** 表示 $p<0.05$，*** 表示 $p<0.01$。

表 2-4 中，全样本"L.利息支出对数"的回归系数显著为正，这说明利息支出越大，企业外源融资能力越强，其研发投入资金越多。从企业净流动资产比率来看，该数值越大，说明企业内部资金越丰裕，企业研发投入越多。在非出口企业样本中，利润率的估计系数为正，详见变量"L.利润率"的回归结果，且通

过5%统计水平检验,这说明非出口企业利润率越高,企业技术创新投入越大。从出口企业回归结果来看,反应资金能力的三个指标中只有净流动资产比率的估计系数为正且通过5%统计水平检验,其他两个指标(利息支出对数和利润率)的回归结果均为负值。另外,企业规模是影响企业研发投入的重要因素。不论是基于全样本数据还是基于出口企业和非出口企业的分样本数据都发现,随着企业规模的扩大,企业研发投入会显著增加。这说明在创新投入上出口企业的规模大小具有重要意义。因为企业规模越大,企业融资约束越小;企业利润率越高,越能吸引更多研发人才,同时企业的研发投入越大。

从研发人员供给的回归结果来看(详见表2-4中变量"城市科技人员对数"行),相比于非出口企业,出口企业所在城市的科技从业人员比重越大,出口企业技术创新的投入越大,其估计系数在5%统计水平下显著。这说明城市研发人员的数量对出口企业研发投入具有非常强的推动作用,出口企业在研发中更看重研发人员的作用。

一直以来,中国出口企业尤其是中小民营企业进行技术创新面临各种现实约束。这些约束主要包括研发经费投入资金不足、研发人员缺乏等。本部分基于微观层面的检验发现,相比于非出口企业,出口企业的外源融资和内源融资能力及研发人员供给对企业技术创新的影响更大,高房价对民营出口企业技术创新投入的挤出效应更强。此外,企业规模也对出口企业技术创新的意愿以及技术创新投入都具有重要意义。

第二节 出口企业技术创新的机遇

自改革开放以来,中国提出"以市场换技术"的发展策略。中国出口企业主要通过出口学习效应,利用外部市场需求积累创新资本,培育高端人才,缓解技术创新的现实约束,提升企业生产率和技术水平。大量的研究发现,出口贸易可以通过技术溢出效应促进企业生产效率的提升和技术升级(Melitz,2003;Keller,2009;Helpman,2006)。Alvarez 和 López(2005)使用智利1990—1996年的制造业数据,在运用倾向得分匹配方法控制企业的自选择问题后,证实了出口学习效应的存在。Bustos(2011)的研究发现,随着企业出口和销售的增长,为获得更高的利润,企业会采用更高的技术,从而产生出口引致技术升级效应。李兵等(2016)通过对相关数据的检验提出出口引致创新效应,发现中国企业通过出口可以促进技术含量相对较高的发明专利和实用新型专利数量上升。张杰和郑文平(2017)也认为,在嵌入全球价值链分工过程中,发达国家的大型跨国公司会对出口企业供应商进行额外的技术指导和人才培训,这有利于中国出口企业在这个过程中掌握技术含量较高的产品生产能力。中国出口企业通过"干中学"不断吸收和模仿创新,不断提高企业技术水平。

但随着中国出口规模的扩大,出口引致创新效应越来越弱。首先,中国出口产品的生产技术越来越成熟,与其他国家的技术差距变小。中国产业升级后,出口产品与很多发达国家的同类产品同台竞争,这引起了一些发达国家的警惕,开始对中国进行技术限制。美国等发达国家或地区都在限制高精尖技术输入到中国,并以此遏制中国的技术创新,阻碍中国通过出口来实现技术升级。其次,为获取更高的利润,发达国家或地区往往将"中国制造"锁定在低附加值、低成本的环节,这种"低端锁定"使得中国出口企业很难通过出口学习效应实现技术升级。近年来,一些学者发现,出口贸易对中国企业技术创新尤其是自主创新的促进作用存在异质性。例如,任保全和刘志彪等(2016)发现,中国出口贸易对技术创新的作用存在显著异质性,出口贸易仅对技术创新强的企业、东部地区企业和非国有企业的技术进步有促进作用。佟家栋和刘竹青(2012)基于行业层面数据检验了外需增长和内需增长对中国全要素生产率的影响,发现出口增长对内资企业全要素生产率的提升并未发生作用,即不存在出口学习效应。而康志勇(2011)则发现,出口贸易对规模较小企业的自主创新存在显著抑制作用。

此外,虽然中国出口贸易具有出口引致创新效应,但是当前世界经济复苏乏力,世界各国贸易保护主义盛行,再加上来自低成本国家的竞争,中国出口增长率呈逐年下降趋势。日益缩减的出口规模也很难帮助中国出口企业通过外部需求获取技术升级。与外需缩减相对应的是中国日益庞大的国内消费市场,中国逐渐从对外贸易的"加工厂"变为"销售地"。中国是世界上人口最多的国家,也是人均收入增长最快的国家之一。中国国内市场规模巨大,庞大的市场规模及不断升级的消费需求为中国出口企业技术创新提供了新机遇。

一、国内市场需求规模扩大为企业技术创新提供规模化优势

改革开放初期,中国总体人均收入较低。1978年,中国的GDP总量为1 495亿美元,而美国的GDP高达23 516亿美元,约为中国的15.7倍;从人均来看,当年中国人均GDP仅为156美元,而美国为10 564美元,约为中国人均GDP的67.7倍。中国人均收入低下导致国内消费总量不足,这迫使许多企业只能服务于国外市场。但随着改革开放的推进,中国经济快速增长。2022年,中国GDP上升到179 632亿美元,美国的GDP上升至257 441亿美元,约为中国GDP的1.4倍;从人均来看,当年美国人均GDP约为中国人均GDP的5.9倍。

图2-6为部分国家人均GDP增长率(1990—2022年),图中的数据来源于世界银行。从图2-6中我们可以看出,中国在1990年的人均GDP增长率仅为2.41%,略高于美国,而低于德国、印度、日本。随着经济改革的全面展开,中国的人均GDP增长率呈迅猛增长态势。从1991年到2014年,中国的人均GDP增长率都远远高于德国、日本、美国。在2013年之前,中国人均GDP增长率基本维持在7%以上,印度的人均GDP增长率相对偏高,在5%左右,而同期德国、日本和美国的人均GDP增长率偏低且波动较大。2013年之后,中国人均GDP增长率呈下降趋势。2022年,中国人均GDP增长率为3%,但仍高于美国的1.7%、日本的1.5%和德国的0.7%。

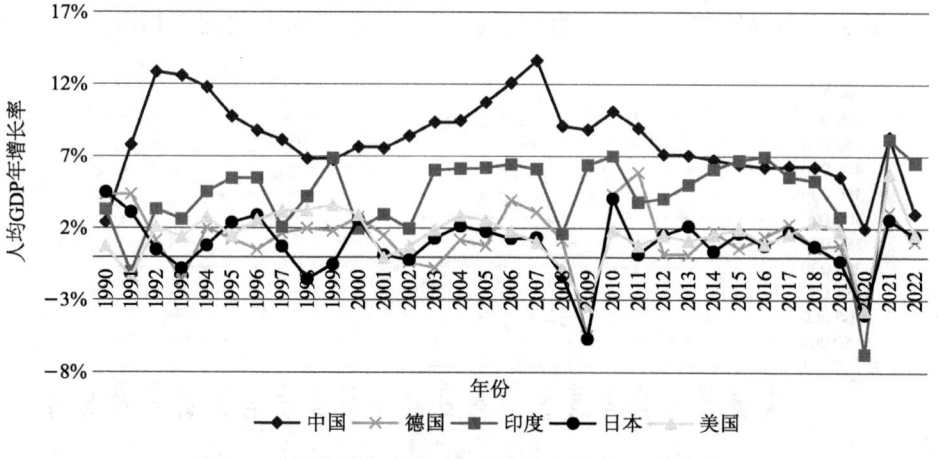

图2-6 部分国家人均GDP增长率(1990—2022年)

数据来源:世界银行。

在人均GDP持续增长的同时,中国人口规模也在不断扩大。1978年,中国的人口总量为9.6亿人,到2022年中国人口总量上升为14.1亿人,是世界上人口最多的国家。图2-7是中国总人口和人均GDP的变化情况(2000—2022年)。人口规模的扩大不仅为经济发展提供了充足的劳动力资源,同时也为企业提供了巨大的市场空间。

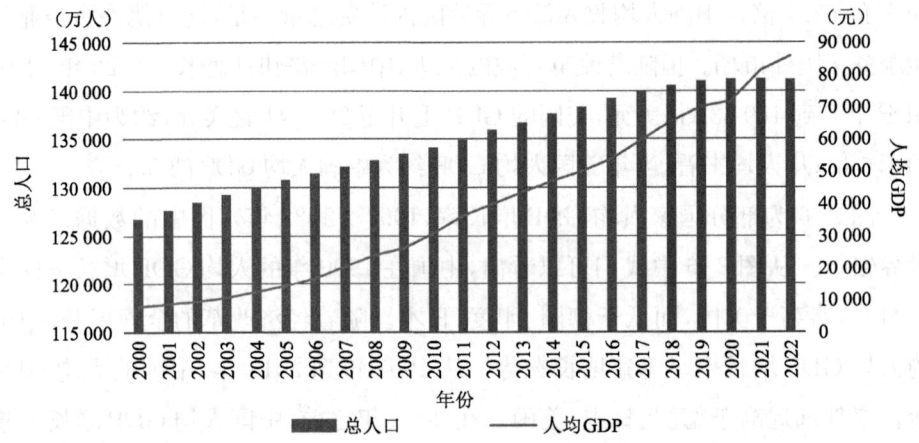

图2-7 中国总人口和人均GDP的变化情况(2000—2022年)

数据来源:国家统计局。

人口规模决定了市场空间的大小,人均GDP则决定了市场需求的潜力。不论是人口规模的扩张还是人均GDP的上升都意味着中国市场需求规模的扩大。社会消费品零售总额能够直观反映出一国消费需求的变动情况。图2-8

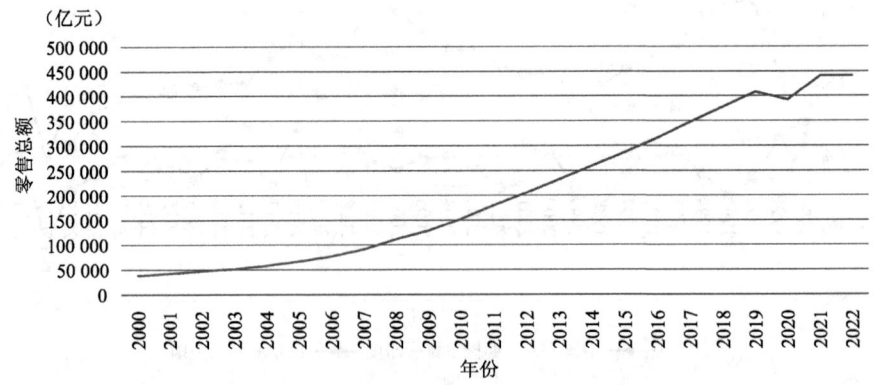

图2-8 中国社会消费品零售总额变化趋势(2000—2022年)

数据来源:国家统计局。

显示了2000—2022年中国社会消费品零售总额的变化趋势。从图2-8中我们可以看到,中国社会消费品零售总额自2000年以来总体呈现逐年递增的态势。2000年,中国社会消费品零售总额为38 447.1亿元;到2022年,中国社会消费品零售总额已经上升到439 732.5亿元。2000—2022年中国社会消费品零售总额年平均增长率为11.8%。

此外,中国国内市场需求规模的上升更多地可以反映在居民人均可支配收入的增长和居民人均消费支出的增长上。人均可支配收入是指居民可用于最终消费支出和储蓄的总和,是反映居民购买能力的主要指标之一。人均消费支出是指平均每人占有和享受的物质生活资料和服务的数量。改革开放以来,中国人均可支配收入不断提升,全国居民人均可支配收入从1978年的171元上升到2007年的8 584元;2009年,人均可支配收入首次突破万元大关,上涨为10 977元;2022年,这一数值达到36 883元。2009—2022年全国居民人均可支配收入增长了2.4倍。随着中国人均GDP和人均可支配收入的持续增长,中国居民人均消费支出也在显著提高,1978年中国居民人均消费支出为151元,2022年中国居民人均消费支出上升到24 538元。图2-9是中国居民

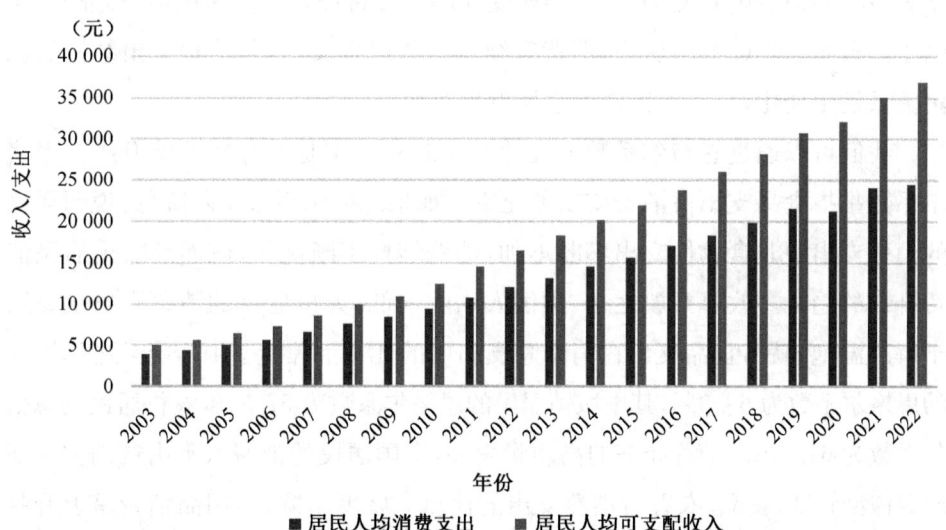

图2-9 中国居民人均可支配收入和人均消费支出变化情况(2003—2022年)

数据来源:国家统计局。

人均可支配收入和人均消费支出变化情况（2003—2022年）。从图2-9中可以看到，从2003年到2022年，中国居民人均可支配收入和人均消费支出随时间的推移不断上升。

随着中国GDP和人均GDP的不断发展，中国人民生活水平得到显著改善，居民人均可支配收入持续上升，中国国内市场规模不断扩大，中国居民人均消费支出也在不断上升。中国国内市场需求规模的提升，为中国企业规模化生产提供了有利条件。

二、国内消费升级为企业技术创新提供动力

随着居民人均可支配收入的持续增加，中国居民的消费观念和消费偏好均在改变，中国国内消费升级正在发生。近年来，中国居民的消费升级成为众多学者关注的重要课题。黄卫挺（2013）指出，居民收入水平的提高可以直接带动消费升级。同时，他认为不管是在"生存—发展—享受"的分析框架下，还是在"物质—服务"的分析框架下，消费升级至少包括消费结构的升级和消费品质的升级这两个维度。黄隽和李冀恺（2018）指出，消费升级的关键是以消费结构变动为核心的消费内容变动，消费结构变动的一大特征是城乡居民消费差距逐年缩小。石明明等（2019）认为，消费升级具有两层含义，一是消费支出结构的比例关系发生变化，二是居民消费意愿发生改变。

我们可以通过恩格尔系数的变化初步查验中国是否存在消费升级。恩格尔系数是指食品支出占消费支出的比重。如果恩格尔系数不断降低，说明居民的消费支出中非食物性支出不断增加，消费结构不断优化，侧面反映出居民消费升级的趋势。改革开放之初，中国人均收入低，大量居民的消费支出主要用于解决温饱问题，食品支出在消费总支出中的比重非常高。1978年，中国居民的恩格尔系数为63.9%，其中城镇居民的恩格尔系数为57.5%，农村居民的恩格尔系数为67.7%。随着经济的高质量发展，中国居民的消费水平由贫困型逐渐向温饱型转变，食品、衣着占消费支出的比重大幅度下降，耐用品消费呈上升趋势，中国居民的恩格尔系数不断下降。2000年以来，中国积极推行扩大内需和深化经济体制改革等措施，中国居民的消费重点逐渐向高端产品、服务型产品转移，中国居民用于住房、交通通信、文娱教育等方面的消费支出比重不断增加。

图 2-10 为中国城镇居民和农村居民恩格尔系数变化趋势（2003—2022 年）。从图 2-10 中我们可以看出，随着时间的推移，不论是农村居民还是城镇居民的恩格尔系数都呈现显著下降趋势。其中，城镇居民的恩格尔系数由 2003 年的 35.5% 下降到 2022 年的 29.5%，农村居民恩格尔系数由 2003 年的 43.9% 下降到 2022 年的 33.0%。这从侧面反映出中国居民生活水平显著提高，消费升级态势明显。

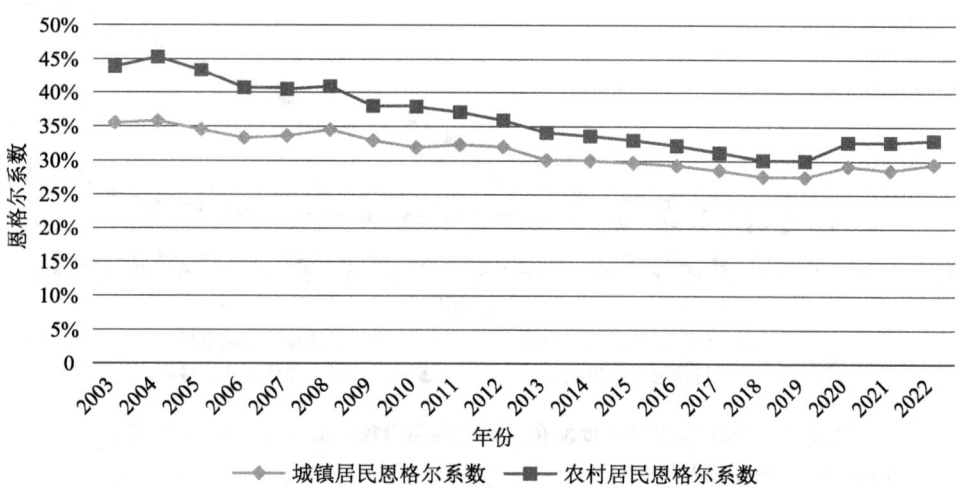

图 2-10　中国城镇居民和农村居民恩格尔系数变化趋势（2003—2022 年）
数据来源：国家统计局。

中国消费升级的另一个体现就是消费商品结构不断优化，服务消费快速发展。图 2-11 是限额以上部分批发企业部分商品销售额情况（2003—2022 年）。从图 2-11 中我们可以看出，中国居民对纺织、服装及日用品，文化、体育用品及器材，日用家电批发商品，以及计算机、软件及辅助设备的消费额都呈明显上升趋势。中国居民对各种产品消费额的增长率存在差异。纺织、服装及日用品的销售额从 2003 年的 3 452.46 亿元增长到了 2022 年的 64 614.50 亿元，增长了 61 162.04 亿元，年均增长率为 18.31%。文化、体育用品及器材的销售额从 2003 年的 728.88 亿元增长到了 2022 年的 16 215.16 亿元，年均增长率为 19.28%。日用家电批发商品的销售额从 2003 年的 670.12 亿元增长到了 2022 年的 16 922.70 亿元，增长了 16 252.58 亿元，年均增长率为 21.91%。计算机、软件及辅助设备的销售额从 2003 年的 356.17 亿元增长到了 2022 年的

15 825.85亿元，年均增长率为29.07%。从2003年到2022年，中国计算机、软件及辅助设备以及日用家电批发商品销售额的年均增长率高于纺织、服装及日用品。同时，中国居民在需求总规模上升的同时，更加注重对高品质产品的消费。这也说明中国市场消费升级正在发生。

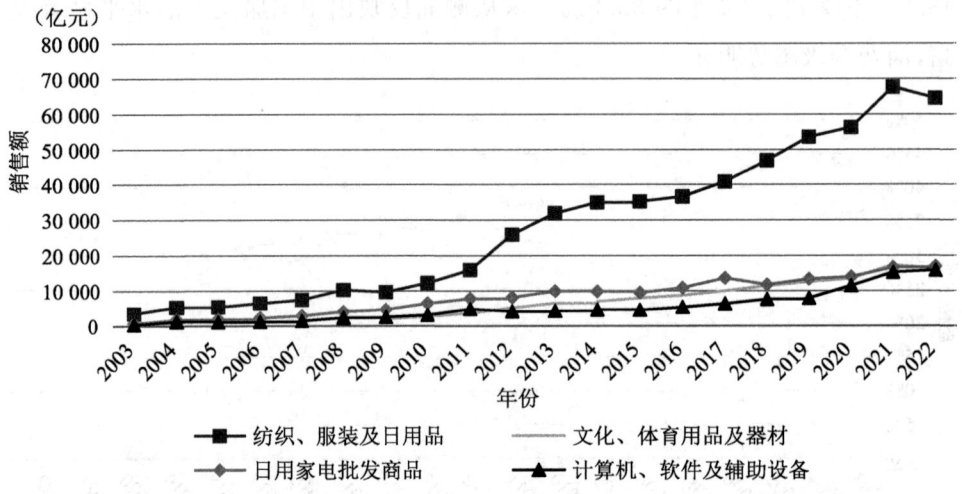

图2-11　限额以上部分批发企业部分商品销售额情况(2003—2022年)
数据来源：国家统计局。

随着中国国内消费升级，居民对高品质产品、高科技产品、高端服务产品的需求也在不断上升。这为中国企业进行技术创新提供了良好的国内需求环境，也迫使中国企业不断进行技术创新，实现产品不断升级换代，以满足国内居民的消费需求。

三、国内市场差异化需求为企业技术创新提供机会

现阶段，中国经济区域发展不平衡，各地区在自然资源条件、经济发展水平等方面存在较大差异。中国不仅存在不同区域之间的收入差距，也存在区域内部城乡之间收入的差距。与此同时，中国有56个民族，每个民族都存在消费习惯、文化理念上的差异。中国存在多元化的消费理念，也存在多层次的消费需求，从而导致中国居民消费需求的差异化。这种市场需求的差异化为出口企业转向国内市场、实现技术创新提供了新机遇。

中国的改革开放虽然是从农村家庭联产承包责任制开始的，但随着市场经

济改革的推进,中国城镇居民收入增长更快,城乡之间存在显著的收入差距。图 2-12 是城乡居民人均可支配收入对比(2000—2022 年)。从图 2-12 中我们可以看出,中国城镇居民与农村居民的人均可支配收入均呈现持续上升趋势,且城镇居民的人均可支配收入上涨幅度大于农村居民。城镇居民与农村居民可支配收入的差距由 2000 年的 3 974 元上升到 2022 年的 29 150 元。城乡之间可支配收入的差异导致城乡居民之间存在消费水平的差异。

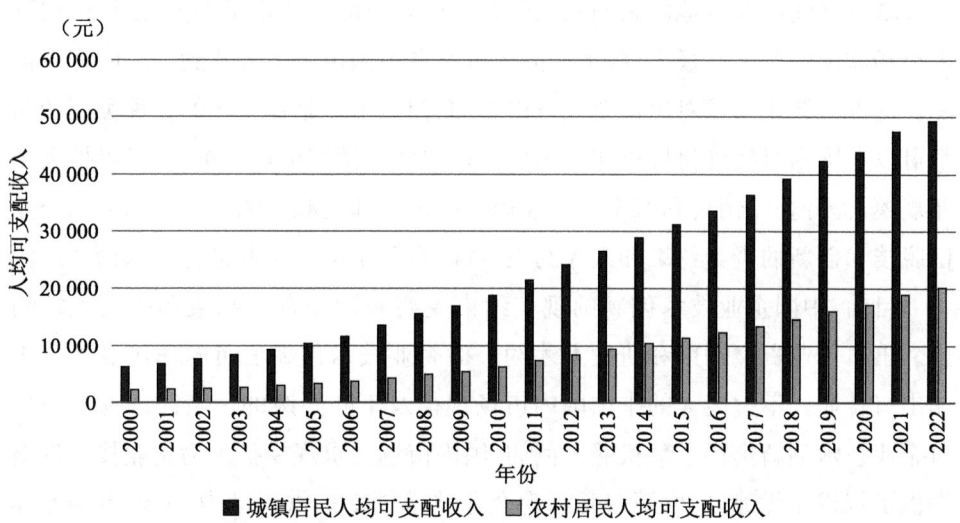

图 2-12　城镇居民与农村居民人均可支配收入对比(2000—2022 年)

数据来源:国家统计局。

中国收入与消费的差距不仅存在于城乡之间,还存在于不同地区之间。从大的区域来看,中国的改革开放首先在东部地区展开,随后扩展到中部和西部地区。中国 90% 左右的对外贸易交易额由东部地区完成,这使得中国东部、中部和西部地区之间在收入上存在巨大差距。从中国东部地区、中部地区、西部地区的人均可支配收入对比来看,三大区域的人均可支配收入都在稳定增长,但在总量上差距明显。从 2020 年数据来看,东部地区人均可支配收入是中部地区的 1.69 倍,是西部地区的 1.74 倍。从增长率来看,西部地区的人均可支配收入增长最快。东部地区的人均可支配收入从 2013 年的 25 391 元增长到 2020 年的 43 655 元,年均增长率为 9%;中部地区的人均可支配收入从 2013 年的 15 495 元增长到 2020 年的 25 757 元,年均增长率为 8.3%;西部地区的人均可支配收入从 2013 年的 13 624 元增长到 2020 年的 25 035 元,年均增长率为 10.5%。从人均消费支出来看,东部、中部、西部三大地区的人均居民消费支出差异也比较明显。以 2019 年为例,上海市的居民人均消费支出为 456 05.14 元,而辽宁省的居民人均消费支出为 22 202.85 元,仅为上海市的二分之一不到。2020 年,东部地区人均消费支出是中部地区的 1.59 倍,是西部地区的 1.64 倍。

城乡之间以及各地区之间收入的差异所导致的消费水平差异,使得中国国内市场需求的包容性极大,各类商品都可以在中国市场上寻找到一定的客户群体。这种差异化需求对出口企业来讲更加有利,出口企业生产的各种类型产品都可以在国内寻找到目标群体。出口企业在国内销售市场的扩大,可以扩大企业规模,提升企业销售利润率。企业规模的扩大和利润率的提升可以帮助企业摆脱技术创新的资金约束和人才约束,从而有利于出口企业进行技术创新。

目前,中国企业技术创新的现实约束主要来源于资金约束和研发人才约束。出口企业资金约束和研发人才约束对企业技术创新的负向作用显著大于非出口企业。不过庞大的中国国内市场规模及不断升级的消费需求为中国出口企业技术创新提供了新机遇。例如,国内市场需求规模扩大为企业技术创新提供了规模化优势,国内消费升级为企业技术创新提供了动力,国内市场差异化需求为企业技术创新提供了更多机会。中国出口企业可以抓住国内市场规模崛起的机会,通过规模经济突破技术创新的约束,实现技术升级,获取国际市场竞争新优势。

第三章
本土市场需求影响出口企业技术创新的机理

需求与创新之间的关系一直是学术界关注的焦点之一。Schumpeter(1942)指出,销售的增加可以为昂贵而且不确定的研发活动提供更多的资金,企业的创新动力和潜在的盈利能力也会随市场规模的增大而增加。Schmookler(1966)提出需求引致创新理论,指出技术创新始于市场需求,具体表现为市场需求对产品和技术提出明确的要求,促进科学技术的发展,进而促使企业制造出适销的产品,以满足市场需求。Schmookler(1966)认为,消费者的需求导向、有效需求规模以及支付能力是促使企业技术创新最有效的内在激励机制。随后,很多学者都基于需求引致创新理论进行理论探讨和实证检验。Judd(1985)认为,销售规模和可盈利性的变化可以刺激研发投入。Porter(1990)认为,相比于市场规模,老练、挑剔的购买者更能刺激厂商不断改进、创新产品。Godin 和 Lane(2013)指出,需求引致创新模型已被同化到多维增长模型中,需求是决定创新的重要因素之一。市场需求扩大不仅通过规模效应和需求差异化直接作用于创新,而且通过影响市场结构、市场环境等多种因素间接引致创新。Krugman(1980)提出的本土市场效应理论则阐述了本土市场需求对企业出口竞争力的作用。

本章结合需求引致创新理论和本土市场效应理论,从本土市场需求规模、竞争效应、需求差异等角度对出口企业立足本土市场需求实现技术创新的理论机制进行梳理。

第一节 本土市场需求通过规模效应影响出口企业创新

本土市场需求规模越大,产品销售数量越多,企业越容易实现规模经济。Campbell 和 Hopenhayn(2005)基于美国城市零售行业数据进行相关分析,发现市场规模与公司规模之间存在正相关关系。Krugman(1980)提出本土市场效应理论,认为随着某种产品本土市场规模的扩大,规模经济效应会使该国成为该产品的净出口国。大量的研究表明,公司规模越大,创新越积极。比如,Hannan 和 McDowell(1984)基于银行数据检验发现,20 世纪 80 年代,银行规模越大越容易采用自动柜员机;Cohen 和 Klepper(1996)发现,企业规模越大,企业研发支出总量越大。可见,本土市场需求越大,规模经济效应越明显,企业技术创新越快。本节主要就本土市场需求、规模经济效应与出口企业技术创新之间的关系进行理论阐述和机理说明。

一、本土市场效应理论

在国际贸易理论中,Krugman(1980)、Helpman 和 Krugman(1985)在开放的垄断竞争模型中发现:在规模报酬递增条件下,本土需求规模扩大会驱使企业扩大生产规模,提高企业生产效率,在本国需求被满足之后,该国会成为产品的净出口国。这就是著名的本土市场效应理论。

在 Krugman 的理论模型中,假设存在两个国家、两个生产部门和一种劳动力生产要素。其中一个生产部门在规模报酬不变的情况下生产同质产品,同质产品跨境贸易不存在贸易成本;另一个生产部门生产差异化产品,差异化产品存在规模报酬递增效应,即差异化产品的单位成本随着生产产量的上升而不断下降。差异化产品可以在两国之间进行交易,但存在"冰山成本"。Krugman 模型的市场均衡公式为 $\mu = (\phi - \sigma)/(1 - \sigma\phi)$。这里,$\mu$ 是本国相对外国生产的产品数量之比,ϕ 是本国国内需求与外国需求规模的比值,σ 表示本国出口商品时的贸易成本,其数值小于 1。如果本国国内需求与外国需求的规模相等,即 $\phi=1$,则 $\mu=1$,这表明本国与外国的产品生产数量相等。但如果本国的国内需求规模更大,即 $\phi>1$,则 $\mu>1$,这时本国生产的产品相对数量更多。因为差异化产品生产存在规模经济效应,当 $\phi>1$ 时,本国生产产品的数量越多,其产品的平均生产成本越低,也就是说,其产品价格相比国外更低,本国成为该产品的净出口国。

本土市场效应理论建立在非常严格的假设之上,实际上本土市场效应是否存在还需要更多的论证。自本土市场效应理论被提出以来,学者们就从不同角度对本土市场效应理论进行拓展。这些拓展主要体现在:①贸易成本的差异对本土市场效应是否存在有较大影响。Davis(1998)发现,在 Krugman 模型里,同质产品部门的零贸易成本可以影响本土市场效应,当同质产品部门和差异化产品部门的国际贸易成本相同时,本土市场效应就会消失。Yu(2005)指出,如果同质产品的贸易成本高到使其成为非贸易品,且差异化产品和同质产品的替代弹性不同,则本土市场效应存在与否取决于产品之间替代弹性的差异。Zeng 和 Kikuchi(2005)指出,Davis(1998)和 Yu(2005)所讲的逆向本土市场效应或本土市场效应消失只是在同质产品不存在贸易成本时才成立,如果本国与他国存在同质产品的贸易,且其贸易成本与差异化产品不同,则本土市场效应依然存在。②企业异质性也会影响本土市场效应的大小。Melitz(2003)以及 Baldwin 和 Okubo(2006)在垄断竞争模型中假定企业存在生产效率的异质性,规模经济的存在导致本土市场效应。而 Okubo 和 Rebeyrol(2006)假设存在企业进入市场的沉没成本或规制成本,在企业同质性假设下,这种成本越大越可能导致逆向本土市场效应。在企业异质性假设下,沉没成本越高、效率越高的企业越愿意定位于市场规模大的产地,因为企业可以通过规模效应抵消高额的沉没成本。③跨国公司的出现将影响本土市场效应的存在。企业可以通过设立跨国子公司或分公司绕过贸易成本,从而很好地利用国外市场,因此,跨国公司的存在可能会导致本土市场效应的消失。不过,Larch(2007)指出,当本国企业和跨国公司同时存在且差异化产品的需求较大时,本土市场效应依然存在,只不过是通过利润汇回渠道实现;如果不存在本国企业或差异化产品的需求较小,则不存在本土市场效应或出现逆向本土市场效应。Toulemonde(2005)认为,当跨国公司存在时,本土市场效应与运输成本有很大的关系,运输成本过高,则不存在本土市场效应。④本土市场效应的大小受国家数量的影响。当人们把 Krugman 的两国模型扩展到多国模型时,本土市场效应非常难以定义,这是因为很难确定多国相对需求比例。如果各个国家的需求份额可以按照规模大小进行排序,则静态的本土市场效应是存在的(Ottaviano 等,2004)。Suedekum(2006)指出,如果第三国市场需求规模足够大,且与本国需求增长一致,则本土市场效应就会消失。此外,还有一些学者注重分析本土市场效应存在的福利性,如 Head 等(2002)、Moscarini 和 Ottaviani(2001)。从当前学者就本土市场效应理论的分析来看,本土市场效应是否存在受到多方面因素的影响。本土市场效应理论提出之后,各学者在对其理论进行拓展的基础上也在用数据对该理论进行验证。

关于本土市场效应的实际验证,各学者采用不同的验证方法和数据得出的结论存在差异性。对本土市场效应进行检验的方法主要有两种:第一种是 Davis 和 Weinstein(1999)提出的超额需求检验法。该方法在控制国家要素禀赋状况和国家相对世界产出的基础上,通过回归模型估计该国超额需求对该国产出的影响系数。若影响系数大于1,则存在本土市场效应。Davis 和 Weinstein(1999)通过对 OECD 国家贸易模式的检验发现,本土市场效应作用比较小。第二种是采用引力模型分离本土市场效应和比较优势。例如,Schumacher(2003)和 Arkolakis 等(2019)分别基于 OECD 制造业销售数据和全球医药行业销售数据检验发现,本土市场效应是存在的。不过 Hanson 和 Xiang(2004)基于倍差法引力模型检验发现,运输成本是影响本土市场效应存在与否的重要因素。

虽然国外对本土市场效应的检验结果存在差异性,但多位学者基于中国数据的检验结果基本都证实了中国出口贸易存在本土市场效应。刘恩初和李文秀(2016)基于引力模型验证了本地市场效应的存在性。万晓宁和孙爱军(2016)利用国别数据分析中国和印度各行业商品是否存在本土市场效应,他们的检验结果显示,中国有21类商品存在本土市场效应。邱斌和尹威(2010)研究发现,制造业出口贸易总体上存在本土市场效应;细分贸易模式后发现,本土市场效应在一般贸易中显著存在,在加工贸易中不显著。杨汝岱(2008)、王岚和盛斌(2013)、钱学锋和黄云湖(2013)、薛志垣和胡永(2018)基于中国制造业行业数据的检验发现,中国出口贸易存在本土市场效应。张帆和潘佐红(2006)

以各省(市、自治区)的市场作为本土市场,考察其对省际贸易的影响,发现19个行业中有7个行业存在本土市场效应。

本土市场效应理论重点阐述的是本土市场需求规模的扩大和规模报酬递增的存在使得本土企业生产成本下降,从而促使本国商品价格下降并使该国成为该产品的净出口国。当然现有研究也发现,本土市场效应是否存在还受到贸易成本大小、企业异质性等多种因素的影响。基于经验检验的研究也发现,本土市场效应在不同国家、不同行业间的表现存在差异。另外,我们需要看到本土市场效应发挥作用的必要条件是规模经济的存在,而大量基于现实数据尤其是中国数据的经验检验发现,本土市场效应确实在很多行业中是存在的。这说明在较大的市场规模中规模经济效应确实存在,而这种规模经济效应不仅可以促使企业成本降低,也会促进企业进行技术创新。

二、本土市场需求、企业规模与出口企业技术创新

Melitz(2003)、Melitz 和 Ottaviano(2008)的研究发现,较大的国内市场规模下,消费者对不同产品以及同质产品会产生不同层次的需求,从而促进企业规模扩张,使得其产品能够达到进入国际市场的最低规模要求。企业规模的扩张可以提高企业在国内市场的竞争力,在国际分工深化的条件下提高生产率,促进企业技术创新,从而提高企业的国际竞争力。Chaney(2016)在 Melitz 提出的异质性企业模型基础上,发现较大的市场规模会导致更高的企业生产效率,提高企业利润,形成更大规模企业,从而促进企业的技术创新。因此,本土市场需求规模扩大会通过提高企业规模促进企业技术创新。

首先,研发创新需要投入大量资金,且面临极强的不确定性,这使得大企业比小企业更具有创新积极性(Fisher 和 Temin,1973;Blundell 等,1999)。本土市场需求规模大,出口企业销售数量上升,其生产数量扩大。规模经济效应的存在使得出口企业利润提高,从而有效缓解出口企业融资约束,更有利于出口企业增加研发创新的投入。本土市场需求规模越大,消费者的需求差异越大,喜欢尝试新产品的消费者比例越高,新产品的市场推广成本就越低。这会降低出口企业创新的平均成本和增强创新的风险承担能力,提高创新成功的概率。大规模市场更容易提升创新的预期收益,从而鼓励企业进行技术创新(Davis 和 Weinstein,

2001)。另外,超大规模市场带来的企业规模上升可以帮助企业改善组织结构,优化其创新资源配置,雇佣更多的研发人才,从而促进技术创新(张莉和李绍东,2016)。

其次,随着本土市场需求的上升,出口企业内销规模扩大,整体实力上升。这有利于出口企业维护其在价值链分工中的地位和影响力,连通上下游企业,从而增强其与本地竞争者之间进行合作创新的能力,提升创新绩效(李东红等,2020)。

大量基于经验检验的研究发现,企业规模与技术创新之间存在显著关系,如 Acs 和 Audretsch(1987)、Jadlow(1981)和 Blundell 等(1999)的研究结论表明两者之间存在正向关系。很多基于中国数据的检验研究也发现,企业规模对技术创新有促进作用。例如,Hu(2001)采用北京高技术行业数据发现,企业规模扩大会显著促进其研发投入;周黎安和罗凯(2005)基于省份层面的数据检验发现,企业规模主要对非国有企业创新有正向作用。但企业规模过大,形成行业垄断,则可能会导致其缺乏竞争压力,不利于企业技术创新(Geroski,1990;Hoppe 和 Lee,2003)。有的学者检验发现,企业规模与技术创新之间不一定存在线性关系,金玲娣和陈国宏(2001)、聂辉华等(2008)、周方召等(2014)、张莉和李绍东(2016)等都发现中国企业规模与技术创新之间存在显著的倒 U 形关系,即技术创新会随企业规模扩大而上升,但过大的企业规模不利于技术创新。就中国出口企业尤其是民营出口企业而言,企业的主要优势来源于低成本,如果企业之间价格竞争激烈,则中小规模企业将面临更大的融资约束和研发人才约束;如果它们能利用本土市场需求扩大企业规模,则更容易提升企业技术创新能力,获取出口竞争优势。

三、本土市场需求、集聚效应与出口企业技术创新

Krugman 和 Venable(1995)在本土市场效应理论的基础上进一步指出,由于规模经济的存在,市场需求规模较大的区域可以吸引较多企业集聚,这种集聚会通过竞争环境影响企业技术创新(称为"Porter 外部性"),这部分内容我们将在本章第二节中进行具体阐述。同时,这种因市场规模扩大带来的产业集聚也会通过"Mar 外部性"和"Jacobs 外部性"促进企业技术创新。"Mar 外部性"指同一产业上下游企业的地理集中或集聚会导致下游企业获取的原材料和中

间产品成本下降,从而促进出口企业技术创新(Marshall,1966;Kline 和 Rosenberg,1986)。"Jacobs外部性"主要由差异化企业集聚带来的学习效应引起。同一产业不同企业或不同产业的企业集聚使得各企业之间的往来增强,劳动力要素在不同企业间的流动更加频繁,产业集聚的知识外溢效应会降低企业间的信息交流成本,促进企业的研发创新(Jacobs,1969)。赵奇伟等(2016)采用中国微观企业数据检验发现,本土市场规模带来的产业集聚形成了外部规模经济,降低了出口企业的平均成本,提升了企业的出口能力。杜威剑和李梦洁(2015)、张国峰等(2016)研究发现,产业集聚通过知识和成本外溢效应可以显著促进企业的创新和出口。

本土市场规模扩大带来的产业集聚可以促使政府更重视产业的发展,即政府会为企业技术创新提供更好的制度环境和融资环境,从而有利于企业进行技术创新。另外,Zweimüller 和 Brunner(2005)发现,对于一个高速增长的市场需求空间来说,其本身的创新动力还可以内在地培育出企业创新升级所需的高级要素。同时,本土市场规模扩大具有显著的要素虹吸效应。季书涵等(2016)研究发现,本土市场规模扩大导致的产业集聚可以改变当地的要素禀赋结构,促进企业技术创新。刘和东(2013)根据中国地区层面数据的检验也发现,本土市场规模通过虹吸效应促进创新要素的集聚,从而驱动企业技术创新。白东北等(2021)对2000—2008年的中国企业层面数据进行检验,他们的检验发现,产业集聚会通过创新要素的流动显著提升出口企业生产率,从而促进出口贸易。

本节我们从本土市场效应理论出发,阐述了本土市场需求、规模经济和出口企业技术创新之间的关系。第一,本土市场需求扩大通过规模经济效应(包括企业内部规模经济效应和外部规模经济效应)提升企业生产效率,促进企业技术创新。第二,本土市场规模通过集聚效应和知识外溢效应以及研发要素虹吸效应显著促进企业技术创新。

第二节 本土市场需求通过竞争效应影响出口企业创新

市场需求规模对企业创新具有正向的激励作用,但这种作用也可能不是直接产生的,而是通过增加市场竞争等中间因素促进企业技术创新能力的提高。本土市场规模扩大会激励更多企业进入市场,同时出口企业内销规模扩张,企业在本土市场面临更加激烈的市场竞争。为了在竞争中存活下来,出口企业必然不断进行技术创新。大量的研究都表明,市场竞争加强,会促进企业创新并且提高企业生产效率。Nickell(1996)发现,面临激烈竞争的英国制造业企业往往拥有更高的生产增长率,企业创新动力更足。Galdón-Sánchez 和 Schmitz(2002)研究表明,铁矿石行业竞争压力的增加可以解释某些国家生产增长率高达100%的原因。Desmet 和 Parente(2010)认为,在较大的市场规模中,企业商品供给变多,市场竞争加剧,产品之间的替代性变强,各商品的需求价格弹性上升,大公司将会有动机采用更先进的技术。本节我们借鉴 Desmet 和Parente(2010)的模型,从理论上分析本土市场需求扩大和市场竞争结构变化引致出口企业技术创新的作用机制。

一、模型基本假设

我们假设存在两个对称的国家:本国和外国。两个国家在人口规模、生产技术、要素禀赋等方面完全一致,因此一国的经济均衡也是另外一个国家的经济均衡。每个国家都由生产部门和消费部门组成,生产部门由不同企业组成。生产部门面临垄断竞争的市场结构,每家企业都生产差异化产品,都具有一定的产品定价权,会根据利润最大化选择所生产产品的价格、数量和生产技术。劳动力是唯一的生产要素。消费部门由不同家庭组成,每个家庭向生产部门提供劳动力,并通过劳动收入购买差异化产品。假定家庭偏好具有异质性,两国的人口规模为 L,商品可以在本国和外国之间进行交易。

(一)消费部门

借鉴 Lancaster(1979)和 Hotelling(1929)模型中对家庭偏好的假定,假设每个国家都有围绕单位圆均匀分布的家庭,每个家庭的偏好都不同,每个家庭都有一个由其在单位圆上的分布位置决定的理想消费商品品种 ϑ。每个家庭对理想商品品种 ϑ 的偏好远高于其他商品品种。不同商品品种组成系列差异化产品集合 V。假定任意商品品种 v 离家庭理想商品品种 ϑ 越远,消费 v 带来的效用越小,其中 $v, \vartheta \in V$。我们令 d_v 表示商品品种 v 和家庭理想商品品种

ϑ 之间的最短弧距离,那么偏好 ϑ 商品品种的家庭从消费 C_v 单位 v 商品中获得的效用水平为:

$$\frac{C_v^i}{1+d_{v\vartheta}^{\beta}} \tag{3-1}$$

式(3-1)中,$1+d_{v\vartheta}^{\beta}$ 反映的是家庭需要消费多少单位其他任意商品品种 v 才能获得消费一单位理想商品品种 ϑ 带来的同等效应。这里的参数 $\beta>0$,反映家庭的效用随着其消费商品品种与理想商品品种距离递减的快慢。给定一组差异化产品 V,式(3-1)意味着每个家庭只能购买一种差异化商品,并且购买的商品品种 v 与其理想商品品种 ϑ 之间的单位成本最小。给定的任意商品品种 v,相当于一个家庭理想商品品种的单位数量是 $1+d_{v\vartheta}^{\beta}$。那么购买该 v 商品品种的单位成本为 $p_v^i(1+d_{v\vartheta}^{\beta})$,其中 p_v^i 是商品品种 v 在 i 国的价格。我们假设满足 $\min[p_v^i(1+d_{v\vartheta}^{\beta})|v\in V]$ 要求的商品品种为 v',则偏好理想商品品种 ϑ 的家庭会选择购买商品品种 v'。我们用 w^i 表示各国家庭的工资,且假定工资是每个家庭的唯一收入来源,根据家庭预算约束条件,每个家庭仅消费一种商品品种,则家庭对商品品种 v' 的消费量为:

$$C_{v'}^i=\frac{w^i}{p_v^i} \tag{3-2}$$

式(3-2)是偏好理想商品品种 ϑ 的家庭对 v' 的消费量。根据效用函数与家庭偏好的假定,偏好理想商品品种 ϑ 的家庭对所有其他商品品种 $v(v\in V$ 且 $v\neq v')$ 的消费量都为 0,即仅消费商品品种 v'。

(二) 生产部门

每个国家生产部门中的企业都具有一定的垄断能力,可以生产出一系列差异化产品,这些产品的"冰山成本"为 τ,$\tau\geqslant 1$。企业可以跨国交易,可以自由进入或退出市场,每个企业都定位于生产单位圆任意一点上的特定产品,但企业可以无成本地进行重新定位。企业的生产函数为:

$$Q_v^i=A(1+\gamma)[L_v^i-\kappa e^{\varphi\gamma}] \tag{3-3}$$

式(3-3)中,我们假定 $\varphi>0$,$\kappa>0$,A 代表生产商品品种 v 的技术水平,

γ 表示企业选择的技术创新水平,是一个连续的数值,且 $\gamma \geqslant 0$。当 $\gamma=0$ 时,企业生产商品品种 v 的技术水平为 A,我们称之为基础技术水平。如果企业选择高于基础技术水平进行生产,则企业需要雇佣更多的劳动力。当选择技术创新水平 γ 时,企业需要支付固定的劳动力成本 $\kappa e^{\varphi\gamma}$。企业选择的技术创新水平越高,需要支付的固定成本越大。企业基于利润最大化原则选择在本国销售的商品价格、数量以及在外国销售的商品价格、数量,并据此选择技术创新水平。因存在固定生产成本,并且企业生产存在规模经济效应,每家公司仅生产一种有差异化的产品。一家本国企业的利润可以表示为:

$$\pi^h = p^h c^h + p^{hf} c^{hf} - w^h \left[\kappa e^{\varphi\gamma} + \frac{Q^h}{A(1+\gamma)} \right] \tag{3-4}$$

式(3-4)中,Q^h 代表一家本国企业的产品生产总量,$Q^h = c^h + \tau c^{hf}$,其中,c^h 代表企业在本国销售的产品数量,c^{hf} 代表企业在国外销售的产品数量,τ 表示"冰山成本";p^h 和 p^{hf} 分别表示本国产品的国内销售价格和国外销售价格。本国企业根据利润最大化原则选择国内销售价格、国外销售价格和技术创新水平,即式(3-4)中的 p^h、p^{hf}、γ。因各国的工资是给定的,根据垄断竞争模型,我们可知企业在每个市场上利润最大化的价格是边际单位成本的加成。因此,有:

$$p^h = \frac{w^h}{A(1+\gamma)} \frac{\varepsilon^h}{\varepsilon^h - 1} \tag{3-5}$$

$$\frac{p^{hf}}{\tau} = \frac{w^h}{A(1+\gamma)} \frac{\varepsilon^{hf}}{\varepsilon^{hf} - 1} \tag{3-6}$$

其中,ε^h 和 ε^{hf} 分别表示产品在本国和外国的需求价格弹性。企业利润最大化时,技术创新水平 γ 应满足的一阶必要条件为:

$$\frac{Q^h}{A(1+\gamma)^2} - \varphi \kappa e^{\varphi\gamma} \leqslant 0 \tag{3-7}$$

二、模型的均衡

根据上文中的假设,市场均衡时,所有企业使用相同的技术生产差异化的产品。这时候,这些产品在单位圆上等距分布,而且在每一个本国生产的产品周围都会有两个国外产品。一个给定的国内品种的总需求仅取决于单位圆上最靠近它左右两侧商品的位置和价格,这两个商品都是外国生产的。由于这两个外国生产的相邻商品品种 v^f 与本国生产商品品种 v^h 的距离 d 相同,我们不需要区分它们。我们如果用 v^f 表示外国生产的商品品种,用 P^{fh} 表示国外生产商品在本国的售价,则对于一个对购买 v^f 和 v^h 无差异的家庭来讲,存在:

$$P^{fh}[1+(d-d^{hh})^\beta]=P^h[1+(d^{hh})^\beta] \tag{3-8}$$

这里的 d 和 d^{hh} 的位置关系如图 3-1 所示。

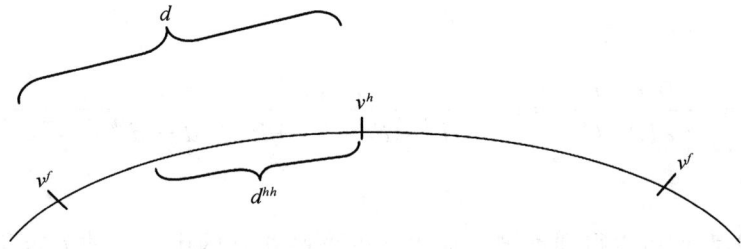

图 3-1 单位圆上商品品种的位置关系

由于本国家庭都沿着单位圆均匀分布,并且每个家庭将其全部工资收入用于消费单一品种,对于本国商品 v^h 的需求只会发生在 $2d^{hh}$ 分布的家庭。本国家庭对 v^h 的需求总量为:

$$C^h=\frac{2d^{hh}w^hL}{P^h} \tag{3-9}$$

类似的,我们可以得到国外家庭对本国生产产品的需求 C^{hf}。因贸易成本的存在,本国产品在外国销售的价格 P^{hf} 与本国的售价不同。外国消费者对本国产品的需求总量为:

$$C^{hf}=\frac{2d^{hf}w^fL}{P^{hf}} \tag{3-10}$$

这里,d^{hf} 和 P^{hf} 满足如下条件:

$$P^f[1+(d-d^{hf})^\beta]=P^{hf}[1+(d^{hf})^\beta] \tag{3-11}$$

在本国商品的国内和国外需求以及国外商品的国内和国外需求确定之后,商品的需求价格弹性就可以确定。d^h 是企业生产的产品与国内家庭理想产品之间的最短弧距离,d 是企业与其最近的竞争对手之间的最短弧距离。根据国内家庭对商品的总需求函数式(3-9),我们可以得到国内商品 v^h 的需求价格弹性 ε^h,即:

$$\varepsilon^h = -\frac{\partial C^h}{\partial P^h}\frac{P^h}{C^h} = 1 - \frac{\partial d^h}{\partial P^h}\frac{P^h}{d^h} \tag{3-12}$$

据式(3-8),我们可以得到 $\frac{\partial d^h}{\partial P^h}$,这样国内商品 v^h 的需求价格弹性 ε^h 可进一步表示为:

$$\varepsilon^h = -\frac{\partial C^h}{\partial P^h}\frac{P^h}{C^h} = 1 + \frac{[1+(d^{hh})^\beta]P^h}{[P^h\beta(d^{hh})^{\beta-1}+P^{fh}\beta(d-d^{hh})^{\beta-1}]d^{hh}} \tag{3-13}$$

同理,我们可以得到本国企业生产的商品在外国市场上的需求价格弹性 ε^{hf},即:

$$\varepsilon^{hf} = 1 + \frac{[1+(d^{hf})^\beta]P^{hf}}{[P^{hf}\beta(d^{hf})^{\beta-1}+P^f\beta(d-d^{hf})^{\beta-1}]d^{hf}} \tag{3-14}$$

本国企业利润最大化的决策由式(3-5)、式(3-6)、式(3-7)、式(3-13)和式(3-14)决定。家庭消费本土商品品种效用最大化的决策由式(3-8)至式(3-11)决定。经济均衡的另一个条件是每种商品全部出清,即所有商品的市场供给和市场需求相等。

另外,因为 d 是单位圆上任何两个商品品种之间的最短弧距离,世界上生产的总商品品种数量为 $\frac{1}{d}$。假定国家是同质的,则每个国家生产 $\frac{1}{2d}$ 个产品种类。对于给定的生产函数式(3-3),每个本国企业生产使用的劳动力数量为 $\kappa e^{\varphi\gamma} + \frac{(C^h+\tau C^{hf})}{A(1+\gamma)}$,因此本国的劳动力市场清算条件为:

$$L = \frac{1}{2d}\left[\kappa e^{\varphi\gamma}+\frac{(C^h+\tau C^{hf})}{A(1+\gamma)}\right] \tag{3-15}$$

垄断竞争的零利润条件为：

$$p^h c^h + p^{hf} c^{hf} - w^h \left[\kappa e^{\varphi\gamma} + \frac{Q^h}{A(1+\gamma)}\right] = 0 \qquad (3-16)$$

零利润条件决定了本国生产各品种商品的数量。

三、市场规模、竞争结构与企业技术创新

在明确了模型的各种均衡条件之后，我们可以分析市场规模变化对企业技术创新的影响。在对称国家模型中，如果把两个国家之间的"冰山成本"设定为 0，则上面的模型就变成了一个具有两倍人口规模即 $2L$ 的封闭国家。我们可以在求得各国经济均衡时，分析人口规模扩大一倍后本土市场规模对企业技术创新的影响。

首先，我们需要证明在特定市场规模下，存在一个唯一的对称均衡。我们假设两个国家是对称的，两国的所有情况都一样，两国经济均衡时的情况也是一致的，即存在对称经济均衡。除了均衡条件式(3-7)之外，均衡条件式(3-6)～式(3-16)都是确定的，我们只需要证明存在唯一的 γ 满足关于技术选择的一阶条件式(3-7)，就可以得到经济均衡的解。

当"冰山成本"为 0 时，因本国与外国的要素禀赋、技术条件等各项经济情况都一样，因此各企业生产的商品在本国的销售数量和在外国的销售数量是相等的，即存在 $C^h = C^{hf} = C$。我们将均衡价格决定条件式(3-5)和式(3-6)带入到零利润条件式(3-16)中，可以得到 $2C = A(1+\gamma)(\varepsilon-1)\kappa e^{\varphi\gamma}$，这样关于 γ 的一阶必要条件变为：

$$\kappa e^{\varphi\gamma}\left(\frac{\varepsilon-1}{1+\gamma} - \varphi\right) \begin{cases} =0, & \text{如果 } \gamma > 0 \\ <0, & \text{如果 } \gamma = 0 \end{cases} \qquad (3-17)$$

我们可以将式(3-17)进一步简化为：

$$\varepsilon \begin{cases} =1+(1+\gamma)\varphi, & \text{如果 } \gamma > 0 \\ <1+(1+\gamma)\varphi, & \text{如果 } \gamma = 0 \end{cases} \qquad (3-18)$$

其次，我们假设经济均衡时，式(3-18)中的 $\gamma = \gamma^*$，如果要证明 γ^* 为经济均衡的唯一解，只需要证明 ε 是 γ 的严格递减函数。在对称假设和"冰山成本"

为 0 的情况下,式(3-13)和式(3-14)都可以简化为:

$$\varepsilon = 1 + \frac{1}{2\beta}\left(\frac{2}{d}\right)^{\beta} + \frac{1}{2\beta} \tag{3-19}$$

由于企业的总产量是 $\kappa e^{\varphi\gamma}A(1+\gamma)(\varepsilon-1)$,总人口为 $2L$,经济均衡时世界上的企业总数为 $n = \frac{2L}{\kappa e^{\varphi\gamma}\varepsilon}$,而 $n = \frac{1}{d}$。我们将 $\frac{1}{d} = \frac{2L}{\kappa e^{\varphi\gamma}\varepsilon}$ 整理得到 d,并将其带入式(3-19)中,可以得到 $\varepsilon = 1 + \frac{1}{2\beta}\left(\frac{4L}{\kappa e^{\varphi\gamma}\varepsilon}\right)^{\beta} + \frac{1}{2\beta}$,该公式可简化为:

$$2\beta\varepsilon^{\beta+1} - (2\beta+1)\varepsilon^{\beta} - \left(\frac{4L}{\kappa e^{\varphi\gamma}}\right)^{\beta} = 0 \tag{3-20}$$

对式(3-20)两端求微分,我们可以得到:

$$\frac{\partial \varepsilon}{\partial \gamma} = -\frac{\beta(4L)^{\beta}\kappa^{-\beta}\varphi e^{-\varphi\gamma\beta}}{2\beta(\beta+1)\varepsilon^{\beta} - (2\beta+1)\beta\varepsilon^{\beta-1}} \tag{3-21}$$

从式(3-13)和式(3-14)我们可知 $\varepsilon > 1$,故式(3-21)是严格为负的。ε 是关于 γ 的减函数,而 $1+(1+\gamma)\varphi$ 随着 γ 的增大而增大,这意味着只有一个 γ 值满足 $\varepsilon = 1+(1+\gamma)\varphi$。如果我们采用 γ' 表示这个 γ 值,若 $\gamma' > 0$,则经济均衡时 $\gamma^* = \gamma'$。如果 $\gamma' \leqslant 0$,则 $\gamma^* = 0$。因此,当存在对称假设且贸易成本为 0 时,经济均衡时存在唯一的技术创新指标。

在 γ 值保持固定的情况下,对式(3-20)求微分,我们可以得到:

$$\frac{\partial \varepsilon}{\partial L} = -\frac{\left(\frac{4}{\kappa e^{\varphi\gamma}}\right)^{\beta}\beta L^{\beta-1}}{2\beta(\beta+1)\varepsilon^{\beta} - (2\beta+1)\beta\varepsilon^{\beta-1}} \tag{3-22}$$

因为 $\varepsilon > 1$,我们可知式(3-22)大于 0,这表明对任意给定的 γ,随着 L 的增加,商品的需求弹性 ε 会变大。公式(3-18)中,左侧随着 L 增加而递增,而等式右侧不依赖于 L,这意味着经济均衡时候 γ^* 是 L 的增函数。这样我们得到以下命题。

命题:在"冰山成本"为 0 的经济对称均衡中,企业生产的商品需求价格弹性随着市场规模的上升而增加,这导致企业最优技术水平 γ^* 随着人口规模的上升而提升。

我们的模型表明,本土市场规模扩大会增加企业生产的商品种类数量,从而提高商品的需求价格弹性,促进市场竞争。更大的企业会选择更高的技术创新水平。这里需要特别强调的是,市场规模扩大主要是通过影响市场竞争结构来促进技术创新水平。由于商品需求价格弹性随着人口的增加向上移动,符合式(3-18)的均衡值 γ^* 才会是人口的增函数。相反,如果商品需求价格弹性通道以某种方式关闭,ε 因此独立于 L,那么符合式(3-18)的 γ^* 就不会再依赖于 L,在这种情况下,市场规模的增加就不会对企业技术创新造成影响。在很多关于本土市场效应理论中,贸易成本与本土市场效应是否存在都有很大关系。根据式(3-5)和式(3-16)我们可知,如果两国之间贸易成本过低,贸易自由化不足以实现技术创新。但一旦 τ 超过一定阈值,贸易自由化将导致产品的生产空间更加拥挤,产品之间竞争加剧,从而使得企业更具有创新的动力。

第三节 本土市场需求升级与差异引致出口企业创新

本土市场效应作用的发挥不仅受到市场规模的影响,还会受到市场需求差异和需求升级的影响。Porter(1990)提出的国家竞争优势理论认为,虽然大的需求规模能帮助企业形成竞争优势,但市场中的消费者越具有前沿性和国际性,对产品要求越高,越能够刺激企业不断优化产品,从而促进企业创新。需求升级和需求差异主要受收入水平和收入差距的影响。Linder(1961)指出,国内消费偏好主要由国内消费者的收入水平决定,如果本国收入水平与外国收入水平越接近,则两个国家间进行贸易的可能性越大。这是因为收入越接近,两国的需求结构相似性越高,两国企业生产的产品差异性越小,贸易可能性就更大。收入水平越高的国家对高质量产品的需求越高,企业越倾向于创新,以提高产品质量。Flam 和 Helpman(1987)指出,不仅两国之间的收入水平会影响两国之间的贸易,而且国内的收入差距也会影响国际贸易。通过构建相关贸易模型,他们发现如果发展中国家的人均收入低,且收入水平差距大,大部分消费者对低端产品的需求大,则该国企业会生产更多同质产品和低质量的差异化产品。Fajgelbaum等(2011)研究指出,贸易的模式由国内需求决定。在他们的模型中,两个规模相近的国家,如果一个国家人均收入更高或者收入差距更大,则该国对高质量产品的需求更大,其企业生产技术水平更高,该国是高质量产品的净出口国。在实证方面,Dalgin等(2008)采用美国数据,基于引力模型的检验发现,收入差距上升会导致美国高质量产品尤其是奢侈品进口比例的上升。而文洋(2011)基于中国数据的检验也发现,随着收入差距的扩大,中国会扩大从发达国家进口奢侈品的数量,这也证明收入差距会直接影响一个国家商品的需求结构,进而影响企业的技术创新。

还有很多学者直接研究市场规模、需求差异对企业技术创新的影响,但是结论不一致。Murphy等(1989)的研究指出,高技术的采用需要较大的市场规模做基础,如果一个国家收入差距过大,财富过于集中,则该国对高技术产品的需求将下降,从而影响该国企业对高技术的选择。Zweimüller(2000)、Foellmi和Zweimüller(2006)引入质量阶梯模型,研究发现收入差距导致的需求差异通过数量效应和价格效应对企业技术创新产生影响。他们还发现,一国收入差距变动对企业技术创新的影响是模糊的,其影响程度取决于收入差距导致市场规模效应和价格效应的大小。

一、理论基础

本部分基于 Fajgelbaum 等(2011)构建的模型,结合 Foellmi 和 Zweimüller (2006)的模型,对本土市场规模、需求差异与出口企业技术创新关系进行分析。

假设存在两个国家,本国(H 国)和外国(F 国),我们用 N^k 代表国家 k 的人口数量。每个国家中,收入不同的消费者的偏好也不同。每位消费者会同时购买同质化产品和差异化产品,我们假定差异化产品市场是垄断竞争的。G 表示国家的收入分布,$G(y)$ 表示 N 个提供有效劳动力的个体中收入小于等于 y 的比例。这里,假设 $q(\gamma)$ 为商品的质量水平,其中 γ 表示技术水平。γ 越大,企业生产产品的质量越高。假定在每一种质量水平中都存在多种差异化产品,其

品种用 j 表示,假定 J_q 是所有质量水平为 q 的产品种类数集合,$j \in J_q$。我们用 Q 表示质量水平集合,用 θ_q 表示差异化产品的差异化参数。θ_q 可以度量消费者对集合 J_q 中各产品种类偏好的异质性。一般来讲,高质量产品的差异化程度越高,因此我们假定 θ_q 是随着 q 不断递增的。

根据广义极值分布和 Fajgelbaum 等(2011)的研究结论,对于收入为 y,购买 q 质量水平 j 类商品的消费者比例为:

$$\rho_j(y) = \rho_{j|q} \cdot \rho_q(y) \tag{3-23}$$

收入为 y,购买 q 质量水平中所有商品种类的消费者比例可表示为:

$$\rho_q(y) = \frac{\left(\sum_{j \in J_q} e^{(y-p_j)q/\theta_q}\right)^{\theta_q}}{\sum_{\omega \in Q} \left(\sum_{j \in J_\omega} e^{(y-p_j)\omega/\theta_\omega}\right)^{\theta_\omega}} \tag{3-24}$$

其中,$\rho_{j|q} = \dfrac{e^{-p_j q/\theta_q}}{\sum_{l \in J_q} e^{-p_l q/\theta_q}}$,$p_j$ 表示 q 质量水平的 j 类商品的价格。

假定 q_{ay} 表示收入为 y 的所有消费者所购买商品的平均质量,那么对式(3-23)、式(3-24)求导后我们可知,当且仅当 $q > q_{ay}$ 时,购买 q 质量水平 j 类商品的消费者比例会随着 y 的增加而提高。如果市场中存在两种质量水平,最高质量水平为 T,最低质量水平为 L,则对于所有的 y,存在 $T > q_{ay} > L$。因此,当 y 上升时,购买高质量水平 T 的消费者比例会上升,这会激励更多的企业生产高质量产品,从而刺激企业进行技术创新。

假定本国和外国之间可以进行贸易,但存在"冰山成本" τ_q,对于 q 质量水平的商品,每一单位商品出口的边际成本是 $c_q + \tau_q$,企业在国内销售 q 质量商品的边际成本为 c_q。因此,基于利润最大化条件,一国生产 q 质量水平商品的企业在国外的销售价格为 $c_q + \tau_q + \theta_q/q$,在国内的销售价格为 $c_q + \theta_q/q$。这里,θ_q/q 是企业生产 q 质量水平的各种商品的成本加成。利润最大化时,企业的总产量为 $x_q = f_q q/\theta_q$。国内消费者对 k 国生产 q 质量水平的商品的总需求 d_q^k 可以表示为:

$$d_q^k = \frac{N^k}{\tilde{n}_q^k} E^k \left[\frac{(\tilde{n}_q^k)^{\theta_q} \Phi_q(y)}{\sum_{\omega \in Q} (\tilde{n}_\omega^k)^{\theta_\omega} \Phi_\omega(y)} \right] \tag{3-25}$$

其中，$\tilde{n}_q^k = n_q^k + \lambda_q n_q^l$，$l \neq k$，$\lambda_q \equiv e^{-\tau_q} q/\theta_q$，$\Phi_q(y) \equiv e^{(y-c_q)q-\theta_q}$，$n_q^k$ 是 k 国生产的质量水平为 q 的商品的种类数。我们假定每家企业只生产某一种质量水平的商品，因此 n_q^k 也表示生产质量水平为 q 的企业数量。式(3-25)中的 N^k 是 k 国的人口数量，E^k 是 k 国收入分配的期望，即 $E[B(y)] = \int B(y) dG(y)$。

在市场中，生产质量水平同为 q 的国内企业和国外企业分别生产不同的产品品种，并相互竞争，但国外企业的运输成本在本国的竞争力较弱。垄断竞争均衡时，k 国生产质量水平为 q 的某一商品的人均需求为 d_q^k/N^k，k 国消费者对进口商品的人均需求为 $\lambda_q d_q^k/N^k$。生产质量水平为 q 的典型企业的总销售额为：

$$x_q = d_q^k + \lambda_q d_q^l \tag{3-26}$$

假定两个国家的要素禀赋状况一样，则经济均衡时两国对同一质量商品的需求是一样的，因此存在 $x_q = d_q^k(1+\lambda_q)$，或者：

$$N^k E^k \left[\frac{(\tilde{n}_q^k)^{\theta_q - 1} \Phi_q(y)}{\sum_{\omega \in Q} (\tilde{n}_\omega^k)^{\theta_\omega} \Phi_\omega(y)} \right] = \frac{1}{1+\lambda_q} \frac{f_q q}{\theta_q} \tag{3-27}$$

根据式(3-27)，我们可以分别求出经济均衡时各国生产各种质量水平商品的企业数目，同时可得到收入分布与质量水平之间的关系。

二、本土市场规模、需求差异与出口企业技术创新

如果 $N^H = N^F$，且本国的平均收入高于外国的平均收入，则根据式(3-24)，我们可知，收入水平提高带来的消费升级会促使本土消费者对高质量商品需求的上升。

如果 $N^H = N^F$，同时各国的平均收入一致，但 $G^H(\cdot)$ 是 $G^F(\cdot)$ 的均值保留展开式，则 H 国比 F 国的收入分布更分散。如果两国的所有收入群体都更偏向于低质量产品的需求，也就是 $\rho_L(y) > \rho_T(y)$，对高质量产品不愿意出高价，那么 H 国收入越分散，需求差异越大，该国对高质量商品的国内需求就会高于 F 国，H 国企业则会选择更高的技术水平。这是因为 F 国收入分布集中，中产

阶层力量大，但各收入群体都喜欢低质量产品，对高品质产品不愿意出高价，高收入分布人数少，规模效应有限，F 国企业更愿意选择低技术水平，生产低质量产品。而 H 国各收入分布较分散，根据式(3-24)我们可知，高收入者更偏向于消费高质量产品，从而促进该国企业选择高技术水平。如果所有收入群体都存在 $\rho_T(y) > \rho_L(y)$，即所有消费者更偏向于高质量产品，那么收入分布越集中，这个国家对高质量产品的规模效应越明显，企业越愿意选择高技术水平。在一个固定本土市场规模中，一国收入差距会带来需求层级的差距，这种差距主要通过规模效应和价格效应影响企业技术创新。

（一）规模效应

如果一国本土市场规模大，但收入差距和需求差异较大，不同群体消费的有效规模不足，则企业研发的新产品销售量低，利润率低，企业的技术创新决策也会受到直接影响。Murphy 等（1989）以及孙军和梁东黎（2009）等的研究都发现了这一点。一般来讲，如果一国收入差距大，则高收入阶层收入水平高，边际消费倾向低，而低收入者消费倾向高，但是收入低，购买力有限。因此，收入差距越大，社会总有效需求越低，规模经济效应不一定起作用，此时企业技术创新动力不足。从这个角度讲，一国收入差距大会加剧对企业技术创新的抑制作用。

（二）价格效应

在一国本土市场规模固定的情况下，收入差距还会通过价格效应影响企业技术创新。一般来讲，收入差距越大，高收入者越愿意对新产品、高质量产品付出高价格，这种高价会激励企业进行技术创新。从价格角度来看，一国收入不平等会促进企业技术创新。因此，由收入差距引起的需求差异对企业技术创新的影响作用取决于这两种作用的大小。在一国本土市场规模固定的情况下，需求差异会导致规模效应的作用大于价格效应，此时需求差异会抑制本土企业技术创新；如果价格效应大于规模效应，则需求差异会显著促进本土企业的技术创新。随着时间的推移，本土市场规模和收入差距水平差异也会不断变动，这两种效应的作用大小也会改变。如果本土市场规模巨大，各群体之间需求层级虽然差异大，但每个层级的需求规模都足以让规模经济效应实现，则需求差异会进一步刺激企业在不同层级的需求中寻找细分定位，从而更有利于企业技术创新。

　　基于对相关数据的检验,有学者发现中国国内收入上升、消费升级对本土企业的技术创新都具有刺激作用,从而有利于提升出口企业的产品竞争力(支树平,2013;刘宪,2020)。也有研究认为,以中国居民收入差距表示的需求差异会对中国出口企业技术创新产生影响,但不同学者对这一结论的认识差异比较大。王俊和刘东(2009)用城乡收入表示中国收入差距,发现短期中国收入差距上升与企业创新存在正向关系,而长期则会抑制中国企业技术创新。李平等(2012)基于地区数据检验发现,收入差距与创新之间存在倒U形关系。随洪光和刘廷华(2015)基于时间序列数据研究发现,收入差距总体上对企业技术创新具有抑制作用。安同良和千慧雄(2014)检验了以基尼(GINI)系数表示的收入差距与企业产品创新的关系,发现两者之间存在复杂关系,企业产品创新程度取决于收入效应的大小:如果收入效应较大,收入差距将促进企业产品创新;如果收入效应较小,则收入差距上升将阻碍企业技术创新。结合中国情况来看,中国总体市场需求规模巨大,但城乡之间、地区之间收入差距大,城镇和农村居民之间、各地区居民之间需求结构都存在差异,这导致每一个层级的需求规模有限,规模经济较难发生作用。此外,中国居民的消费倾向普遍偏低,储蓄率高(任若恩和覃筱,2006),同时对商品价格敏感,对低品质商品偏好更大,因此价格效应不明显。在这两种作用效果下,本土市场需求差异较大对出口企业技术创新总体上可能是负效应。不过随着收入水平的上升,中国居民对高品质商品的需求大幅度上升,这种消费升级现象使价格效应更突出,从而本土市场需求差异促进了本土企业技术创新。

　　本土市场对产品的需求往往与国外不同,出口企业要开拓本土市场,就需要对出口产品进行本地化改造。中国各地区之间、各民族之间的文化差异也较大,各阶层收入差异明显,国内市场竞争激烈。出口企业想要在国内市场上获得更大的份额,就要实行产品多元化策略,满足多样化需求,或者关注细分市场,不断提升产品品质,在细分市场上做到极致。这两种策略都需要出口企业不断进行创新。

　　总体来看,本土市场需求可以成为出口企业进行技术创新的动力来源。本土市场需求可以通过规模经济效应和市场竞争效应直接促进出口企业技术创新,同时,本土市场需求升级和需求差异化也会直接引致出口企业的技术创新。图 3-2 总结了本土市场需求影响出口企业技术创新的机制。

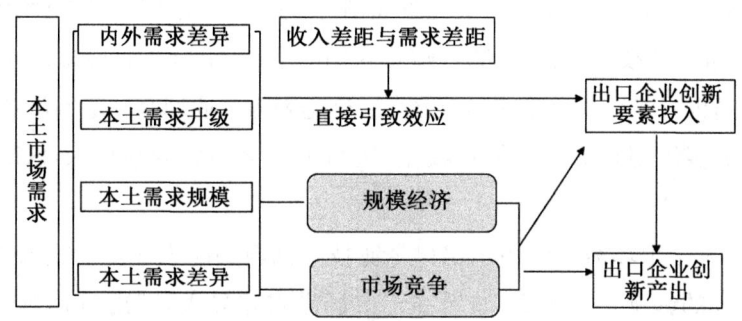

图 3-2　本土市场需求影响出口企业技术创新的机制

首先,本土市场需求可以直接引致出口企业创新。Schmookler(1966)提出的需求引致创新理论认为,技术创新始于市场需求,消费者的需求导向、意愿支付能力以及消费升级是促使企业技术创新最有效的内在激励机制。相对于非出口企业,出口企业国内本土市场需求主要通过国内外需求差异、国内需求多样性以及需求升级引致企业技术创新。国家之间的文化差异催生了各国不同的消费模式和消费习惯,本土市场对产品的需求往往与国外不同,出口企业要开拓本土市场,就需要对出口产品进行本地化改造。此外,本土市场需求升级也会引致出口企业创新。随着中国人均 GDP 的增加,居民消费进入持续升级阶段,国内消费者对产品的品牌、性能和质量的要求不断提高,这迫使并刺激出口企业不断进行产品创新和改进(Porter,1990)。

其次,本土市场需求通过规模经济影响出口企业创新。本土市场效应理论认为,在规模报酬递增的条件下,本土市场需求规模的扩大会驱动企业扩大生产规模,形成规模经济(Krugman,1980;Helpman 和 Krugman,1985 等)。随着内销的不断扩张,出口企业势必扩大规模,而规模经济效应则导致更高的企业生产效率,促使企业利润增加,从而有利于技术创新(徐康宁和冯伟,2010 等)。同时,企业规模扩大有利于缓解出口企业融资约束,分摊创新的高额成本,降低单位创新成本;增强创新的风险承担能力,提高创新成功的概率;提升企业在价值链分工中的整合能力,从而有助于提升出口企业的创新绩效(李东红等,2020)。本土市场需求扩大所导致的产业集聚也会通过知识外溢效应促进出口企业技术创新。

再次,本土市场需求通过影响市场竞争作用于出口企业创新。随着出口企业本土市场销售的扩张,本土市场竞争加剧将有效刺激企业形成对技术创新的需求,从而促进企业技术创新。同时,随着内销的增加,出口企业规模扩大,市场集中度的提高也可以增强企业的创新能力。这是因为企业拥有一定的市场销量后,可以获得更多的创新资源和创新收益,从而企业会加大创新投入(Schumpeter,1942)。

最后,本土市场需求作用于出口企业技术创新的能力还受到收入差距引起的需求差异的影响。一方面,如果本土市场需求差异大,则出口企业转内销有利于寻找细分市场,不能断提升产品品质,促进创新。另一方面,本土市场需求差异大,每个细分市场规模有限,不利于规模经济效应的发挥,从而不利出口企业技术创新。因此,本土市场需求差异可能对本土市场需求引致出口企业技术创新存在调节作用。

第四章
本土市场需求促进出口企业技术创新的效应检验

近年来,国内学者基于中国情况从理论上阐述了中国出口企业立足本土市场需求,促进出口企业创新和技术升级,实现出口竞争力提升的逻辑(欧阳峣等,2023;易先忠和欧阳峣,2018;欧阳峣和汤凌霄,2017;许德友,2015;刘志彪,2012;孙军和梁东黎,2010)。在第三章我们结合国内外经典文献对本土市场需求影响出口企业技术创新的机制进行了详细梳理。根据相关分析,我们可以看出,本土市场需求扩大对出口企业技术创新的影响并不是单一正向的作用。需求引致创新效应受到多方面因素的影响。中国出口企业能否通过本土市场规模扩张实现研发要素投入增加并实现技术创新,还有待检验。

范红忠(2007)基于国家层面的分析、陈丰龙和徐康宁(2012)及徐康宁和冯伟(2010)等从行业层面的研究、康志勇(2012)基于微观数据的检验都发现本土市场需求扩大有效促进了中国出口企业的创新。任保全等(2016)基于战略性新兴产业的案例、路风和慕玲(2003)基于中国激光光盘播放机的案例都发现,本土市场需求对出口企业创新存在较强的驱动力。安岗和王佳(2023)则从价格加成角度检验了本土市场效应是否存在。他们的检验结果发现,本土市场规模的扩大提高了中国企业的价格加成水平。这些关于中国本土市场促进技术创新的实证研究主要基于地区或行业数据以案例形式展开,缺乏企业层面数据的检验,更缺乏针对出口企业的研究。中国超大规模的本地市场优势是否能成为中国出口企业技术创新的动力来源?中国出口企业又如何借助国内超大市场规模实现技术创新呢?这还需要进一步的实证检验。

本章我们采用微观层面数据检验本土市场需求对出口企业技术创新的作

用效果。我们发现,本土市场需求规模扩大可以显著促进中国企业技术创新。这种促进作用在出口企业的技术创新方面表现更明显。本土市场需求促进出口企业技术创新的作用主要通过扩大企业规模来实现。

第一节 基于企业所在地本土市场需求的效应检验

受地方政府官员晋升制度以及财政分权等多方面因素的影响,中国各地区之间普遍采用"以邻为壑"的发展政策,中国国内市场分割严重(Poncet,2003 等;李善同等,2004)。大量的研究发现,面对市场分割,中国企业要么直接进行国际贸易(张杰等,2010),要么局限在企业所属地进行销售,只有很少企业在全国范围内进行跨属地销售(宋渊洋和黄礼伟,2014;Boisot 和 Meyer,2008 等);即使有些企业是在全国范围内经营,其营业收入也主要来自企业所属地(张国胜和刘政,2016)。企业所在地区的市场越大,企业越容易实现规模经济,需求引致创新的效应越明显。本节我们基于企业所在地区的市场需求规模,从微观层面检验本土市场需求对企业技术创新的作用。

一、计量模型与数据来源

根据上一章本土市场需求与企业技术创新的理论机制,我们构建如下计量回归模型:

$$jscx_{ijkt} = a_1 + \beta_1 \ln hmd_{kt-1} + \beta_2 cxcj_{kt-1} + \delta X_{ijkt-1} + r_j + r_k + r_t + \varepsilon_{ijkt} \qquad (4-1)$$

式(4-1)中,下标 i、j、k、t 分别表示企业、行业、地区和年份,a_1 为常数项,$jscx_{ijkt}$ 是反映企业技术创新的指标。考虑各因素对企业技术创新的产出具有滞后效应,我们对各变量的滞后一期数值进行回归。$\ln hmd_{kt-1}$ 表示滞后一期的企业所在地区本土市场需求规模。关于本土市场需求规模的衡量,学者在不同的维度有不同的衡量标准。对于国家或者地区层面的本土市场需求规模,现有研究一般采用 GDP 或人均 GDP(范红忠,2007;赵奇伟等,2016)、人口规模

(Weder,2003)、商品零售总额(徐康宁和陈健,2008)来衡量。对于行业层面的本土市场需求规模,学者一般采用行业产值与净出口额的差值(Weder,2003)以及行业销售产值减去出口交货值(邱斌和尹威,2010)等指标来衡量。从微观层面上,康志勇(2012)等主要采用企业在当地的销售额,即企业本土有效市场需求进行衡量。我们结合李景睿和赵婉婉(2017)、Weder(2003)等学者的研究,采用企业所在地区总产值加上该地区进口额减总出口额的对数测算本土市场需求。对于本土市场需求差异性 $cxcj_{ikt-1}$,我们采用城镇和乡村消费支出之比表示。X_{ijk-1t} 为系列企业层面控制变量,具体包括:①企业年龄,我们采用当年年份与企业注册年份之差加一取对数表示。②企业利润率,我们使用工业企业数据库中企业利润总额与销售总产值的比值表示。③资本深化程度,我们用固定资产净平均余额与企业从业员工数比值的对数表示。④资本流动性,我们用企业流动资产与流动负债的差额在企业总资产中的占比来衡量。⑤利息支出,我们采用企业当年利息支出的对数表示,反映企业外源融资情况。⑥企业劳动生产率,我们采用企业总产值与从业人员比值的对数来表示,该指标反映企业生产效率。此外,我们还加入了行业固定效应(r_j)、地区固定效应(r_k)和年份固定效应(r_t),ε_{ijkt} 为随机扰动项。

我们所采用的微观层面数据是工业企业数据库和中国专利数据库的匹配数据。中国专利数据库中包含的信息有专利申请的日期、专利分类号、专利申请人、代码、申请人地址、申请号码等。因专利申请人可能为多个,我们首先将专利申请人进行拆分处理,然后将专利申请人名称和工业企业数据库中的企业名称进行匹配。匹配过程中,我们采用模糊匹配方法,将企业名称中一些影响匹配效果的字眼,比如"有限责任公司""有限公司"等去掉,保留关键因素,再将根据企业地址所得到的信息进行匹配。企业所在地的地区总产值来自国家统计局网站,各地区的城乡消费数据来自国务院发展研究中心信息网。各地区的总出口数和总进口数据来自《中国贸易外经统计年鉴》。

二、基准回归结果

表 4-1 是本土市场需求规模对企业技术创新影响的基准回归结果。表 4-1 中前三列是未加入本土市场需求差异性指标,仅就本土市场需求规模进行回归

的结果。其中,"结果(1)"列是未控制时间、地区和行业固定效应的检验结果,"结果(2)"列是未控制行业固定效应的检验结果,"结果(3)"列是控制行业、地区和时间固定效应的检验结果。企业所在地区的本土市场需求规模扩大对本地区企业技术创新具有显著促进作用。从回归估计系数来看,企业所在地本土市场需求规模扩大影响企业技术创新的估计系数为 0.037,详见表 4-1 中"结果(3)"列。表 4-1 中"结果(4)"列到"结果(6)"列是加入本土市场需求差异性($cxcj_{kt-1}$)之后的回归结果,其中"结果(4)"列是未控制时间、地区和行业固定效应的检验结果,"结果(5)"列是未控制行业固定效应的检验结果,"结果(6)"列呈现的是控制了行业、时间和地区固定效应之后的回归结果。从结果来看,加入本土市场需求差异性之后,企业所在地区本土市场需求规模与其技术创新之间依然存在显著正相关关系,而企业所在地区的市场需求差异性与企业技术创新之间存在显著负相关关系。市场需求差异性变量的估计系数为 -0.005,该数值通过 1% 统计水平检验,详见表 4-1 中"结果(6)"列。这说明企业所在地区的市场需求差异性水平越高越不利于企业的技术创新。这可能是因为地区需求差异越大,企业越容易找到自己的市场定位,并在一定市场范围内形成垄断,从而不利于技术创新。

从企业层面控制变量的回归结果来看,企业利润率越大,企业技术创新水平越高。另外,企业年龄越大,劳动力生产效率越高,融资约束越弱;企业资本深化程度越高,企业技术创新水平也越高。

表 4-1　本土市场需求规模对企业技术创新影响的基准回归结果

变量名称	结果(1)	结果(2)	结果(3)	结果(4)	结果(5)	结果(6)
本土市场需求规模	0.017*** (0.000)	0.001** (0.001)	0.037*** (0.004)	0.017*** (0.000)	0.036*** (0.005)	0.037*** (0.004)
本土市场需求差异性	—	—	—	0.000 (0.001)	-0.005*** (0.001)	-0.005*** (0.001)
企业利润率	0.021*** (0.001)	0.024*** (0.007)	0.028*** (0.007)	0.021*** (0.001)	0.026*** (0.007)	0.028*** (0.007)
企业年龄	0.011*** (0.000)	0.010*** (0.000)	0.009*** (0.000)	0.011*** (0.000)	0.010*** (0.000)	0.009*** (0.000)

(续表)

变量名称	结果(1)	结果(2)	结果(3)	结果(4)	结果(5)	结果(6)
资本深化程度	0.001*** (0.000)	0.002*** (0.000)	0.001*** (0.000)	0.001*** (0.000)	−0.000 (0.000)	0.001*** (0.000)
劳动生产率	0.009*** (0.000)	0.006*** (0.000)	0.005*** (0.000)	0.009*** (0.000)	0.006*** (0.000)	0.005*** (0.000)
资本流动性	0.026*** (0.001)	0.021*** (0.001)	0.019*** (0.001)	0.026*** (0.001)	0.023*** (0.001)	0.019*** (0.001)
利息支出	0.018*** (0.000)	0.018*** (0.000)	0.019*** (0.000)	0.018*** (0.000)	0.019*** (0.000)	0.019*** (0.000)
常数项	−0.277*** (0.004)	−0.188*** (0.006)	−0.413*** (0.036)	−0.277*** (0.005)	−0.365*** (0.036)	−0.402*** (0.036)
年份固定效应	未控制	控制	控制	未控制	控制	控制
行业固定效应	未控制	未控制	控制	未控制	未控制	控制
地区固定效应	未控制	控制	控制	未控制	控制	控制
观测值(个)	991 860	991 860	991 860	991 860	991 860	991 860

注：括号中为标准误差，上标**表示$p<0.05$，***表示$p<0.01$。

三、稳健性与内生性检验

考虑到企业技术水平不仅体现在专利申请上，而且体现在企业研发投入和新产品开发等多个方面，我们采用企业研发支出额占总资产的比重以及企业新产品销售额占总产值的比重作为企业技术创新能力的指标，对式(4-1)进行回归。因工业企业数据库中存在很多企业研发支出额和新产品销售额为 0 的情况，在这种情况下，如果用普通最小二乘法(ordinary least squares,简称 OLS)来估计，无论用的是整体样本，还是去掉离散点后的子样本，我们都不能得到一致估计数值。因此，我们借鉴聂辉华等(2008)的方法选择 Tobit 模型进行检验，回归结果见表 4-2 中的"研发支出比"和"新产品产值比"两列。从研发支出比的回归结果来看，企业所在地区本土市场需求规模越大，企业研发投入的比重越高，两者呈现显著正相关关系。本土市场需求变量的估计系数在 1%统计水平下显著，不过数值不大，只有 0.000 2；本土市场需求差异性的系数显著为负，估计数值为−0.000 1，详见表 4-2 中"研发支出比"列。这可能跟样本中研发支出比值较小有很大关系。从新产品产值比的回归结果来看,企业所在地区本土市场需求差异性影响企业技术创新的估计系数为-0.004,估计系数在1%统计水平下显著。这说明本土市场需求差异性越大,企业新产品产值比越低,企业技术创新成效越差。

表4-2 稳健性与内生性回归结果

变量名称	研发支出比	新产品产值比	发明专利数	人口规模	广义矩估计法	工具变量法
本土市场需求规模	0.000 2*** (0.000)	0.010*** (0.002)	0.006*** (0.002)	0.131*** (0.010)	0.039*** (0.012)	0.003*** (0.001)
本土市场需求差异性	-0.000 1*** (0.000)	-0.004*** (0.000)	0.001** (0.001)	-0.005 (0.003)	-0.008*** (0.003)	-0.005*** (0.001)
企业利润率	0.000* (0.000)	0.001** (0.000)	0.001 (0.001)	0.003 (0.002)	0.068*** (0.003)	0.032*** (0.002)
企业年龄	0.000*** (0.000)	0.002*** (0.000)	0.005*** (0.000)	0.011*** (0.000)	0.015*** (0.001)	0.011*** (0.000)
资本深化程度	-0.000 1*** (0.000)	0.002*** (0.000)	0.001*** (0.000)	0.001** (0.000)	0.000 (0.001)	0.001*** (0.000)
劳动生产率	0.000 1*** (0.000)	0.001*** (0.000)	0.002*** (0.000)	0.007*** (0.000)	0.007*** (0.001)	0.007*** (0.000)
资本流动性	0.000 0*** (0.000)	0.006*** (0.001)	0.004*** (0.001)	0.009*** (0.002)	0.029*** (0.002)	0.028*** (0.001)
利息支出	0.000 0*** (0.000)	0.006*** (0.000)	0.007*** (0.000)	0.018*** (0.000)	0.031*** (0.000)	0.023*** (0.000)
常数项	-0.002*** (0.001)	0.099*** (0.013)	-0.086*** (0.018)	-1.046*** (0.073)	-0.498*** (0.099)	-0.169*** (0.006)
年份固定效应	控制	控制	控制	控制	控制	控制
行业固定效应	控制	控制	控制	控制	控制	控制
地区固定效应	控制	控制	控制	控制	控制	控制
观测值(个)	1 546 276	1 546 276	1 279 716	1 178 881	805 300	1 279 716

注:括号中为标准误差,上标*表示$p<0.10$,**表示$p<0.05$,***表示$p<0.01$;表中"研发支出比"列和"新产品产值比"列呈现的均是边际效应的回归系数。

专利总体申请数量中包含发明专利、实用新型专利和设计专利,而更能反映企业技术创新能力的是发明专利。因此,我们采用企业申请的发明专利数量加1后取的对数值来衡量技术创新指标 $jscx_{ijkt}$,并基于式(4-1)检验本土市场需求对企业技术创新的作用,回归结果见表4-2中"发明专利数"列。从发明专利的回归结果来看,企业所在的本土市场需求规模越大,发明专利的申请数量越多,估计系数为0.006,并通过1%统计水平检验。本土市场需求差异性越大,企业发明专利的数量也越多,其估计系数在5%统计水平下显著。这一结果与基准回归的结果存在较大差异,其原因可能是企业所在地区市场需求差异性越大,消费者对产品的多层次需求越大,同时本土人才技能差异大,越有利于企业进行发明创新。

此外,我们还采用企业所在地区人口总量的对数值来测度本土市场需求规模指标 $\ln hmd_{kt-1}$,并对式(4-1)进行回归检验,其结果见表4-2中"人口规模"列。从回归结果来看,企业所在地区的人口规模越大,企业专利申请数量越高,其估计系数为0.131,在1%统计水平下显著。而其他控制变量的回归估计系数大小、符号和统计显著性与基准回归结果基本相似。

在我们的回归检验中,自变量是企业层面的技术创新能力,主要因变量为企业所在地区的市场需求规模。其中,因变量和自变量互为因果的可能性不大,因为单个企业的行为很难反过来影响所在整个地区的市场需求。但考虑到回归过程中可能存在遗漏变量问题,我们采用广义矩估计法和工具变量法进行内生性检验,结果见表4-2中"广义矩估计法"列和"工具变量法"列。广义矩估计法是采用本土市场需求规模的滞后两期进行回归,其他变量采用滞后一期进行回归。从回归结果来看,本土市场需求规模的估计系数依然显著为正,本土市场需求差异性的估计系数显著为负。广义矩估计法的回归结果与基准回归结果并无太大差异。我们还把1995—1997年各地区的平均市场规模作为本土市场需求规模的工具变量,采用两阶段最小二乘法再次进行检验。检验结果表明,首先,1995—1997年的平均市场规模与1998年之后各年的本土市场需求规模有直接关系;其次,企业在1998年之后的创新并不会对之前的平均市场规模产生影响。因此,平均市场规模作为工具变量是比较合适的。从工具变量的回归结果来看,本土市场需求规模的估计系数依然显著为正,本土市场需求差异性的作用显著为负。这说明本部分的基准回归结果是非常稳健的。

四、异质性检验

（一）基于企业隶属关系异质性的检验

不同隶属关系的企业在本土市场销售中的能力差异比较大。我们根据企业隶属关系将企业划分为四类：中央企业、省级企业、市县级企业和县级以下企业。我们按企业隶属关系对式(4-1)进行分样本回归检验，结果见表4-3中"隶属关系"列。从回归结果来看，本土市场需求规模主要对省级企业的技术创新有显著促进作用。在对省级企业样本的回归检验中，本土市场需求规模的估计系数为0.099，而且在1%统计水平下显著。企业所在地区的本土市场需求规模对中央企业、市县级企业及县级以下企业的技术创新并未产生显著影响。这主要是因为中央企业往往规模比较大，市场拓展能力比较强，其产品比较容易在全国范围内进行销售。因此，本土市场需求规模的扩大对其技术创新作用效果不明显。而市县级及县级以下的企业往往规模比较小，市场主要集中于所在市县，省级层面上的本土市场需求规模扩大对其技术创新能力并未有显著影响。

表4-3 企业类型异质性回归结果

变量名称	隶属关系				实收资本			
	中央企业	省级企业	市县级企业	县级以下企业	民营企业	国有企业	港澳台投资企业	其他外资企业
本土市场需求规模	0.048 (0.052)	0.099*** (0.029)	0.007 (0.017)	−0.005 (0.004)	0.012*** (0.005)	0.023** (0.012)	0.013 (0.020)	0.020 (0.019)
本土市场需求差异性	−0.038** (0.016)	−0.003 (0.006)	0.003 (0.005)	−0.003*** (0.001)	−0.000 (0.001)	−0.003 (0.003)	−0.014** (0.006)	−0.014** (0.007)
企业利润率	0.002 (0.002)	0.001 (0.004)	0.001 (0.001)	0.014*** (0.003)	0.002 (0.002)	0.004*** (0.001)	0.005 (0.006)	0.008 (0.008)
企业年龄	0.039*** (0.007)	0.022*** (0.003)	0.015*** (0.002)	0.007*** (0.000)	0.009*** (0.000)	0.010*** (0.001)	0.012*** (0.003)	0.026*** (0.003)
资本深化程度	−0.008 (0.005)	−0.005** (0.002)	−0.003** (0.001)	0.001*** (0.000)	0.002*** (0.000)	0.000 (0.001)	−0.002 (0.001)	−0.009*** (0.001)
劳动生产率	0.040*** (0.007)	0.025*** (0.003)	0.020*** (0.002)	0.003*** (0.000)	0.004*** (0.000)	0.015*** (0.001)	0.007*** (0.002)	0.012*** (0.002)

(续表)

变量名称	隶属关系				实收资本			
	中央企业	省级企业	市县级企业	县级以下企业	民营企业	国有企业	港澳台投资企业	其他外资企业
资本流动性	0.061*** (0.014)	0.054*** (0.006)	0.025*** (0.003)	0.005*** (0.002)	0.009*** (0.003)	0.012*** (0.004)	0.012** (0.005)	0.015*** (0.004)
利息支出	0.042*** (0.003)	0.028*** (0.002)	0.020*** (0.001)	0.014*** (0.000)	0.018*** (0.000)	0.013*** (0.001)	0.019*** (0.001)	0.019*** (0.001)
常数项	−0.867** (0.415)	−1.086*** (0.230)	−0.305** (0.146)	0.002 (0.031)	−0.199*** (0.039)	−0.307*** (0.093)	0.000 (0.000)	−0.288* (0.157)
年份固定效应	控制	控制	控制	控制	控制	控制	控制	控制
行业固定效应	控制	控制	控制	控制	控制	控制	控制	控制
地区固定效应	控制	控制	控制	控制	控制	控制	控制	控制
观测值(个)	19 713	44 423	102 889	1 112 691	976 821	166 799	61 578	74 497

注：括号中为标准误差，上标 * 表示 $p<0.10$，** 表示 $p<0.05$，*** 表示 $p<0.01$。

（二）基于企业性质异质性的检验

不同性质的企业在融资能力、创新水平以及市场扩张能力上存在显著差异。我们按照企业实收资本情况将企业划分为民营企业、国有企业、港澳台投资企业和其他外商投资企业四类，并对式(4-1)进行分样本回归检验，结果见表4-3中"实收资本"列。企业所在地区的本土市场需求规模对民营企业和国有企业的技术创新均具有显著促进作用。从作用大小来看，本土市场需求规模对国有企业技术创新的促进作用大于对民营企业技术创新的促进作用。企业所在地区的本土市场需求规模影响民营企业技术创新的估计系数为0.012，影响国有企业技术创新的估计系数为0.023。本土市场需求规模对港澳台投资企业和其他外商投资企业的作用效果不显著，这可能是因为港澳台投资企业和其他外商投资企业主要是借助中国低劳动力成本进行加工贸易，其产品并不在本土市场销售，企业所在地市场规模的扩大对这些企业技术创新的作用有限。本土市场需求差异性上升对港澳台投资企业和其他外商投资企业的技术创新均具有显著负向作用，但对民营企业和国有企业的作用并不明显。企业年龄、劳动生产率以及融资约束等对各类型企业技术创新的影响与基准回归结果一致。企业利润率和企业资本深化程度对企业技术创新的影响效果因企业类型的不同存在一定差异。

(三) 基于不同区域企业异质性的检验

考虑到不同地区的经济发展水平不同,市场规模差异比较大而且各区域之间经济融合度也存在差异,我们还对东部、中部和西部三大区域分别进行了回归检验,结果见表4-4。分区域的检验结果显示,东部地区的回归结果与基准回归结果比较相似:本土市场需求规模越大,企业技术创新能力越强;本土市场需求差异性越大,企业技术创新能力越弱。中部和西部地区的回归结果与基准回归结果存在较大差异。中部地区本土市场需求规模与企业技术创新之间存在显著的负向关系,但与本土市场需求差异性存在显著正向关系。这说明中部地区本土市场需求差异性越大,企业创新的动力越强。西部地区本土市场需求规模与企业创新之间未呈现显著关系。东部、中部和西部地区这种差异化结果表明,本土市场需求规模作用于企业创新的路径或者作用机制可能存在差异,随着市场规模的发展,这种差异的作用效果存在动态变化。在经济水平较低时,本土市场需求引致企业创新的作用效果不显著;当本土市场需求发展到一定程度时,消费的差异化越大,市场细分越细,企业在每一个市场细分中谋求发展,其对企业创新拉动的作用变大。当本土市场需求规模足够大之后,规模经济效应越明显,企业技术创新能力越强。

表 4-4 区域异质性回归结果

变量名称	东部地区	中部地区	西部地区
本土市场需求规模	0.053*** (0.006)	−0.052*** (0.008)	0.005 (0.011)
本土市场需求差异性	−0.012*** (0.002)	0.005*** (0.002)	0.001 (0.002)
企业利润率	0.009*** (0.002)	0.008*** (0.001)	0.001 (0.001)
企业年龄	0.011*** (0.001)	0.008*** (0.001)	0.011*** (0.001)

(续表)

变量名称	东部地区	中部地区	西部地区
资本深化程度	0.001** (0.000)	0.001 (0.000)	−0.000 (0.001)
劳动生产率	0.006*** (0.000)	0.004*** (0.001)	0.009*** (0.001)
资本流动性	0.014*** (0.001)	0.001 (0.001)	0.011** (0.005)
利息支出	0.020*** (0.000)	0.012*** (0.001)	0.013*** (0.001)
常数项	−0.533*** (0.048)	0.289*** (0.067)	0.000 (0.000)
年份固定效应	控制	控制	控制
行业固定效应	控制	控制	控制
地区固定效应	控制	控制	控制
观测值(个)	870 312	265 476	143 928

注：括号中为标准误差，上标**表示$p<0.05$，***表示$p<0.01$。

（四）出口企业和非出口企业异质性检验

我们更关心的是本土市场需求规模对出口企业技术创新的作用。我们根据工业企业数据库中企业出口交货值是否大于0将企业分为出口企业和非出口企业，并对其进行回归检验，检验结果见表4-5。表4-5中，"结果(1)"列和"结果(3)"列是未加入本土市场需求差异性的回归结果；"结果(2)"列和"结果(4)"列是加入本土市场需求差异性的回归结果。从回归结果来看，企业所在地区的市场需求规模对出口企业技术创新的促进作用大于非出口企业。企业所在地区的市场需求规模影响出口企业技术创新的估计系数为0.122，见表4-5中"结果(1)"列；如果加入本土市场需求差异性再进行回归，结果显示，本土市场需求差异性影响出口企业技术创新的估计系数为0.003，但该系数并未通过显著性检验，见表4-5中"结果(2)列"。本土市场需求规模影响非出口企业技术创新的估计系数为0.008，该系数在5%统计水平下显著，见表4-5中"结果(3)"列;如果加入本土市场需求差异性这一变量,则本土市场需求规模的作用并不显著,而本土市场需求差异性对非出口企业的技术创新具有显著促进作用。出现这种结果的原因可能是对出口企业来讲,随着本土市场需求规模的扩大,企业出口转内销更容易,企业销售增加、规模扩大、利润上升,企业更容易进行技术创新。对于一直服务于本土市场的非出口企业来讲,随着本土市场需求规模的扩大,企业所面临的竞争增加,规模经济效应作用不明显。但本土市场需求差异性的存在更有利于熟悉本土市场的非出口企业在细分市场上发展业务,从而有利于非出口企业进行技术创新。

表4-5 分出口企业与非出口企业

变量名称	出口企业		非出口企业	
	结果(1)	结果(2)	结果(3)	结果(4)
本土市场需求规模	0.122*** (0.013)	0.067*** (0.008)	0.008** (0.004)	0.001 (0.002)
本土市场需求差异性	—	0.003 (0.003)	—	0.002*** (0.001)
企业利润率	0.013* (0.007)	0.003 (0.003)	0.002 (0.001)	0.001 (0.000)
企业年龄	0.021*** (0.001)	0.009*** (0.001)	0.005*** (0.000)	0.002*** (0.000)
资本深化程度	−0.002*** (0.001)	0.000 (0.000)	0.001*** (0.000)	0.001*** (0.000)
劳动生产率	0.023*** (0.001)	0.011*** (0.001)	0.003*** (0.000)	0.001*** (0.000)
资本流动性	0.022*** (0.003)	0.010*** (0.001)	0.006*** (0.002)	0.003*** (0.001)
利息支出	0.031*** (0.001)	0.013*** (0.000)	0.009*** (0.000)	0.004*** (0.000)
常数项	−1.242*** (0.110)	−0.639*** (0.065)	−0.103*** (0.029)	−0.020 (0.014)

(续表)

变量名称	出口企业		非出口企业	
	结果(1)	结果(2)	结果(3)	结果(4)
年份固定效应	控制	控制	控制	控制
行业固定效应	控制	控制	控制	控制
地区固定效应	控制	控制	控制	控制
观测值(个)	324 445	324 445	955 271	955 271

注：括号中为标准误差，上标 * 表示 $p<0.10$，** 表示 $p<0.05$，*** 表示 $p<0.01$。

五、机制检验

（一）企业规模与市场竞争中介效应检验

根据上一章本土市场需求与企业技术创新关系的理论机制，本土市场需求主要通过影响企业规模和企业所在的竞争环境作用于企业技术创新。为此，本部分我们借鉴 Baron 和 Kenny(1986)、温忠麟等(2004)文献使用的中介效应方法，构建如下逐步回归模型，进行机制检验。

$$M_{ijkt-1} = \alpha_2 + \psi_1 \ln hmd_{kt-1} + \psi_2 cxcj_{kt-1} + r_j + r_k + r_t + \varepsilon_{ijkt} \quad (4-2)$$

$$jscx_{ijkt} = \alpha_3 + \delta_1 \ln hmd_{kt-1} + \delta_2 M_{ijkt-1} + \delta_1 cxcj_{kt-1} + rX_{ijkt-1} + r_j + r_k + r_t + \varepsilon_{ijkt} \quad (4-3)$$

我们第一步是在不包含中介变量的条件下，检验企业所在地区的本土市场需求对企业技术创新的总体效应，即对式(4-1)进行检验，该回归结果见表 4-6 中第一列。第二步是在控制式(4-1)中的其他变量后，检验本土市场需求规模对中介变量的影响，即对式(4-2)进行检验。对于中介变量，我们采用从业人员对数表示企业规模($\ln size$)，并把企业规模设为中介变量 1。我们采用企业所在地区的赫芬达尔指数(HHI)表示企业所在地区的市场竞争程度，并把该变量设为中介变量 2。该指数越大，说明企业所在地区的市场集中度越高，其垄断性越强。第三步是在加入本土市场需求规模和中介变量后对式(4-3)进行检验，并判断中介效应的作用大小。如果根据式(4-2)估计出来的系数 ψ_1 和根据式(4-3)估计出的系数 δ_2 都显著的话，说明存在中介效应。若 δ_1 不显著

而 ψ_1 和 δ_2 都显著,则表明存在完全中介效应,即本土市场需求规模对企业技术创新的影响完全通过中介变量起作用。如果 δ_1 显著且 ψ_1 和 δ_2 都显著,则表明存在部分中介效应,中介效应占总效应的比重为 $(\psi_1 * \delta_2)/(\delta_1 + \psi_1 * \delta_2)$。如果通过分步检验发现 ψ_1 和 δ_2 中的一项不显著,我们需用系数乘积法进行二次检验。两个中介变量逐步回归检验的结果见表 4-6。

表 4-6 机制检验

变量名称	中介效应1			中介效应2		联合效应	调节效应
	技术创新	企业规模	技术创新	市场竞争	技术创新	技术创新	技术创新
本土市场需求规模	0.037*** (0.004)	0.113*** (0.011)	0.025*** (0.004)	−0.019*** (0.001)	0.038*** (0.004)	0.025*** (0.004)	0.071*** (0.006)
企业规模	—	—	0.051*** (0.001)	—	—	0.051*** (0.001)	—
市场竞争	—	—	—	—	0.052*** (0.009)	0.050*** (0.008)	—
本土市场需求差异性	−0.005*** (0.001)	0.035*** (0.003)	−0.009*** (0.001)	−0.001*** (0.000)	−0.005*** (0.001)	−0.009*** (0.001)	0.070*** (0.010)
本土市场需求规模×需求差异性	—	—	—	—	—	—	−0.009*** (0.001)
其他变量	控制	控制	控制	控制	控制	控制	控制
年份固定效应	控制	控制	控制	控制	控制	控制	控制
行业固定效应	控制	控制	控制	控制	控制	控制	控制
地区固定效应	控制	控制	控制	控制	控制	控制	控制
观测值(个)	1 279 716	1 546 276	1 279 716	1 546 276	1 279 716	1 279 716	1 279 716

注:括号中为标准误差,上标 *** 表示 $p<0.01$。

从企业规模的中介效应检验结果来看,企业所在地区的本土市场需求规模对企业规模具有显著促进作用。其估计系数为 0.113,且通过 1% 统计水平检验。第三步的回归结果表明,企业规模和本土市场需求规模的估计系数都显著为正,而且都通过了 1% 统计水平检验。这说明本土市场需求规模通过影响企业规模的部分中介效应对企业技术创新起作用。从市场竞争的中介效应回归结果来看,本土市场需求规模对本地市场竞争有显著负向作用,估计系数为－0.019。这说明本土市场需求规模越大,市场集中度越低,企业间相互竞争越激烈。将两个变量同时加入回归方程之后,回归结果显示,市场竞争和本土市场需求规模都显著为正,说明存在部分中介效应。市场竞争的中介效应结果表明,本土市场需求规模的扩大将显著促进本地企业之间的竞争。这导致每个企业市场容量有限,不利于技术创新,而市场适当的集中可能更有利于企业技术创新。

(二) 需求差异调节效应检验

在本土市场需求规模固定的情况下,如果本土市场需求差异性大,则每个企业在市场中的占比不一定高,规模经济难以实现,对创新可能不利;如果本土市场需求差异性小,消费偏好一致,则企业更容易实现规模效应,更有利于技术创新。鉴于本土市场需求差异性对企业技术创新具有调节效应,我们加入本土市场需求规模与需求差异性的交乘项,回归结果见表4-6中"调节效应"列。调节效应结果显示,加入交乘项之后,本土市场需求规模和需求差异性都会对企业技术创新起正向作用,但两者的交互项系数为负。这说明在市场需求规模一定的情况下,需求差异性越大,企业技术创新产出越小。

本节我们采用微观层面数据检验企业所在地区市场需求规模对企业技术创新的影响。从检验结果来看,企业所在地区市场需求规模可以显著促进企业的技术创新,并且这种效应对出口企业的拉动作用比非出口企业大。

从异质性检验来看,企业所在地区本土市场需求规模的扩大对国有企业和民营企业及东部地区企业技术创新的促进作用更明显。从机制检验来看,本土市场需求不仅通过影响企业规模和市场竞争环境作用于企业技术创新,同时也会通过市场需求差异性对企业技术创新起到调节作用。本节虽然证明了本土市场需求确实对企业技术创新具有显著正向作用,而且对出口企业的作用效果更强,但从微观层面讲,企业所在地区的市场需求扩大并不意味着每个企业的本土销售规模都会扩大。对企业来讲,在本土市场需求规模扩大的情况下,本土市场销售规模的扩大才是企业更关注的。因此,下一节我们进一步检验本土市场有效需求对出口企业技术创新的影响。

第二节 基于出口企业本土市场有效
需求的效应检验

本节我们采用出口企业销售产值与出口交货值的差值反映出口企业在本土市场的实际销售规模,这里称之为"本土市场有效需求",并以此检验本土市场有效需求对出口企业技术创新的影响。

一、计量模型和数据处理

本节我们设定回归模型如下:

$$jscx_{ijkt}=a_1+\beta_1\ln hmd_{ijkt-1}+\delta X_{ijkt-1}+r_j+r_k+r_t+\varepsilon_{ijkt} \quad (4-4)$$

式(4-4)中,下标 i、j、k、t 分别表示企业、行业、地区和年份;a_1 为常数项;$jscx_{ijkt}$ 为出口企业技术创新指标,我们采用出口企业 t 年专利申请数量加 1 的对数进行衡量;$\ln hmd_{ijkt-1}$ 表示企业本土市场有效需求,我们采用出口企业在本土市场的实际销售额表示,并借鉴康志勇(2012)等的方法,采用以工业企业数据库销售总产值与出口交货值的差值的对数进行测度;X_{ijkt-1} 为控制变量;r_j 代表行业固定效应;r_k 表示地区固定效应;r_t 为年份固定效应;ε_{ijkt} 为随机扰动项。

本部分我们采用 2000—2014 年工业企业数据库、中国海关数据库(简称海关数据库)和中国专利数据库的匹配数据进行检验,以确保出口交货值数据真实可靠。海关数据库由中国海关总署统计,海关数据库详细记录了每家企业和每类产品出入海关的情况。海关数据库对产品的分类依据为《商品名称及编码协调制度的国际公约》(简称 HS 编码)。海关数据库中的主要信息包含:①企业的基本信息,如企业名称、企业地址、电话号码、企业所有权性质等;②商品信息,如商品编码、贸易数量、贸易额、数量单位等;③其他信息,如产品进口来源或出口目的国别、贸易方式、运输方式等。目前,海关数据库可获得的年份跨度为 2000—2016 年。

工业企业数据库中统计的出口交货值信息是以人民币计价的,从而避免了汇率转换引起的误差。但因为工业企业数据库采用填报制度,在统计过程中可能存在一些指标异常和数据缺失等问题。海关数据库详细统计了各企业出口的具体真实金额,但采用美元计价,且海关数据库中统计的金额可能会存在因出口退税等原因引起的虚假成分(余淼杰等,2019)。因此,为确保出口交货值信息准确,我们采用工业企业数据库和海关数据库的匹配数据,以确保所有出口企业在工业企业数据库和海关数据库中的出口交货值都大于0。

在数据匹配过程中,我们将第一节使用的工业企业数据库和专利数据库匹配好的数据与海关数据库进行匹配。海关数据库中企业代码的表示方式与工业企业数据库中的代码不同,因此无法通过企业代码对两个数据库进行匹配。我们主要参照田巍和余淼杰(2013)的匹配方法,分三步进行数据匹配。首先,我们根据企业的名称和年份进行匹配,把两套数据中在同一年中有相同名称的归为同一企业。其次,我们将根据企业邮政编码和电话号码、成立年份进行匹配。最后,对于不能完全匹配上的数据,我们将数据库中的企业名称进行模糊化处理,再按照企业名称、邮政编码和年份进行匹配。我们将通过以上步骤得到的匹配结果进行合并,去除重复的企业样本,从而得到匹配后的数据库。

二、基准回归与稳健性检验

(一) 基准回归分析

我们对基准回归方程式(4-4)采用企业聚类稳健的标准差进行高维固定面板估计,结果见表4-7。表4-7中的"结果(1)""结果(2)""结果(3)"列为依次加入年份、行业、地区固定效应的回归结果,"结果(4)"列是将年份、行业、地区固定效应全部加入后的回归结果。

根据表4-7,我们可以看到在依次加入固定效应后,本土市场有效需求的估计系数都为正且通过1%统计水平检验。这说明本土市场有效需求可以显著提高出口企业的技术创新水平。从回归系数来看,本土市场有效需求影响出口企业技术创新的估计系数为0.031,见表4-7中"结果(4)"列。这说明本土市场有效需求越高,出口企业技术创新的成效越明显。

从控制变量的回归结果来看,企业年龄、企业利润率、资本流动性、劳动生产率、利息支出的估计系数均在1%的统计水平下显著为正。这说明经营时间越长、利润率越高、资本流动性越大的出口企业，其专利数量越多。其中，利息支出对出口企业创新能力的作用力最大，利息支出影响出口企业技术创新的估计系数为0.032，见表4-7中"结果(4)"列。

表4-7 基准回归结果

变量名称	结果(1)	结果(2)	结果(3)	结果(4)
本土市场有效需求	0.015*** (0.001)	0.015*** (0.001)	0.014*** (0.001)	0.031*** (0.001)
企业利润率	−0.000*** (0.006)	−0.000*** (0.006)	0.000*** (0.006)	0.010*** (0.009)
企业年龄	0.013*** (0.001)	0.009*** (0.001)	0.009*** (0.001)	0.014*** (0.002)
资本深化程度	−0.001*** (0.001)	0.001*** (0.001)	−0.000*** (0.001)	−0.007*** (0.001)
劳动生产率	0.025*** (0.001)	0.009*** (0.001)	0.009*** (0.001)	0.014*** (0.002)
资本流动性	−0.012*** (0.003)	0.011*** (0.002)	0.008*** (0.002)	0.024*** (0.004)
利息支出	0.014*** (0.001)	0.015*** (0.001)	0.015*** (0.001)	0.032*** (0.001)
常数项	−0.329*** (0.010)	−0.296*** (0.010)	−0.335*** (0.015)	−0.527*** (0.058)
年份固定效应	未控制	控制	控制	控制
行业固定效应	未控制	未控制	控制	控制
地区固定效应	未控制	未控制	未控制	控制
观测值(个)	203 203	203 203	203 203	203 203

注：括号中为标准误差，上标***表示$p<0.01$。

（二）稳健性检验

1. 基于不同技术创新指标的检验

我们采用"是否有研发""是否有新产品"作为出口企业技术创新的指标，利用

Probit 模型检验本土市场有效需求扩张对企业技术创新概率的影响,结果见表 4-8。如果企业研发投入的金额大于 0,我们认定企业有研发行为;如果企业新产品的产值金额大于 0,我们认定企业有新产品产出。从回归结果来看,不论采用"是否有研发"或"是否有新产品"来衡量企业技术创新概率,本土市场有效需求的增加对其都有显著正向作用。从边际效应来看,本土市场需求影响出口企业进行研发的估计系数为 0.030,影响出口企业新产品产出的估计系数为 0.043。

此外,我们还采用新产品产值比和研发支出比作为出口企业技术创新的指标,对式(4-4)进行回归检验,回归结果见表 4-8 中"创新指标 1"列。考虑到样本中很多出口企业的新产品产值比和研发支出比的数值都为 0,我们借鉴聂辉华等(2008)的做法,采用企业聚类稳健的标准差 Tobit 模型进行估计。从回归结果来看,本土市场有效需求影响出口企业新产品产值比的估计系数为 0.015,影响其研发支出比的估计系数为 0.002,且两个估计系数均通过 1% 统计水平检验。

表 4-8　稳健性检验 1

变量名称	创新概率		创新指标 1		创新指标 2	
	是否有研发	是否有新产品	新产品产值比	研发支出比	出口产品质量	出口产品种类数
本土市场有效需求	0.030*** (0.000)	0.043*** (0.001)	0.015*** (0.001)	0.002*** (0.001)	0.227*** (0.014)	0.356*** (0.030)
其他变量	控制	控制	控制	控制	控制	控制
年份固定效应	控制	控制	控制	控制	控制	控制
行业固定效应	控制	控制	控制	控制	控制	控制
地区固定效应	控制	控制	控制	控制	控制	控制
观测值(个)	228 856	146 065	228 856	146 065	203 203	203 203

注:括号中为标准误差,上标 * 表示 $p<0.10$,** 表示 $p<0.05$,*** 表示 $p<0.01$;新产品产值比、研发支出比和出口产品种类数三列的系数都是边际系数。

Chu 等(2012)指出,创新的结果在产品上主要表现在两方面:一是企业通过创新不断改进原有产品,进而提高原有产品质量(垂直型创新);二是企业研发新产品,即企业扩大生产的产品种类(水平型创新)。出口企业创新产出可能在出口产品质量和出口种类数上有所体现,为此,我们采用企业出口的产品质量和出口总种类对式(4-4)再进行检验。我们采用 Khandelwal 等(2013)的需求信息测算法对各出口企业的产品质量进行测算,之后按照施炳展(2013)的做法进行标准化处理,再根据各产品出口额占企业出口总额的比重进行加权,最终计算出企业的出口产品质量。根据 Khandelwal 等(2013)的研究,市场对企业产品的需求函数为:

$$x_{fpct} = q_{fpct}^{\eta} p_{fpct}^{-\sigma} P_{ct}^{\sigma-1} Y_{ct} \quad (4-5)$$

式(4-5)中,下标 c 表示目的市场,t 表示年份,f 表示出口企业,p 表示出口产品;x_{fpct} 表示目的市场 c 在 t 年对 f 企业 p 产品的需求量;p_{fpct} 表示 t 年 p 产品在目的市场 c 的价格;P 表示价格指数;Y_{ct} 是 c 市场 t 年份的收入。我们将企业 f 出口产品 p 到目的地市场 c 的平均交易单位价值作为出口价格(p_{fpct})的代理。我们对方程(4-5)取对数,得到出口产品质量的估计方程为:

$$\ln(x_{fpct}) + \sigma \ln(p_{fpct}) = \phi_p + \phi_{ct} + \varepsilon_{fpct} \quad (4-6)$$

方程(4-6)中,ϕ_p 是产品固定效应,"目的市场—年份"固定效应(ϕ_{ct})控制的是目的市场 c 的价格指数(P_{ct})和收入(Y_{ct}),σ 表示替代弹性。Anderson 和 Wincoop(2004)认为,σ 的取值范围为 5~10。我们采用 Broda 和 Weinstein(2006)对各类产品需求弹性的估计结果,并基于海关数据库中的数据来估算企业 f 在目的市场 c 中的产品质量。根据方程(4-6),企业出口到各目的市场的产品质量为 $quality_{fpct} = \varepsilon_{fpct}$。

在计算出"企业—产品—目的市场"层面的产品质量之后,我们进行如下标准化处理:

$$r - quality_{fpct} = \frac{quality_{fpct} - \min quality_{pct}}{\max quality_{pct} - \min quality_{pct}} \quad (4-7)$$

式(4-7)中,$\min quality_{pct}$、$\max quality_{pct}$ 分别代表某一产品 p 在目的市场 c 中质量的最小值与最大值。我们将产品层面的质量根据出口额的比重加

权到企业层面,求出企业层面的产品质量:

$$TQ = \sum_{\Omega} \frac{V_{fpct}}{\sum_{fpct \in \Omega} V_{fpct}} \times r-quality_{fpct} \qquad (4\text{-}8)$$

这里,V_{fpct} 表示 t 时期 f 企业出口 p 产品到 c 目的地的出口额。因 HS 编码每隔 5 年调整一次,海关数据库中 2002 年之前的数据是采用 HS 1996 商品分类标准进行统计的,2002—2006 年的数据是采用 HS 2002 商品分类标准进行统计的,2007—2012 年的数据是采用 HS 2007 商品分类标准进行统计的;2013—2016 年的数据是采用 HS 2012 商品分类标准进行统计的。为了统计标准的统一,我们按照联合国贸易发展改革委提供的各年份商品分类标准 HS 编码进行了统一。

我们采用企业每年出口商品的所有 HS 编码的个数表示出口企业产品种类数。出口产品质量是连续变量,因此我们对出口产品质量的回归采用 OLS 模型;而出口产品种类数是非连续的正数,我们采用 Tobit 模型进行检验。基于出口质量和出口种类数的回归结果见表 4-8 中"创新指标 2"列。本土市场有效需求的增加在 1% 统计水平下对出口产品质量和出口产品种类数有促进作用。本土市场有效需求影响出口企业出口产品质量的估计系数为 0.227,影响其出口产品种类数的估计系数为 0.356。

2. 基于不同本土市场有效需求指标的检验

我们先用海关数据库中出口企业的出口金额乘以当年美元兑人民币的中间价,得到每家出口企业当年以人民币表示的出口交货值,再用工业企业数据库中企业销售总产值减去基于海关数据库统计的出口交货值测度出口企业本土市场有效需求规模。如果企业内销额比较大但占总销售额比重较低,技术创新也有可能是由出口额上升直接引起的,因此我们还将出口企业内销额占总销售额的比重作为本土市场有效需求的指标,对式(4-4)进行检验,回归结果见表 4-9。从回归结果来看,不论是用海关出口额还是用内销比例表示的本土市场需求都在 1% 统计水平下对出口企业的专利数量有促进作用。以海关出口额表示的本土市场有效需求影响出口企业技术创新的估计系数为 0.043;以内销比例表示的本土市场有效需求影响出口企业技术创新的估计系数为 0.057,详见表 4-9。由此可见,我们的基准回归结果是稳健的。

表 4-9　稳健性检验 2 及内生性处理

变量名称	海关出口额	内销比例	内生性
本土市场有效需求	0.043*** (0.002)	0.057*** (0.004)	0.113*** (0.00)
其他变量	控制	控制	控制
年份固定效应	控制	控制	控制
行业固定效应	控制	控制	控制
地区固定效应	控制	控制	控制
观测值(个)	203 203	203 203	203 203

注：括号中为标准误差，上标***表示 $p < 0.01$。

3. 内生性检验

一般来说，出口企业的创新能力越强，其在国内外市场中的竞争力就越大，本土市场销售额也越高。因此，本土市场有效需求与出口企业创新能力之间可能存在逆向因果问题。此外，我们的回归检验中也可能会遗漏比较关键的解释变量。为解决内生性问题，我们借鉴 Fisman 和 Svensson(2007)的思想，构造本土市场需求的"年份—行业—地区"平均值，作为出口企业本土市场有效需求的工具变量。Fisman 和 Svensson(2007)指出，为避免自变量和因变量之间的逆向因果问题，可以将自变量"行业—地区"层面的均值作为企业层面的工具变量。这是因为行业中所有企业的均值与各企业的变量之间具有非常大的相关性，但是宏观或中观层面的变量与微观企业的行为之间关系不大。采用工具变量法进行回归检验的结果见表 4-9 中"内生性"列，从回归结果来看，采用工具变量表示的本土市场需求规模在 1% 统计水平下显著为正。这与基准回归相同，其他控制变量的系数也没有发生太大的变化。这说明我们的基准结果还是比较稳健的。

三、异质性检验

因不同地区、不同行业、不同时间段和不同类型的出口企业在面临本土市场扩张时的反应不同，其所面临的创新约束也不同。我们按照企业的所在地区、所有制形式、贸易方式和所在行业特性等进行分组回归，以检验本土市场有效需求对出口创新可能存在的异质性。

（一）基于不同行业的异质性检验

不同行业的创新需求和能力都存在差异。我们根据企业所在行业的特性对式(4-4)进行分组回归。我们从2000年行业人均资本的维度把行业划分为劳动密集型行业和资本密集型行业。如果该年该行业人均资本大于所有行业的均值，则该行业被视为资本密集型行业；反之，则为劳动密集型行业。此外，我们还根据国家统计局2019年发布的《高技术产业（制造业）分类》以及《国民经济行业分类》(GB/T 4754—2002)，将出口企业所在行业分为高技术行业和低技术行业进行回归检验。行业分组的检验结果见表4-10。

表 4-10　异质性检验结果 1

变量名称	劳动密集型行业	资本密集型行业	低技术行业	高技术行业	2008年前出口企业	2008年后出口企业
本土市场有效需求	0.027*** (0.001)	0.051*** (0.003)	0.030*** (0.001)	0.059*** (0.005)	0.036*** (11.15)	0.044*** (19.85)
其他变量	控制	控制	控制	控制	控制	控制
年份固定效应	控制	控制	控制	控制	控制	控制
行业固定效应	控制	控制	控制	控制	控制	控制
地区固定效应	控制	控制	控制	控制	控制	控制
观测值（个）	157 674	45 512	187 751	15 452	61 451	95 936

注：括号中为标准误差，上标***表示 $p<0.01$。

从回归结果来看，无论是按照要素密集度还是按照行业技术性对出口企业所在的行业进行划分，本土市场有效需求的扩大都能在1%显著水平下促进出口企业的专利数量。从作用大小来看，本土市场有效需求对资本密集型行业出口企业专利数量的作用高于劳动密集型行业。本土市场有效需求影响资本密集型行业出口企业技术创新的估计系数为0.051，影响劳动密集型出口企业技术创新的估计系数为0.027。本土市场有效需求对高技术行业出口企业专利数量的促进作用比低技术行业高。本土市场有效需求影响高技术行业出口企业技术创新的估计系数为0.059，而影响低技术行业出口企业技术创新的估计系数为0.030。

(二) 基于 2008 年前后数据的异质性检验

考虑到 2008 年经济危机对各出口企业的影响,我们对 2008 年之前和之后的数据分开进行回归检验,结果见表 4-10 中"2008 年前出口企业"和"2008 年后出口企业"两列。从回归结果来看,各控制变量的估计系数和显著性在 2008 年之前和 2008 年之后并未有太大出入。本土市场有效需求影响出口企业技术创新的估计系数从 2008 年前的 0.036 上升到 2008 年后的 0.044。

(三) 基于区域的异质性检验

我们根据企业所在地的地理区域将出口企业划分为东部、中部和西部企业,对式(4-4)分别进行回归检验。检验结果见表 4-11。从检验结果来看,不论是东部、中部还是西部出口企业,本土市场有效需求对其用专利数量表示的创新能力都具有显著的正向作用。就本土市场有效需求的回归估计系数来看,本土市场有效需求对中部地区和西部地区出口企业创新能力的拉动作用均大于东部地区出口企业。

表 4-11 异质性检验结果 2

变量名称	东部地区出口企业	中部地区出口企业	西部地区出口企业	加工贸易出口企业	一般贸易出口企业	混合贸易出口企业
本土市场有效需求	0.029*** (0.001)	0.060*** (0.005)	0.055*** (0.005)	0.017*** (0.003)	0.038*** (0.002)	0.039*** (0.002)
其他变量	控制	控制	控制	控制	控制	控制
年份固定效应	控制	控制	控制	控制	控制	控制
行业固定效应	控制	控制	控制	控制	控制	控制
地区固定效应	控制	控制	控制	控制	控制	控制
观测值(个)	176 483	17 380	9 340	5 851	64 520	36 833

注:括号中为标准误差,上标 *** 表示 $p < 0.01$。

(四) 基于不同企业类型的异质性检验

不同类型企业开拓国内市场的能力不同,其创新能力也不同。我们根据海关数据库中的贸易方式把出口企业分为三类:加工贸易出口企业、一般贸易出口企业和混合贸易出口企业。加工贸易出口企业是指其产品以加工贸易方式出口的企业。一般贸易出口企业是指其产品以一般贸易方式出口的企业。混合贸易出口企业是指其产品既以加工贸易方式也有以一般贸易方式出口的企业。对不同贸易类型企业进行回归检验的结果见表 4-11。从回归结果看,本土市场有效需求对从事一般贸易和混合贸易的出口企业创新作用明显高于加工贸易出口企业。加工贸易出口企业出口产品转内销往往比较困难,国内有效需求低,规模经济效应比较难实现,因此本土市场有效需求对加工贸易出口企业技术创新的促进作用相对较小。

此外,我们对隶属于中央、省、市和县级及以下的出口企业进行分组回归检验。检验结果见表 4-12。随着企业隶属关系级别的降低,本土市场有效需求对企业技术创新的推动作用逐渐减小。这可能是由于企业隶属关系越高,其规模越大,资金越充足,更具备创新研发的实力。我们还将企业按照实收资本的比例分为国有企业、民营企业、外资企业和港澳台企业四种类型对式(4-4)进行分样本回归检验(表 4-12),结果表明,不论哪类出口企业,本土市场有效需求对其技术创新都具有显著正向作用。但从本土市场有效需求回归系数来看,本土市场有效需求对国有出口企业技术创新的拉动作用最大,估计系数为 0.054;本土市场有效需求对民营出口企业技术创新的拉动作用较小,估计系数为 0.030。这一结果通过 1% 统计水平检验。

表 4-12　异质性检验结果 3

变量名称	中央企业	省级企业	市级企业	县级以下企业	国有企业	民营企业	外资企业	港澳台企业
本土市场有效需求	0.137*** (0.017)	0.097*** (0.009)	0.048*** (0.004)	0.024*** (0.001)	0.054*** (0.004)	0.030*** (0.001)	0.042*** (0.002)	0.021*** (0.003)
其他变量	控制	控制	控制	控制	控制	控制	控制	控制
年份固定效应	控制	控制	控制	控制	控制	控制	控制	控制
行业固定效应	控制	控制	控制	控制	控制	控制	控制	控制
地区固定效应	控制	控制	控制	控制	控制	控制	控制	控制
观测值(个)	3 775	9 779	21 058	168 591	15 428	117 290	52 253	18 227

注:括号中为标准误差,上标 *** 表示 $p<0.01$。

四、机制检验

从基准回归和稳健性检验结果来看,出口企业的本地销售规模越大,其专利数量越多,这一结论非常稳健。从理论分析来看,本土市场有效需求主要通过需求引致效应直接作用于出口企业技术创新,又通过本土市场需求差异性的调节效应以及影响出口企业规模和市场竞争的中介效应作用于出口企业技术创新。下面我们对本土市场有效需求作用于出口企业技术创新的机制进行检验。

(一) 基于本土市场需求差异性的调节效应检验

我们构建如下回归方程,对本土市场有效需求对出口企业技术创新的差异性调节效应进行检验。

$$jscx_{ijkt} = a_1 + \beta_1 \ln hmd_{ijkt-1} + \beta_2 cxcj_{kt-1} + \beta_3 \ln hmd_{ijkt-1} cxcj_{kt-1} + \delta X_{ijkt-1} + r_j + r_l + r_t + \varepsilon_{ijkt} \quad (4-9)$$

式(4-9)中,$cxcj_{kt-1}$为本土市场需求差异性,基于调节效应检验的回归结果见表4-13。我们采用两种指标来测度本土市场的有效需求:出口企业内销额的对数和内销额占总销售额的比重。加入本土市场需求差异性指标后,本土市场有效需求对出口企业技术创新作用的显著性和估计系数都与基准回归结果一致,而本土市场需求差异性的估计系数并未通过显著性检验。但加入本土市场有效需求与本土市场需求差异性的交乘项后,本土市场有效需求变量的估计系数在1%的统计水平下产生负向作用,本土市场需求差异性的估计系数也变为负值,而本土市场有效需求与本土市场需求差异性的交乘项的估计系数显著为正。这与第一节中调节效应的回归结果完全相反。这说明对于个体企业来讲,本土市场效应起作用的前提是企业在市场中的具体销售额。企业所在地区的市场需求差异性越小,企业在市场中的销售规模越大,其技术创新动力越小。这是因为市场需求差异性越小,企业之间的竞争程度越高,此时,市场上的产品高度同质化,销售规模越大的企业越有可能进入低价竞争,这种情况反而不利于技术创新。出口企业所在地区的市场需求差异性越大,出口企业越容易在当地进入高端市场销售,这对出口企业技术创新越有利。

表 4-13 调节效应回归结果

变量名称	企业内销额的对数		企业内销额占总销售额的比重	
	差异性 1	交乘 1	差异性 1	交乘 1
本土市场 有效需求	0.033*** (0.001)	−0.081*** (0.008)	0.061*** (0.004)	−0.332*** (0.027)
本土市场 需求差异性	0.018 (0.018)	−0.434*** (0.034)	0.019 (0.016)	−0.051*** (0.016)
本土市场有效需 求规模×差异性	—	0.045*** (0.003)	—	0.153*** (0.011)
其他变量	控制	控制	控制	控制
年份固定效应	控制	控制	控制	控制
行业固定效应	控制	控制	控制	控制
地区固定效应	控制	控制	控制	控制
观测值(个)	203 203	203 203	203 203	203 203

注：括号中为标准误差，上标***表示 $p<0.01$。

从估计系数数值来看，当企业所在地区的市场需求差异性大于 1.8 时，以工业销售产值减去出口交货值表示的本土市场有效需求对企业技术创新就能产生正向作用。当本土市场需求差异性大于 2.17 时，以内销比例表示的本土市场有效需求对企业技术创新开始产生正向作用。2000—2014 年各地区城乡消费比的均值为 3.15，在所有地区中上海市的平均本土市场需求差异性比值最低，但其均值也达到 2.22，远高于回归检验中的门槛值。这说明在现有中国市场需求条件下，本土市场需求对出口企业技术创新有正向促进作用。

(二) 中介效应

我们借鉴 Baron 和 Kenny(1986)、温忠麟等(2004)等文献使用的中介效应方法，构建以下逐步回归检验方程：

$$M_{ijkt-1} = \alpha_2 + \beta_2 \ln hmd_{ijkt-1} + c_2 X_{ijkt-1} + r_j + r_k + r_t + \varepsilon_{ijkt} \quad (4\text{-}10)$$

$$jscx_{ijkt} = \alpha_3 + \beta_3 \ln hmd_{ijkt-1} + \varphi_1 M_{ijkt-1} + \delta_1 X_{ijkt-1} + r_j + r_k + r_t + \varepsilon_{ijkt} \quad (4\text{-}11)$$

在式(4-10)和式(4-11)中，M_{ijkt-1}为中介变量，这里的中介变量有两个，中介变量1为企业规模，中介变量2为市场竞争。对中介变量1企业规模进行检验的回归结果见表4-14中"结果(1)"和"结果(2)"列。其中，"结果(1)列"是基于式(4-10)回归的结果，"结果(2)"列是基于式(4-11)回归的结果。从中介变量1的回归结果来看，本土市场有效需求对出口企业规模具有正向影响，其估计系数通过1%统计水平检验。从作用大小来看，本土市场有效需求影响出口企业规模的估计系数为0.131，详见表4-14中"结果(1)"列。不论是本土市场有效需求还是企业规模的估计系数均在1%统计水平下显著为正，详见表4-14中"结果(2)"列。根据第一节中关于中介效应大小的测算方法，我们对企业规模这一中介效应在总效应中的占比进行测算，发现其占比为70.6%。

表4-14 中介效应逐步回归结果

变量名称	中介变量1		中介变量2		联合效应
	结果(1)	结果(2)	结果(3)	结果(4)	结果(5)
本土市场有效需求	0.131*** (0.002)	0.006*** (0.001)	0.000* (0.000)	0.031*** (0.001)	0.006*** (0.001)
企业规模	—	0.110*** (0.003)	—	—	0.110*** (0.003)
市场竞争	—	—	—	0.128* (0.050)	0.119** (0.049)
其他变量	控制	控制	控制	控制	控制
年份固定效应	控制	控制	控制	控制	控制
行业固定效应	控制	控制	控制	控制	控制
地区固定效应	控制	控制	控制	控制	控制
观测值(个)	237 113	203 203	237 117	203 203	203 203

注：括号中为标准误差，上标 * 表示 $p<0.10$，** 表示 $p<0.05$，*** 表示 $p<0.01$。

表4-14中，"结果(3)"列和"结果(4)"列是对中介变量2市场竞争的检验结果。其中，"结果(3)"列是基于式(4-10)回归的结果，"结果(4)"列是基于式(4-11)回归的结果。本土市场有效需求对行业市场竞争的影响作用是正向的，

其估计系数在10%的统计水平下显著,见表4-14中"结果(3)"列。市场竞争对出口企业专利数量在10%的显著性水平下有正向作用,见表4-14中"结果(4)"列。这说明市场集中度越高,出口企业越有创新的动力。但是,本土市场有效需求对行业竞争程度的作用估计系数几乎为0,说明市场竞争产生的中介效应对出口企业技术创新的影响不大。我们将企业规模和市场竞争两个中介变量同时引入方程(4-11)中进行联合效应检验,结果发现不论是本土市场有效需求还是企业规模的估计系数值都与仅考虑企业规模时的系数一致。这说明本土市场有效需求主要通过企业规模这一中介效应起作用。

  本节我们利用工业企业数据库、海关数据库和专利数据库的匹配数据,考察了出口企业本土市场有效需求对其技术创新的影响及其作用机制。我们的研究发现,以企业专利数量表示的出口企业创新存在显著的本土市场效应。出口企业本土市场销售规模越大,出口企业技术创新程度越高,这一结论非常稳健。本土市场有效需求对高技术企业、资本密集型企业和本地企业的技术创新拉动作用更为明显。出口企业创新的本土市场效应既通过需求直接引致效应起作用,同时又通过本土市场需求差异性的调节效应和企业规模的中介效应发生作用。此外,我们的检验还发现,本土市场需求扩大虽然可以显著促进出口企业技术创新,但其作用力总体还是比较小的。随着中国消费规模不断扩大和消费结构持续升级,出口企业技术创新的本土市场效应必将更加显著。

第三节 通过扩大本土市场需求促进出口企业技术创新的政策建议

  如前所述,我们通过中国企业层面数据检验了本土市场需求规模对出口企业技术创新的作用效果。企业所在地区本土市场需求规模提升显著促进了中国企业的技术创新,这种促进作用在出口企业方面表现更加显著。出口企业技术创新的本土市场效应主要通过影响企业规模的中介效应起作用。

  虽然中国企业创新存在显著本土市场效应,但从估计系数我们可以看出这种效应还比较小。这与中国居民消费率较低有很大关系。世界银行数据显示,中国的居民消费率自2000年到2010年一直呈下降趋势。2010年,中国的居民消费率仅为34.3%,而美国的居民消费率为68.2%,日本的居民消费率为56.9%,印度的居民消费率为54.7%,巴西的居民消费率为60.2%,德国的居民消费率为54.1%。2010年之后,中国的居民消费率有所上升,不过增长速度不快。2022年,中国的居民消费率为37.0%,不仅低于美国、德国等发达国家,也低于印度、巴西、俄罗斯等其他国家,详见表4-15。

表4-15 中国与其他国家居民消费率

国家	2000年	2005年	2010年	2015年	2020年	2021年	2022年
中 国	46.7%	39.6%	34.3%	37.8%	38.2%	38.1%	37.0%
印 度	63.7%	57.4%	54.7%	59.0%	61.3%	61.1%	60.6%
日 本	53.7%	54.8%	56.9%	55.8%	54.1%	53.5%	55.6%
韩 国	54.5%	52.3%	50.4%	48.5%	46.4%	46.0%	48.1%
墨西哥	69.0%	68.6%	65.3%	69.1%	66.1%	68.2%	70.7%
美 国	66.0%	67.3%	68.2%	67.5%	67.5%	68.8%	68.8%
巴 西	64.6%	60.5%	60.2%	64.0%	62.9%	61.0%	63.1%
德 国	56.3%	56.5%	54.1%	53.0%	50.7%	49.4%	51.1%
俄罗斯	46.2%	49.9%	51.5%	52.7%	51.5%	49.2%	48.3%
南 非	65.6%	63.6%	62.4%	63.7%	62.5%	61.8%	63.5%

资料来源:世界银行世界发展指数数据库(WDI)。

相比于其他国家,中国本土市场需求还有很大发展空间。中国要实现出口企业技术创新,应继续扩大本土市场规模,不断提升居民消费水平。这就要求我们坚持贯彻科学发展观,继续推进供给侧结构性改革,把扩大内需与深化供给侧结构性改革有机结合起来,充分发挥供给适应需求、创造新需求的作用,实现经济在更高水平上的动态均衡。

第一,我们应建立扩大消费需求的内在机制,切实培育消费力。多年来,中国扩大消费的政策效果不明显。本土市场需求不足的原因之一是收入分配差距过大,高收入群体的边际消费倾向低,而中低收入群体的支付能力不足。但实际上,中低收入阶层尤其是低收入阶层的消费弹性更高,因此提高中低收入阶层的收入对扩大消费需求来说至关重要。这就需要我们不断提升中低收入阶层的收入水平，同时深化收入分配制度改革，通过构建一、二、三次分配协调配套的制度安排，加大税收、社保、转移支付等调节力度，并提高精准性，扩大中等收入群体比重，增加低收入群体收入，合理调节高收入，取缔非法收入，形成"中间大、两头小"的橄榄形分配结构。

中国本土市场需求不足的第二个原因是中国养老、医疗等社会保障制度不完善。中国居民预防性储蓄比例较高，我们应努力完善养老、医疗及住房基本保障等社会保障制度，让居民形成良好的消费预期。在人口老龄化加剧的背景下，中国应该夯实居民养老以及医疗保障制度，稳定房地产市场预期、做好房地产保障工作，提升居民消费意愿。另外，我们还需要完善公共服务。在财政可承受的前提下，我们应该合理增加教育、医疗卫生、文化体育等领域的公共消费支出。这样可以增加居民的消费力，有效解决消费者不敢花钱的问题，提升居民的消费意愿。

第二，我们要不断推进城镇化，拓展内需增长空间。中共二十大报告着眼全面建设社会主义现代化国家的历史任务，明确提出"到2035年基本实现城镇化"的战略目标，并作出"推进以人为核心的新型城镇化"的战略部署。中国是典型的城乡二元结构国家，经济发展的主题一直是工业化和城镇化。与工业化创造供给能力相比，城镇化能够增加需求。虽然近年来中国城镇化水平持续提高，但相对于工业化的水平，城镇化进程仍相对滞后。中国城乡差距依然存在并有扩大趋势。因此，城镇化建设既是中国现代化建设的历史任务，也是扩大内需的最大潜力所在。城镇化建设既可扩大投资需求，又可扩大消费。因此，我们应着力在城乡规划、基础设施、公共服务等方面推进城乡一体化，促进城乡要素平等交换和公共资源均衡配置，促使城镇化建设产生巨大的市场需求。

未来，我们要把扩大内需战略和新型城镇化战略有序衔接起来，不断激发新型城镇化的消费潜力。在新型城镇化建设中，我们要合理引导新生代农村劳动力向城市转移。这一过程中，我们需要不断改善城镇居住环境，完善城镇基础设施，并不断提升教育、医疗等公共服务水平。这必然会带来和释放出巨大的投资和消费需求潜力。

第三，我们应推进结构性改革，释放内需扩大的潜力。受逆全球化思潮的影响，各国贸易保护主义盛行，国际经贸规则加快重构，全球价值链和供应链收缩，中国经济发展的外部环境不确定性日益增强。当前和今后很长一段时间内，中国经济的主要矛盾依然在供给侧。因此，扩大内需需要切实与供给侧改革相结合。我们应继续推动创新驱动型发展模式，提高产品质量和品质，满足国内日益升级的消费需求。

第四，我们应着眼于实体经济转型升级和培育新增长点，着力提升中国的制造业水平。中国的制造业需要在创新中转型升级，实现由制造业大国向制造业强国转型。制造业的提升需要突出自主创新和开放式创新，在绿色化和知识化的基础上推动产业升级，最终建立起结构优化、技术先进、附加值高、吸纳就业能力强的现代产业体系。信息技术引领的新一轮科技革命和产业变革方兴未艾，中国应制定相应的产业优惠政策，鼓励中国各级制造企业积极创新，推动传统制造业向智能化、绿色化、服务化、高端化转型。同时，我们应积极发展产业链长、带动性强的机器人、新材料、高端装备、智能制造等高端制造业，增强新产业新业态顺应新需求的能力。

此外，我们应继续大力发展服务业。一方面，服务业对就业的拉动作用更大，如餐饮、酒店、旅游等行业的发展能够创造大量就业机会，扩大居民收入。另一方面，服务业的发展能有效推动整个经济创新能力的提升，有利于促进传统的制造业向更为现代、高附加值的产业过渡，最终提高我国经济的竞争力。

2022年12月，中共中央、国务院印发《扩大内需战略规划纲要（2022—2035年）》。该纲要从全面促进消费，加快消费提质升级、推动城乡区域协调发展，释放内需潜能、提高供给质量，健全现代市场和流通体系，促进产需有机衔接、深化改革开放，增强内需发展动力等多个方面提出推进扩大内需战略的目标和任务。随着扩大内需战略规划的实施和人们收入的增加，未来中国本土市场规模必将进一步扩大，本土市场需求必将成为出口企业技术创新的重要动力来源。本章虽然证明了出口企业可以通过扩大国内市场销售实现技术创新，提升产品在国际市场中的竞争力，但不同行业、不同类型的出口企业如何立足国内市场实现技术创新，仍然是需要继续探讨的问题。

第五章
外资企业本土化与出口企业技术创新：
从模仿创新到联合创新

纵观世界发展，后起国家的企业发展基本都是从模仿创新开始的，其模仿的主要对象为经济实力和创新能力非常强的跨国公司。Mansfield等(1979)指出，企业的自主创新能力往往通过引进、学习和模仿慢慢积累。以往外资企业进入中国主要利用低成本优势从事加工贸易，这种外资进入对本土企业的影响作用相对较弱。但随着中国市场规模的扩大和本土消费尤其是高端消费需求的上升，高端产品外资制造企业在本土市场上的销售规模和生产规模也大幅度增加。外资企业本土化对本土企业的示范效应更强，通过产业关联效应对本土企业技术创新的促进作用更大。本土出口企业可以在外资企业本土化过程中立足中国市场需求，走从模仿创新到联合创新和自主创新的发展路径，实现出口竞争力的提升。本章我们主要探究和检验外资企业本土化对本土出口企业技术创新的影响，并借助世界著名汽车制造商——梅赛德斯-奔驰集团股份公司的中国本土化案例，分析出口企业从模仿创新到联合创新路径的可行性。

第一节　外资企业本土化典型事实

改革开放以来，大量外资企业涌入中国市场，它们利用中国的低成本优势从事加工贸易。外资企业对中国的投资金额逐年上涨且增速惊人。自20世纪末开始，进入中国的外资企业在规模和质量方面都实现了跨越式发展(崔执树和宾建成，2011)。在外资企业进入中国市场的过程中，中国逐渐与世界接轨，获得了举世瞩目的发展成绩,如今已在多个领域达到世界先进水平。近年来,中国国内各种生产要素成本大幅度上升,中国外资企业的结构也在发生调整。一方面,大量到中国获取低成本优势的企业尤其是从事加工贸易的外资企业逐步撤出中国市场;另一方面,随着中国本土市场需求的崛起,看重中国巨大消费市场的外资企业不断涌入中国市场。在华南美国商会发布的《2019中国营商白皮书》中有关跨国公司为何在华投资的报告表明,72%的外资企业看重中国市场的增长潜力。外资企业在中国的运行模式逐渐趋于本土化(黄卫平,2004),这涉及生产制造、创新研发、品牌营销和人才策略等各个方面。本节我们根据工业企业数据库中的数据来分析中国外资企业本土化发展的典型事实。

一、纯出口外资企业个数占比大幅度下降

我们根据工业企业数据库数据,以外资企业出口交货值(出口额)占其总销售产值(总销售额)的比重来衡量外资企业本土销售的情况。如果一家外资企业的出口交货值等于其总销售产值,表明该外资企业只在中国进行生产,并不在中国进行销售,我们将这种企业称为纯出口外资企业。若一家外资企业的出口交货值大于0,但其出口交货值小于总销售产值,则说明这类外资企业的产品既在国内市场销售也出口国外市场。

我们按照出口交货值与总销售产值比,将外资企业分为三类:纯出口外资企业、出口额占比超过80%的外资企业和出口额占比小于80%的外资企业。我们根据工业企业数据库中的数据统计了三类外资企业的数量,并计算了三类外资企业个数占外资企业总数的比重。图5-1为三类外资企业个数占总外资企业总数的比重情况①。从图5-1我们可以看到,1998年工业企业数据库统计的外资企业中,有接近40%的外资企业是纯出口企业,且外资企业中出口额占比超过80%的企业占比接近100%。这说明1998年中国吸收的外资企业主要以服务国外市场为主。但随着中国国内市场规模的扩大,中国的外资企业在国内实现销售的企业占比越来越高。1998—2013年,纯出口外资企业数占外资企业总数的比重逐年下降,2011年该比重已跌破20%。出口额占比不足80%的外资

---

① 这里外资企业主要是指除港澳台外的外商投资企业,按照实收资本进行划分。

企业占比在 1998—2013 年下降了将近 20%。出口额占比不足 20% 的外资企业占比则呈现逐年增多的趋势，到 2013 年该类外资企业占比接近 40%。

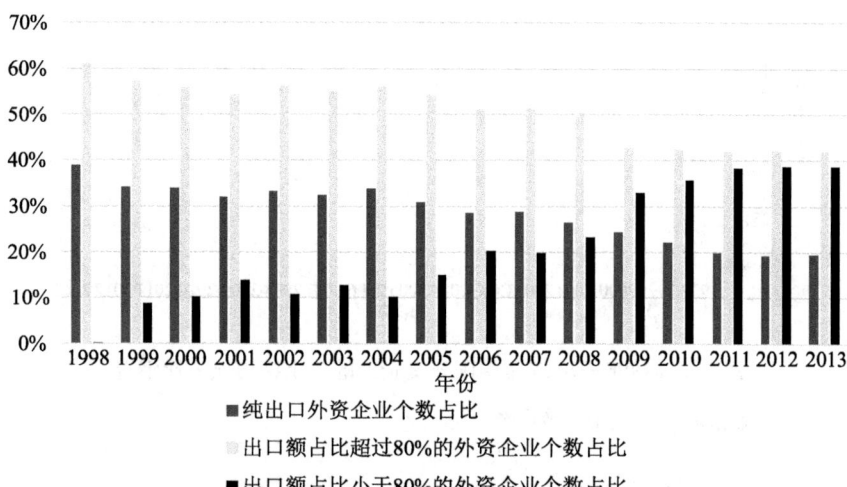

图 5-1　三类外资企业个数占总外资企业个数的比重情况

数据来源：工业企业数据库。

二、外资企业本土销售比重不断上升

中国外资企业本土销售额占总销售额的比重整体呈上升趋势。我们采用外资企业总销售额减去出口交货值表示其本土销售金额。1998—2013 年，中国外资企业的本土销售额占比情况如图 5-2 所示。中国外资企业的本土销售额在 2004 年之前呈下降趋势。2004 年以后，中国人口红利开始消失，劳动力成本大幅上升，中国的经济实现质的飞跃，人民生活水平显著提高，国内需求大幅提升。2005 年前后，中国大量的外资企业开始将业务转向国内，其本土销售额占总销售额的比重大幅上涨。2008 年金融危机的发生使全球经济遭遇重创，在外需疲软的情况下，外资企业本土销售额占比逐年变大。

下面我们按照行业特征对外资企业本土化销售比例进行分类分析。借鉴 Lall(2000) 对出口产品的静态分类方法，我们将出口行业按照不同技术水平分为五类：初级行业、资源型行业、低技术行业、中技术行业和高技术行业。随后，我们将《国民经济行业分类》(GB/T 4754—2002) 中的行业代码与之匹配，

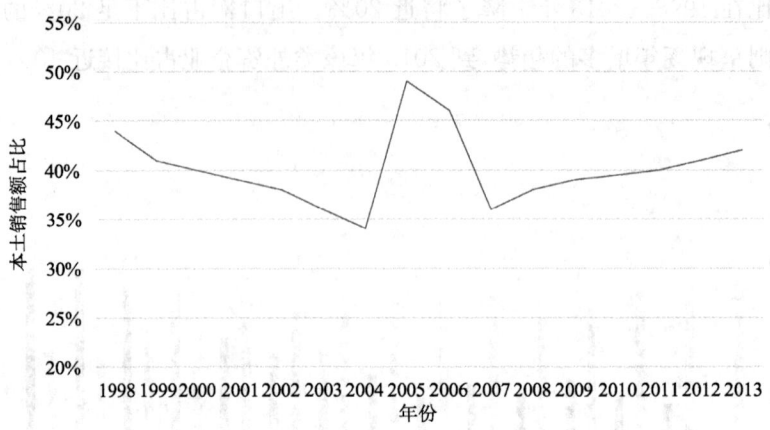

图 5-2　1998—2013 年中国外资企业的本土销售额占比情况

数据来源：工业企业数据库。

得到外资企业所在行业的分类标准，如表 5-1 所示。

表 5-1　外资企业所在行业分类标准

分类	国民经济行业分类代码	产品实例
初级行业	13	新鲜肉类、大米、茶叶、香料、咖啡、煤、原油、天然气等
资源型行业	14、15、16、25、26、31、32、33	经加工的肉类鱼类、饮料、面粉、烟草、木制品、植物油等；金属精矿、石化产品、化工原料、水泥、玻璃、石材等
低技术行业	17、18、19、20、21、22、23、24、30、34、42	纺织产品、衣物、鞋类、皮革、箱包等；玻璃器皿、陶瓷、金属铸件、家具、珠宝、玩具、塑料制品等
中技术行业	27、28、29、35、36、37	机动车及其零部件等；合成纤维、化工制品、颜料、烟火、合成肥料、钢、塑料等；引擎、制造业设备、水泵、船舶、医疗仪器、钟表、家电等
高技术行业	39、40、41	办公自动设备、电讯设备、发电机等；药用产品、航空设备、精密光学仪器等

资料来源：作者根据 Lall(2000) 文献整理和匹配得到，这里国民经济行业分类代码采用的是 2002 年版本。

我们对分类后各行业的本土销售额占比情况进行测算，然后选取各类行业内细分行业本土销售额占比的中位数,来总体分析该类行业中外资企业的本土销售额占比情况。图 5-3 是不同行业的外资企业本土销售额占总销售额的比重。从图 5-3 我们可以看出,各类行业本土销售额占总销售额比重的发展趋势相近,均呈现缓慢提升趋势。

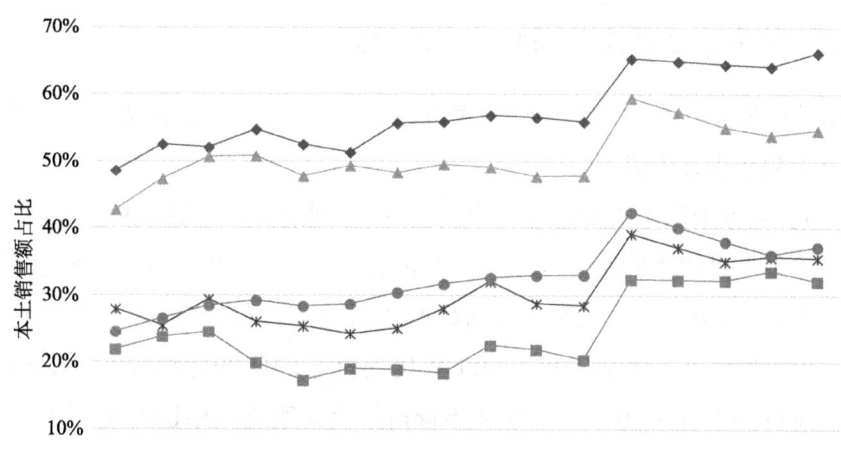

图 5-3　不同行业的外资企业本土销售额占总销售额的比重

数据来源:工业企业数据库。

具体来看,中技术行业和资源型行业的本土销售额占比较高,长期保持在 40% 以上。随着中国本土市场需求的扩大,国内对于先进交通工具等装备制造的需求逐年上升,机动车、船舶等以设备制造为典型代表的中技术行业外资企业的本土销售额占比较高。从变动趋势来看,1998—2008 年中技术行业外资企业本土销售额占比基本在 40%～50%。2008 年之后这一占比大幅度上升,2013 年该占比数值已上升至 55%。

低技术行业外资企业的本土销售额占总销售额的比值最低。2008 年以前,低技术行业外资企业的本土销售额占总销售额的比值不足 25%。中国长期以来以劳动力禀赋优势参与国际分工,大量制造业企业从事生产链中附加值较低的组装、制造生产。我们通过大量的低技术产品出口来换取发展国内经济所需的外汇。这造成以纺织产品、衣物、塑料制品为主的低技术产品大量出口。

这些行业的外资企业本土销售比也长期处于低位。

初级行业和高技术行业外资企业本土销售额占比处于中位,在30%上下波动。高技术行业外资企业本土销售占比呈缓慢上升趋势,1998年高技术行业外资企业本土销售额占比不足25%,到2013年该数值上升到38%左右。

三、外资企业本土化采购率不断上升

随着外资企业在中国本土销售额占比的逐年上升,其在中国生产过程中的本土化采购率也在上升。

首先,随着中国本土制造业水平的提升,各制造业产业链不断完善,外资企业在本土制造过程中购买国内中间产品的比例(即国产化率)越来越高。以汽车制造业为例,根据中国汽车协会的数据,2008年宝马汽车的国产化率就已经达到40%,2020年上升到70%;2011年奥迪汽车的国产化率为65%;2014年奔驰汽车的国产化率为60%;2019年特斯拉汽车刚进入中国时国产化率仅有30%,2020年这一比例就上升到70%。

其次,除了生产零部件和中间产品不断本地化,外资企业尤其是大型跨国公司在中国进行研发的本土化趋势也越来越明显。2003年,科技部关于"跨国公司研发全球化及其对中国的意义"的调查显示,《商业周刊》所列的1 000强企业中,1994年仅有2家企业在中国设立了2家研发机构;到2000年,已经有28家企业在中国设立了32家研发机构;到2002年年底,跨国公司在中国建立的研发机构已超过400家。据《中国科技统计年鉴》统计,2012年规模以上港澳台商投资企业和外商投资企业的研发机构数量分别为2002年的14.5倍和11.3倍;2016年港澳台商投资企业和外商投资企业的研发机构数量又分别增长了12%和54.3%;截至2017年,跨国公司在华研发中心已经达到2 800多家。这些研发中心主要集聚在北京、上海、广州、深圳等科教文卫较为发达的一线城市。根据上海市商务委员会的数据,截至2022年年底,落户上海的跨国公司地区总部和研发中心累计达到891家和531家,主要集中在智能制造、新材料、生物医药、集成电路和数字信息科技及人工智能等领域。

随着中国经济的发展,中国国内市场超大规模优势越来越明显。中国市场已成为外资企业重要的销售目的地市场。外资企业在中国国内市场销售的企

业数量和销售额比重正在逐年增加。与此同时,外资企业在中国的国产化率也在不断提升。外资企业本土化水平的提升为中国本土企业技术创新提供了更多的学习机会。

第二节 外资企业本土化对出口企业技术创新的影响机制及数据检验

本节在梳理外资企业本土化对企业技术创新影响机制的基础上,基于企业层面数据对各种机制进行了检验。

一、外资企业本土化对本土企业技术创新的作用机制

外资企业进入对东道国技术创新的影响研究已非常丰富。大量学者的研究都发现,外资企业进入对东道国企业的发展存在技术溢出效应(Kokko,1994;Imbriani 和 Reganati,1999;Aitken 等,1999;Keller 和 Yeaple,2009;蒋殿春和张宇,2008;钟昌标,2010)。随着研究的深入,学者们发现外资企业技术溢出的效应大小受多方面因素的影响。这些因素包括东道国发展程度、东道国内资企业技术水平差、外资企业的规模及质量等(陈涛涛,2003;Görg 和 Greenaway,2004;赖明勇等,2005;Sadayuki,2005;郭熙保和罗知,2009;Davide 等,2003)。还有一些研究从行业竞争角度出发,将外资企业本土化的技术溢出效应细分为正向的溢出效应与负向的挤出效应(Aitken 等,1999;Barry 等,2005;沈坤荣和孙文杰,2009)。基于已有文献,下面我们将外资企业本土化对企业创新的直接影响和间接影响分别进行说明。

(一)外资企业本土化对本土企业技术创新的直接影响

外资企业本土化对本土企业技术创新的直接影响是通过溢出效应和挤出效应的相互作用实现的。跨国公司作为外资企业本土化的基础要素,一直被认为是发展中国家或地区获得国际技术溢出的重要方式(Javorcik,2004)。外资企业进入带来的技术溢出主要通过外资企业的示范和本土企业的模仿实现(邢斐和张建华,2009)。在行业发展初期,外资企业往往具备先进的生产经验和前

沿的生产技术。在外资企业良好的示范作用下,本土企业通过模仿外资企业实现自身技术的提升。外资企业的进入不仅提升了本土企业的创新程度,还延长了创新持续期(毛其淋和许家云,2014)。外资企业大规模进入吸引了大量优质人才,同时,行业发展过程中人才的流动使得先进的生产技术和管理经验流向本土企业。外资企业的进入给予本土企业获取前沿知识的机会,降低了创新所需的知识积累和信息搜寻成本,从而提升了资源利用效率。

跨国公司不仅是技术溢出的主体,也是行业发展的"领头羊",同时它们在行业内具有非常强的竞争力。行业竞争效应是外资本土化的溢出与挤出效应的重要实现路径。在熊彼特模型下,外资企业进入带来的竞争效应又分为熊彼特效应和竞争逃逸效应,它们对企业创新分别产生负效应和正效应。当本土企业的技术与前沿技术的差距离较小时,本土企业的创新成本较低,外资企业进入带来的竞争压力也会迫使本土企业为逃离竞争而努力,迫使本土企业采取更先进的生产技术,投入更多的研发支出,以维持企业的市场占有率和盈利能力(Glass 和 Saggi,2002;Görg 和 Greenaway,2004;Aghion 等,2009)。这时,外资企业进入的竞争逃逸效应大于熊彼特效应,进而促进本土企业进行自主创新,表现为外资企业本土化过程中的溢出效应。当本土企业的技术与前沿技术的差距较大时,外资企业进入带来的竞争会降低创新的预期收益,此时熊彼特效应大于竞争逃逸效应,本土企业的自主创新受到了抑制(邱立成等,2017)。此时,在短期内外资企业的进入将抑制本土企业创新,表现为外资企业本土化过程中的挤出效应。本土企业可通过与外资企业达成合作或建立合资企业来获取先进技术,以技术引进代替自主研发,但从长期来看,外资企业的知识扩散、人员流动以及本土企业的学习效应,会使本土企业的技术水平接近前沿技术水平,创新成本有所下降,本土企业创新水平得到提升。

外资企业的进入对本土企业创新的影响呈现"先抑后扬"的趋势(曾国安和马宇佳,2020)。外资企业进入前期的挤出效应大于溢出效应,短期内抑制本土企业创新;而在外资企业进入后期溢出效应最终会大于挤出效应,长期外资进入的溢出效应将促进本土企业进行技术创新(沈坤荣和孙文杰,2009;赖明勇等,2005)。事实上,当外资企业的技术溢出效应小于挤出效应时,我们往往采用提高外资企业进入门槛的方法增强本土企业对外资企业技术的吸收能力,以达到促进企业创新的目的(石大千和杨咏文,2018)。随着外资企业进入规模的扩大和质量的提升,我们又采取相应的动态调控措施,以便更大程度地发挥外资企业进入对本土企业创新的积极作用(杜威剑和李梦洁,2016)。简而言之,在国内有效调控的前提下,外资企业的进入通过溢出效应和挤出效应影响本土企业的自主创新,长期来看,这种影响呈现正向效应(毛其淋,2019;罗伟和葛顺奇,2015)。

基于对现有文献的梳理,我们把外资企业本土化对本土企业自主创新的潜在影响机制进行整理,结果如图 5-4 所示。外资企业本土化会引发一系列经济效应,从而促进本土企业的自主创新。外资企业本土化带来的溢出效应直接影响本土企业创新,这主要通过外资企业的示范作用、本土企业的模仿作用以及技术差距较小的内外资企业间的竞争作用来实现。外资企业本土化通过产业关联效应间接影响本土企业的创新行为。例如,外资企业生产本土化规模的上升促进了本土中间品品种与规模的扩张,即通过规模经济效应引发生产成本下降,提升本土企业盈利能力,促进本土企业的创新。此外,外资企业对零部件和中间产品的要求普遍较高,其零部件和中间产品本土化可以提升本土中间产品质量,也有利于提升下游本土企业技术创新能力。

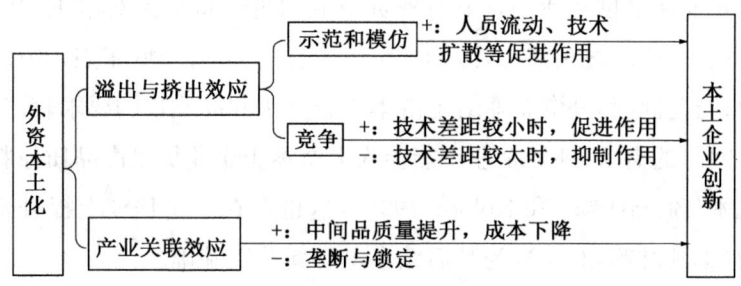

图 5-4　外资企业进入促进本土企业创新的影响机制

但外资企业本土化同样也会带来挤出效应,因为外资企业本身竞争力强,其产品在本土市场的销售数量越大,对行业垄断越强,越不利于行业中本土企业尤其是技术差距比较大的本土企业进行技术创新。

(二)外资本土化对企业技术创新的间接作用

外资企业本土化还通过上下游产业关联效应间接对本土企业技术创新起

作用。产业关联效应可以分为前向产业关联效应和后向产业关联效应,两者分别通过上游行业的供给和下游行业的需求来影响本土企业。就前向产业关联而言,一方面,上游外资企业进入带动上游本土企业的发展,中间品种类的扩张和质量的提升会促进下游本土企业的发展(孙浦阳等,2015)。这种促进作用会随着下游企业技术与前沿技术差距的缩小而增大。上游外资企业本土化的发展加剧了上游行业的市场竞争,上游中间品市场价格降低,从而有利于下游本土企业降低采购成本,提升利润水平(毛其淋,2019),加大创新投入。另一方面,上游外资企业本土化会降低本土企业创新所面临的"冰山成本"和知识搜寻成本(Kugler等,2012;诸竹君等,2020),进而促进本土企业创新。上游外资企业为使其产品销售更加便利,除提供优质中间品外,还可能会提供配套的先进技术,更好地发挥自身中间品的作用,以便进一步开拓市场份额。由此,本土下游企业获得先进的生产技术,创新成本大幅下降。但不容忽视的是上游行业往往是资源密集型行业或对技术和资本要求较高的行业,这些行业中的外资企业本土化程度越高,其对上游行业的垄断越强,从而对下游企业产生锁定效应,不利于同处同一价值链下游的本土企业进行技术创新(何晖和刘帷韬,2018)。

外资本土化的后向产业关联效应具体表现为外资企业可以通过下游行业倒逼本土企业从事创新活动。下游外资企业的进入将扩大对本土中间品的需求,提升本土企业的盈利能力,激励本土企业进行创新活动(张杰,2015;诸竹君等,2020);与此同时,外资企业对上游本土企业中间品质量的要求较高,为满足高质量中间品的需求,外资企业可能会为上游本土企业提供高品质原料和先进的生产技术(Blomström 和 Kokko,1998),这也会在一定程度上提升本土企业的生产力(毛其淋等,2018),为其后续自主创新奠定基础。

当然,如果外资企业的技术水平与本土企业的技术水平差异比较大,外资企业进入生产链的上游环节会对上游供应链形成垄断,不利于供应链下游企业进行技术创新。如果外资企业进入产业链或供应链的下游,则外资企业本土化水平越高,越容易将本土企业锁定在供应链中的低端环节。

此外,很多研究发现外资企业进入对本土企业技术创新的作用还受到国内知识产权保护程度、产业政策、国内要素市场扭曲等方面的影响(王然等,2010;黎文靖和郑曼妮,2016;戴魁早和刘友金,2016)。外资企业本土化对本土企业技术创新的具体作用还需要进行数据检验。

二、外资企业本土化对本土企业技术创新作用的数据检验

(一) 检验方法和数据说明

这里借鉴诸竹君等(2020)的方法,我们设立如下回归方程对外资企业本土化对本土企业技术创新的影响进行检验:

$$innovation_{ijt} = \alpha + \beta FDI_{jt} + \gamma X_{ijt} + \theta_i + \theta_t + \varepsilon_{it} \tag{5-1}$$

式(5-1)中,下标 i 表示企业,j 表示行业,t 表示年份;$innovation_{ijt}$ 为本土企业创新能力;FDI_{jt} 为行业 j 外资企业本土化情况;X_{ijt} 为一系列企业层面控制变量的集合,包括企业生产率(人均产值)、企业规模、劳动资本比例、国有资本占比、融资约束和企业年龄等;企业层面控制变量数据均来自工业企业数据库,θ_i 为企业固定效应,θ_t 则为年份固定效应。

关于 FDI_{jt} 的测度,我们采用三种指标:行业 j 的外资企业本土化比例 $fdiratio_{jt}$,行业 j 的上游行业外资企业本土化程度 for_{jt} 和行业 j 的下游行业外资企业本土化比例 $back_{jt}$。行业 j 的外资企业本土化比例 $fdiratio_{jt}$(后文中用 $fdiratio$ 表示)的计算公式为:

$$fdiratio_{jt} = \frac{\sum_{i \in j} f\_share_{it} \times Y_{it}}{\sum_{i \in j} Y_{it}} \tag{5-2}$$

式(5-2)中,f_share_{it} 表示企业 i 实收资本中的外资占比;Y_{it} 为企业 i 的本土销售额,我们用企业当年工业销售额减去出口交货值的数值表示。在稳健性检验中,我们采用企业工业总产值和从业人员数替代本土销售额 Y_{it},分别计算 j 行业的外资企业本土化比例。

行业 j 的上游行业外资企业本土化程度 for_{jt} 的计算公式为:

$$for_{jt} = \sum_{f \neq j} \left[\frac{input_{jft}}{\sum_f input_{jft}} \times fdiratio_{ft} \right] \tag{5-3}$$

式(5-3)中,for_{jt}(后文中用 for 表示)代表行业 j 的上游行业的外资企业本土化程度,为行业 j 的所有上游行业(除去本行业)中的外资企业本土化比例的

和；$input_{jft}$ 代表上游行业 f 对行业 j 的中间品投入量；$\sum_f input_{jft}$ 代表所有上游行业 f 在 t 年对行业 j 的中间品投入总量；两者之商表示特定上游行业 f 对行业 j 的中间品投入强度；$fdiratio_{ft}$ 则是每一个上游行业 f 对应的该行业外资进入比例。我们将每个上游行业 f 的中间品投入强度乘以该行业的外资本土化比例，然后再将其加总，得到行业 j 的上游行业外资企业本土化比例 for_{jt}。

行业 j 的下游行业外资企业本土化比例 $back_{jt}$ 的计算公式为：

$$back_{jt} = \sum_{b \neq j} \left[\frac{output_{jbt}}{\sum_b output_{jbt}} \times fdiratio_{bt} \right] \quad (5-4)$$

式(5-4)中，$back_{jt}$（后文中用 $back$ 替代）代表行业 j 的下游行业的外资企业本土化比例，为行业 j 的所有下游行业（除去本行业）外资企业本土化比例的和；$output_{jbt}$ 代表的是行业 j 对下游行业 b 的中间品投入量；$\sum_b output_{jbt}$ 代表行业 j 在 t 年对所有下游行业 b 的中间品投入品总量；两者之比表示行业 j 对特定下游行业 b 的中间品投入强度；$fdiratio_{bt}$ 表示每一个下游行业 b 对应的该行业外资企业本土化比例。我们将行业 j 对每个下游行业 b 的中间品投入强度乘以该行业的外资企业本土化比例，再将其加总，得到行业 j 的下游行业外资企业本土化比例 $back_{jt}$。

行业间投入产出信息来源于国家统计局发布的 2002 年、2007 年和 2012 年《中国投入产出表》。为了统一化计算，我们先将 2007 年和 2012 年《中国投入产出表》中的部门对应匹配为 2002 年的细分部门，然后分别得到 2002 年、2007 年和 2012 年的中间品投入系数。我们把计算得到的 2002 年、2007 年和 2012 年中间品投入系数分别设为数据库中 2000—2004 年、2005—2009 年和 2010—2014 年的行业中间品投入强度。

（二）基准回归结果

首先，我们根据式(5-1)就外资企业本土化对本土企业创新的直接效应进行回归检验，结果见表 5-2。表 5-2 中，"结果(1)"列是根据式(5-2)采用外资本土销售额所计算的外资企业本土化程度；"结果(2)"列和"结果(3)"列是根据式(5-2)采用外资企业工业总产值和从业人数所计算的外资企业本土化程度。此外，我们还采用行业内外资企业本土销售额占总销售额比重的平均值、外资企业本土销售额占行业本土总销售额的比重和行业中仅内销外资企业数量占外资企业总数的比值测算外资企业本土化程度，回归结果见表5-2中"结果(4)"列到"结果(6)"列。结果表明，采用各种方式衡量的企业所在行业外资企业本土化水平并没有对本土企业的技术创新造成显著正向影响，甚至还出现负向影响，见表5-2中"结果(4)"列。这种结果产生的原因是外资企业本土化对同行业本土厂商产生的溢出效应和竞争效应并存，正负效应相互抵消。一方面，外资企业本土化后其生产技术、管理方式等可能会被同行业的本土企业模仿，从而提升了本土企业的创新能力；另一方面，同行业的外资企业往往具有较强的竞争力，会对原有的本土企业产生挤出效应，抑制其创新能力。

表5-2 外资企业本土化对本土企业技术创新的直接效应检验结果

变量名称	结果(1)	结果(2)	结果(3)	结果(4)	结果(5)	结果(6)
$fdiratio$	-0.033 8 (0.106 0)	—	—	—	—	—
$fdiratio1$	—	0.013 9 (0.056 6)	—	—	—	—
$fdiratio2$	—	—	0.064 (0.052 6)	—	—	—
$fdiratio\_a$	—	—	—	-0.113*** (0.023 2)	—	—
$fdiratio\_b$	—	—	—	—	-0.062 (0.096 0)	—
$fdiratio\_c$	—	—	—	—	—	0.066 8 (0.052 3)
劳动生产率	-0.005 3*** (0.001 8)	-0.005 3*** (0.001 8)	-0.005 2*** (0.001 8)	-0.005 3*** (0.001 8)	-0.005 3*** (0.001 8)	-0.005 1*** (0.001 9)
企业规模	0.018 4*** (0.002 5)	0.018 4*** (0.002 5)	0.018 3*** (0.002 5)	0.018 4*** (0.002 5)	0.018 5*** (0.002 5)	0.018 5*** (0.002 5)
资本深化	0.000 0** (0.000 0)	0.000 0** (0.000 0)	0.000 0** (0.000 0)	0.000 0** (0.000 0)	0.000 0** (0.000 0)	0.000 0** (0.000 0)
资本流动性	0.002 8 (0.002 2)	0.002 8 (0.002 2)	0.002 8 (0.002 2)	0.002 8 (0.002 2)	0.002 8 (0.002 2)	0.002 7 (0.002 2)

(续表)

变量名称	结果(1)	结果(2)	结果(3)	结果(4)	结果(5)	结果(6)
国有资本比	−0.002 6 (0.004 6)	−0.002 7 (0.004 6)	−0.002 8 (0.004 6)	−0.002 5 (0.004 6)	−0.002 7 (0.004 6)	−0.002 4 (0.004 6)
企业年龄	−0.039 9*** (0.008 0)	−0.039 7*** (0.008 0)	−0.039 3*** (0.008 0)	−0.038 6*** (0.007 9)	−0.040 0*** (0.008 0)	−0.041 2*** (0.007 6)
常数项	0.015 5 (0.028 4)	0.006 6 (0.024 8)	−0.002 7 (0.024 3)	0.079 3*** (0.027 7)	0.020 7 (0.028 7)	−0.018 4 (0.035 5)
企业固定效应	控制	控制	控制	控制	控制	控制
年份固定效应	控制	控制	控制	控制	控制	控制
观测值(个)	1 647 591	1 647 591	1 647 591	1 647 241	1 647 586	1 647 586

注：括号中为标准误差，上标**表示$p<0.05$，***表示$p<0.01$。$fdiratio$、$fdiratio1$和$fdiratio2$分别代表用企业本土销售额、工业总产值和从业人数计算的行业外资进入情况；$fdiratio\_a$、$fdiratio\_b$和$fdiratio\_c$分别代表行业内外资企业本土销售额占总销售额比重的平均值、外资企业销售额占行业本土总销售额的比重和行业中外资企业仅内销企业数量占外资企业总数的比重。本章所有表格中，$fdiratio$都是表示采用企业本土销售额计算的行业外资进入情况。

表5-3是外资企业本土化对本土企业技术创新的间接效应检验结果。从结果来看，上游行业外资企业本土化水平 for 的提升将会抑制本土企业的技术创新。这是因为上游行业外资企业本土化程度越高，外资企业对上游资源的垄断性越高，这不利于中国本土企业的技术创新。而下游行业外资企业本土化水平 $back$ 的上升对本土企业的技术创新有显著的正向作用。下游行业外资本土化水平影响本土企业技术创新的估计系数为0.224 7，如表5-3中"结果(1)"列所示。随着下游行业外资企业本土化的发展，外资企业在国内的采购率会上升，而上游本土企业为了成为外资企业的供应商会加大技术创新力度。加入本行业外资企业本土化和上下游行业外资企业本土化水平的回归结果显示，外资企业本土化的直接效应依然不显著，这与表5-2的结果一致。上下游行业外资企业本土化对本土企业技术创新的作用与单独加入时效果一致，下游行业外资企业本土化可以显著促进本土企业的技术创新；而上游外资企业本土化会显著抑制本土企业的技术创新，详见表5-3中"结果(3)"列。

表 5-3　外资企业本土化对本土企业技术创新的间接效应检验结果

变量名称	结果(1)	结果(2)	结果(3)
$back$	0.224 7** (0.109 3)	—	0.278 4** (0.110 0)
for	—	−0.160 9* −0.196 3**	(0.081 6) (0.079 5)
$fdiratio$	—	—	−0.017 6 (0.109 1)
劳动生产率	−0.005 3*** (0.001 8)	−0.005 3*** (0.001 8)	−0.005 3*** (0.001 8)
企业规模	0.018 4*** (0.002 5)	0.018 4*** (0.002 5)	0.018 4*** (0.002 5)
资本深化	0.000 0** (0.000 0)	0.000 0** (0.000 0)	0.000 0** (0.000 0)
资本流动性	0.002 8 (0.002 2)	0.002 8 (0.002 2)	0.002 8 (0.002 2)
国有资本比	−0.002 7 (0.004 6)	−0.002 6 (0.004 6)	−0.002 7 (0.004 6)
企业年龄	−0.039 9*** (0.008 1)	−0.040 0*** (0.007 8)	−0.040 3*** (0.007 9)
常数项	−0.007 5 (0.023 4)	0.021 9 (0.022 4)	0.006 3 (0.029 0)
企业固定效应	控制	控制	控制
年份固定效应	控制	控制	控制
观测值(个)	1 647 591	1 647 591	1 647 591

注：括号中为标准误差，上标 * 表示 $p<0.10$，** 表示 $p<0.05$，*** 表示 $p<0.01$。$back$ 是指上游行业的外资本土化程度；for 代表下游行业的外资本土化比例。本章其他表格中 $back$ 和 for 的含义与本表格中相同。

(三) 稳健性检验

表 5-4 为外资企业本土化对本土企业技术创新的稳健性检验结果。下面

我们从两个方面进行稳健性检验。

表 5-4 外资企业本土化对本土企业技术创新的稳健性检验结果

变量名称	发明专利数	实用新型专利数	外观专利数	工业总产值	从业人员数	新产品产值占比
$back$	0.157 5*** (0.055 0)	0.193 9** (0.091 1)	0.041 5 (0.030 1)	0.295 2*** (0.080 6)	0.279 0*** (0.074 3)	0.057*** (0.017)
for	−0.135 1*** (0.045 8)	−0.145 9** (0.065 9)	−0.010 9 (0.021 2)	−0.157 9** (0.066 0)	−0.116 4* (0.068 0)	−0.067*** (0.009)
$fdiratio$	0.028 4 (0.055 7)	−0.023 4 (0.099 1)	−0.034 3* (0.019 7)	0.032 3 (0.057 6)	0.078 9 (0.053 3)	0.080*** (0.011)
其他变量	控制	控制	控制	控制	控制	控制
企业固定效应	控制	控制	控制	控制	控制	控制
年份固定效应	控制	控制	控制	控制	控制	控制
观测值(个)	1 647 591	1 647 591	1 647 591	1 647 591	1 647 591	1 213 118

注：括号中为标准误差，上标 * 表示 $p<0.10$，** 表示 $p<0.05$，*** 表示 $p<0.01$。

第一，我们更换了本土企业技术创新的测度指标。这里，我们分别采用本土企业发明专利申请数量、实用新型专利申请数量、外观专利申请数量和新产品产值占比四种指标重新测算本土企业的技术创新水平，检验外资企业本土化对本土企业技术创新的影响程度。更换本土企业技术创新水平测度后的回归结果见表5-4中"发明专利数""实用新型专利数""外观专利数"和"新产品产值占比"四列。从结果来看，上游外资企业本土化和下游外资企业本土化程度上升都对本土企业的发明专利数量和实用新型专利数量产生显著正向影响，而对本土企业外观专利申请数量的影响不显著。这可能是因为发明专利和实用新型专利需要更多的研发投入，而外观专利相对另外两种专利来说需要的投入较少。"新产品产值比"列的回归结果表明，外资企业本土化对本土企业新产品产值占比的作用效果均非常显著，不论是上游外资企业本土化、下游外资企业本土化还是外资企业本土化估计系数均通过1%统计水平的显著性检验。

第二，我们采用企业工业总产值和从业人员数重新计算外资企业本土化程度,重新进行回归检验。检验结果见表5-4中"工业总产值"和"从业人员数"两列。从回归结果来看,基于工业总产值和从业人员数测算的各类外资企业本土化程度的估计系数和显著性与基准回归结果基本相似,说明基准回归结果稳健。

(四) 异质性检验

1. 区域异质性检验

不同地区吸收外资企业的数量和质量存在差别,而且各地区的发展程度不同。我们根据企业所在地区,将其划分为东部地区企业、中部地区企业和西部地区企业,分别对其进行回归检验,结果见表5-5。从结果来看,外资企业本土化对东部、中部和西部地区本土企业的技术创新均未产生显著影响。上游外资企业本土化对东部地区和中部地区本土企业技术创新的抑制作用比对西部地区企业的抑制作用更显著。下游外资企业本土化对东部地区企业技术创新的促进作用在5%统计水平下显著,而对中部地区企业和西部地区企业技术创新的促进作用仅在10%统计水平下显著。

表5-5 不同区域企业异质性回归检验结果

变量名称	东部地区	中部地区	西部地区
$back$	0.269 1** (0.113 7)	0.275 9* (0.148 9)	0.243 9* (0.125 6)
for	−0.198 5** (0.084 4)	−0.194 7** (0.093 7)	−0.163 8* (0.090 9)
$fdiratio$	−0.039 2 (0.103 6)	0.006 5 (0.159 9)	0.120 1 (0.170 8)
其他变量	控制	控制	控制
企业固定效应	控制	控制	控制
年份固定效应	控制	控制	控制
观测值(个)	1 430 942	140 918	75 730

注:括号中为标准误差,上标*表示$p<0.10$,**表示$p<0.05$。

2. 行业异质性检验

不同行业的外资企业在中国的投资目的存在差异。我们根据不同行业企业的特征对其进行分样本回归检验,结果见表5-6。我们按照第四章中行业密集度的分类标准,将行业分为资本密集型行业和劳动密集型行业,并对其分别进行回归检验,结果见表5-6中"区分要素密集度"大列。对于资本密集型行业来说,外资企业本土化比例对本行业本土企业的技术创新有显著挤出效应,估计系数为-0.3922,该系数在1%统计水平下显著,详见表5-6中"资本密集型"列。上游行业外资企业本土化对资本密集型行业本土企业技术创新的抑制效应不显著;下游外资企业本土化对资本密集型行业本土企业的技术创新在10%统计水平下有显著正向作用。对于劳动密集型行业来讲,本行业外资企业本土化对本行业本土企业技术创新的影响不显著,这主要是因为中国劳动密集型行业本身具有较强的比较优势,故其竞争效应和挤出效应没有资本密集型行业显著。上游外资企业本土化对劳动密集型行业本土企业技术创新的影响显著为负;下游外资企业本土化则在5%统计水平下促进劳动密集型行业企业的技术创新。

表5-6 不同行业企业分样本回归检验结果

变量名称	区分要素密集度		区分技术类型			
	资本密集型行业	劳动密集型行业	资源型行业	低技术行业	中技术行业	高技术行业
$back$	0.5894* (0.3226)	0.2651** (0.1037)	-0.113 (0.078)	0.082 (0.067)	0.322* (0.177)	1.776*** (0.151)
for	-0.0652 (0.1554)	-0.2292*** (0.0678)	-0.006 (0.043)	-0.036 (0.024)	-0.126*** (0.047)	-0.370*** (0.055)
$fdiratio$	-0.3922** (0.1455)	0.0507 (0.1325)	0.930*** (0.064)	-0.023 (0.029)	0.278*** (0.067)	-0.383*** (0.061)
其他变量	控制	控制	控制	控制	控制	控制
企业固定效应	控制	控制	控制	控制	控制	控制
年份固定效应	控制	控制	控制	控制	控制	控制
观测值(个)	429 034	1 150 761	413 059	666 991	390 175	184 706

注:括号中为标准误差,上标 * 表示 $p<0.10$,** 表示 $p<0.05$,*** 表示 $p<0.01$。

根据本章第一节中的现状分析，我们可以看出不同技术类型行业的外资企业本土化的表现不同。我们将行业分为资源类行业、低技术行业、中技术行业和高技术行业，并对其进行分样本检验，结果见表5-6后四列。从回归结果来看，不论是上游外资企业本土化还是下游外资企业本土化，其对资源类行业和低技术行业本土企业技术创新都没有显著影响。本行业外资企业本土化对资源类行业技术创新的效果明显，而低技术行业外资企业本土化对本土企业技术创新的作用不显著。中技术行业外资企业本土化可以显著促进本行业本土企业的技术创新。上游外资企业本土化对中技术行业企业技术创新具有显著抑制作用，估计系数为－0.126，估计结果通过1%统计水平检验。下游外资企业本土化则对中技术行业企业技术创新具有正向作用，估计结果通过10%统计水平检验。就高技术行业而言，本行业外资企业本土化会显著抑制本土企业技术创新。这主要是因为高技术行业本土企业的比较优势较弱，与外资企业竞争过程中技术差距较大，外资企业本土化的挤出效应比较明显。上游外资企业本土化同样不利于高技术行业本土企业技术创新，但下游外资企业本土化则会显著促进高技术行业本土企业的技术创新，其估计系数为1.776，估计结果通过1%统计水平检验。从分技术行业的结果来看，下游外资企业本土化对本土企业技术创新的促进作用主要发生在中高技术行业，这是因为这些行业价值链条比较长且分工较精细，下游外资企业在本土化生产中对本土零部件和中间产品的要求较高，从而促进本土企业的技术进步。

3. 企业类型异质性检验

我们将本土企业分为民营企业和国有企业，对式(5-1)进行检验，检验结果见表5-7。外资企业本土化对行业内民营企业和国有企业技术创新的作用在显著性和作用方向上没有太大区别。但是从各变量系数估计结果来看，下游外资企业本土化对企业技术创新的促进作用和上游外资企业本土化的抑制作用在国有企业方面表现得更明显。我们更关心外资企业本土化对出口企业的影响，表5-7中呈现了出口企业和非出口企业样本的回归结果。从估计结果来看，下游外资企业本土化对出口企业技术创新的促进作用显著大于非出口企业。上游外资企业本土化对出口企业技术创新的抑制作用更大。外资企业本土化对本行业非出口企业技术创新的挤出效应在10%统计水平下显著，但对出口企业作用不显著。

表 5-7　企业类型异质性检验结果

变量名称	民营企业	国有企业	出口企业	非出口企业
$back$	0.305 6**	0.452 3**	1.077***	0.601***
	(0.035)	(0.136 3)	(0.207 2)	(0.114)
for	−0.210 7***	−0.306 7***	−0.761***	−0.285***
	(0.015)	(0.078 9)	(0.094 3)	(0.047)
$fdiratio$	−0.048 7	−0.115 9	0.098	−0.037*
	(0.021)	(0.136 9)	(0.128 9)	(0.062)
其他变量	控制	控制	控制	控制
企业固定效应	控制	控制	控制	控制
年份固定效应	控制	控制	控制	控制
观测值（个）	1 936 994	161 226	364 126	1 553 388

注：括号中为标准误差，上标**表示 $p<0.05$，***表示 $p<0.01$。

本节我们对外资企业本土化对中国本土企业技术创新的影响进行了检验。我们的研究发现，外资企业本土化对中国企业技术创新的促进作用主要通过产业关联效应的间接效应实现。上游外资企业本土化会显著抑制本土企业技术创新，这一结论在分样本回归和稳健性检验中都非常显著。下游外资企业本土化会显著促进本土企业技术创新，但作用效果在行业间存在较大异质性。下游外资企业本土化对劳动力密集型行业企业技术创新的作用更强。分技术类型来看，下游外资企业本土主要对中高技术行业企业技术创新具有正向作用，对高技术行业企业技术创新作用更大；就企业类型来看，下游外资企业本土化对国有企业和出口企业技术创新的促进作用更强。

第三节　外资企业本土化促进本土企业技术创新的典型案例

本节我们以梅赛德斯-奔驰集团股份公司在中国的实践为例，分析本土企业在外资企业本土化中通过模仿创新实现联合创新和自主创新的可行性。

一、梅赛德斯-奔驰集团简介与其在中国的发展历程

（一）梅赛德斯-奔驰集团简介

梅赛德斯-奔驰集团股份公司前身是戴姆勒公司，总部位于德国，是世界上最大的商用车制造商，以及全球第一大豪华车生产商和第二大卡车生产商。2022年2月，戴姆勒公司正式更名为梅赛德斯-奔驰集团股份公司。公司旗下的业务主要包括轿车、卡车、客车、厢式车制造及金融业务等。

作为汽车制造商，梅赛德斯-奔驰集团股份公司一直注重研发，并在技术和质量方面设置了严格的标准。梅赛德斯-奔驰集团股份公司向市场提供一百多款不同类型的车型，几乎涵盖所有豪华车细分市场。梅赛德斯-奔驰集团股份公司拥有许多世界著名的汽车品牌，比如乘用车领域的"梅赛德斯-奔驰""Smart""迈巴赫"；载货车领域的"福莱纳""西星""扶桑"，以及客车领域的"赛特拉""Thomas Built"等。梅赛德斯-奔驰集团股份公司很早就开始实施国际化战略。早在1935年，梅赛德斯-奔驰集团的出口额已达到2.44亿马克。1950年，梅赛德斯-奔驰集团股份公司在阿根廷首都布宜诺斯艾利斯建立阿根廷梅赛德斯-奔驰有限公司。1969年，梅赛德斯-奔驰集团股份公司收购法国索菲德尔集团大部分股份，扩大在法国的销售网络。目前，梅赛德斯-奔驰集团股份公司在全世界171个国家或地区内设有维修点，雇员超过7万人。根据Wind数据，梅赛德斯-奔驰集团股份公司全球2022年汽车总销售量为204.39万辆，占全球汽车总销售量8 163万辆的2.5%。2023年，《财富》杂志公布的世界500强企业名单中，梅赛德斯-奔驰排名第47位。

（二）梅赛德斯-奔驰在中国的发展历程

梅赛德斯-奔驰集团股份公司早在20世纪80年代就在中国发展业务。1986年，梅赛德斯-奔驰中国有限公司成立，总部设在中国香港。1996年，梅赛德斯-奔驰集团股份公司在与克莱斯勒汽车公司的竞争中获得南方MPV（Multi Purpose Vehicle，多用途车）项目。1997年，梅赛德斯-奔驰集团股份公司CEO施伦普访问中国，与时任国务院总理李鹏会晤，表示公司会扩大亚洲和中国的业务。梅赛德斯-奔驰是第一家直接向中国发出明确合作信号的跨国汽

车公司。

随着中国人均收入的上升,中国家庭对轿车和各类其他汽车的需求也在上升。加入WTO后,中国市场化程度和贸易自由化程度不断上升,国外汽车企业尤其是高端汽车企业纷纷加大对中国的投资。2005年,中国汽车销售量为575.8万辆,占全球市场份额的8.73%。2022年,中国汽车销售量上升到2 686.4万辆,占全球份额的32.91%,见图5-5。中国市场成为世界各大汽车制造商必争之地。

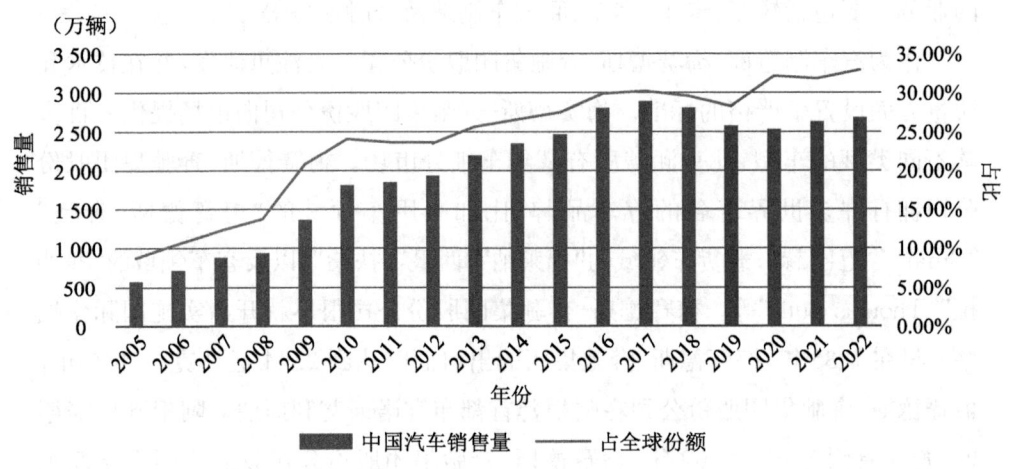

图 5-5 中国汽车销售量和占全球份额占比

数据来源:Wind数据库。

梅赛德斯-奔驰集团股份公司是最早投资中国大陆的豪华汽车制造商之一。2001年,梅赛德斯-奔驰东北亚投资有限公司成立,总部位于北京。这是梅赛德斯-奔驰在中国成立的第一家子公司,其主要业务范围为卡车、特种车进口。2003年,梅赛德斯-奔驰集团股份公司与北京汽车股份有限公司签订战略框架合作协议,并且将其作为重点的合作伙伴。2005年,梅赛德斯-奔驰股份公司、梅赛德斯-奔驰大中华区投资有限公司与北京汽车股份有限公司共同投资成立北京奔驰汽车有限公司。其主要的业务是研发汽车发动机以及整车的生产和销售等相关业务,这是梅赛德斯-奔驰首个德国本土以外的发动机研发企业(张媛瑞,2018)。随后,梅赛德斯-奔驰还先后在中国成立了梅赛德斯-奔驰(中国)汽车销售有限公司和梅赛德斯-奔驰汽车金融服务有限公司分别开展中国地区汽车的进口、销售、汽车金融等服务。2007年,梅赛德斯-奔驰与福建省汽车工业集团有限公司共同建立合资公司福建奔驰汽车有限公司,双方股比皆为50%。福建奔驰汽车有限公司主要生产的产品为奔驰的"NCV2""NCV3"多功能轻型汽车。福建奔驰汽车有限公司是梅赛德斯-奔驰集团在亚太地区唯一的商务车生产基地。2010年,梅赛德斯-奔驰东北亚公司和比亚迪公司签署合同,在中国成立合资企业,双方各占一半股权,以技术开发作为合资基础,并于2012年发布"腾势"品牌汽车。

2012年,梅赛德斯-奔驰东北亚公司与北汽集团宣布以50∶50的股份比例成立新的合资公司,该公司统一负责奔驰汽车在中国的进口和销售。梅赛德斯-奔驰集团在2012—2016年在中国又先后成立了梅赛德斯-奔驰租赁有限公司、戴姆勒卡客车(中国)有限公司、梅赛德斯-奔驰出行技术服务有限公司与梅赛德斯-奔驰零部件制造服务有限公司。

2017年开始,梅赛德斯-奔驰集团开始进军电动汽车和无人驾驶市场,并在2017年成立戴姆勒(中国)创新科技有限公司。2019年,梅赛德斯-奔驰集团又与吉利汽车公司以50∶50的股份比例合资成立智马达汽车有限公司和蔚星科技有限公司,专注于电动车和商务车技术的研发,同年还成立了梅赛德斯-奔驰商用车投资有限公司及保险代理(北京)有限公司。2021年,集团梅赛德斯-奔驰集团股份公司在北京成立研发中心,2022年在上海成立研发中心,2023年成立数字技术有限公司,详见表5-8。

进入中国市场以来,梅赛德斯-奔驰与中国行业领袖、科技公司、初创企业以及知名学府都建立了互信共赢的合作。梅赛德斯-奔驰集团在中国持续深化本土化布局,已在中国市场构建了覆盖研发、采购、生产销售、售后和汽车金融服务在内的汽车全产业链。

表5-8 梅赛德斯-奔驰在华全资子公司和主要合资公司

全资子公司			
年份	公司名称	公司选址	业务范围
2001	戴姆勒大中华区投资有限公司	北京	进口卡车、特种车销售
2005	梅赛德斯-奔驰(中国)汽车销售有限公司	北京	梅赛德斯-奔驰、迈巴赫和精灵品牌进口乘用车销售

(续表)

年份	公司名称	公司选址	业务范围
2005	梅赛德斯-奔驰汽车金融有限公司	北京	汽车金融、租赁及相关服务
2008	戴姆勒东北亚零部件贸易服务有限公司	北京	采购、运输
2012	梅赛德斯-奔驰租赁有限公司	北京	汽车金融、租赁及相关服务
2013	戴姆勒卡客车(中国)有限公司	北京	卡客车、零部件的进口和批发
2015	梅赛德斯-奔驰出行技术服务有限公司	北京	技术开发、技术转让、汽车租赁
2015	梅赛德斯-奔驰零部件制造服务有限公司	上海	零部件制造
2017	梅赛德斯-奔驰(中国)创新科技有限公司	北京	技术研发
2019	梅赛德斯-奔驰(中国)商用车投资有限公司	北京	原材料、零部件的进口和批发
2019	梅赛德斯-奔驰保险代理(北京)有限公司	北京	车险、汽车金融
2021	梅赛德斯-奔驰北京研发中心	北京	技术研发
2022	梅赛德斯-奔驰上海研发中心	上海	技术研发
2023	梅赛德斯-奔驰(上海)数字技术有限公司	上海	人工智能应用软件开发
主要合资公司			
2005	北京奔驰汽车有限公司	北京	奔驰E级、C级和GLK系列等销售
2007	福建奔驰汽车有限公司	福州	V级车、凌特房车等销售
2010	深圳腾势新能源汽车有限公司	深圳	新能源汽车销售
2012	北京梅赛德斯-奔驰销售服务有限公司	北京	市场营销、销售、售后服务、网络发展等
2019	智马达汽车有限公司	宁波	技术开发、技术许可与转让等
2019	蔚星科技有限公司	杭州	奔驰S级、E级轿车,V级商务车等销售

资料来源：梅赛德斯-奔驰集团公司官网。

二、梅赛德斯-奔驰集团在中国的本土化表现

（一）销售本土化

梅赛德斯-奔驰集团进入中国市场之后，其在国内市场销量逐年增加。目前，中国市场已经成为梅赛德斯-奔驰集团全球最大单一市场。2008年，梅赛德斯-奔驰集团在中国的全年销售量只有3.8万辆，到2012年已经上升到

21万辆。2020年,梅赛德斯-奔驰集团在中国的年销售量为77.4万辆,是2008年的20倍。2022年,梅赛德斯-奔驰集团在中国销售量为75.2万辆,占奔驰集团全球销量的36.78%,详见图5-6。

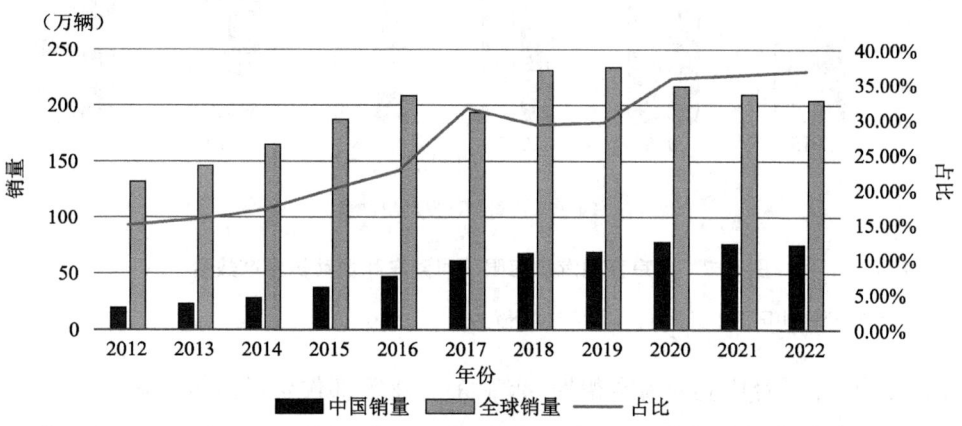

图5-6　2012—2022年梅赛德斯-奔驰在中国和全球年销售量及占比

数据来源:Wind数据库。

(二) 生产本土化

本土生产是梅赛德斯-奔驰集团在中国可持续发展的核心支柱之一。自成立以来,北京奔驰汽车有限公司(以下简称北京奔驰)的生产规模和厂房都在不断扩大。2018年,梅赛德斯-奔驰集团与北京汽车股份有限公司共同投资超过人民币119亿元,将北京奔驰打造为新豪华车生产基地。当前,北京奔驰已经成为梅赛德斯-奔驰集团在全球主要的生产中心。《中国汽车市场年鉴》显示,2005年北京奔驰所生产的奔驰汽车共912辆,到2020年上升到60多万辆;其生产的产品系列也在不断扩充,2005年北京奔驰以生产奔驰2.0系列汽车为主,后续扩张到奔驰E系列和C系列轿车,到2020年北京奔驰生产的奔驰产品系列包括奔驰E系列、C系列、GLC系列、GLA系列、GLB系列、奔驰A系列和EQC纯电SUV。北京奔驰汽车有限公司是梅赛德斯-奔驰集团除了德国母国生产基地以外最大的整车生产工厂和发动机的主要生产基地。其生产的发动机不仅供应北京奔驰的整车生产,还出口其他国家或地区。图5-7为北京奔驰汽车有限公司整车和发动机生产数量。

梅赛德斯-奔驰集团生产本土化的第二个表现是零部件和中间产品本土

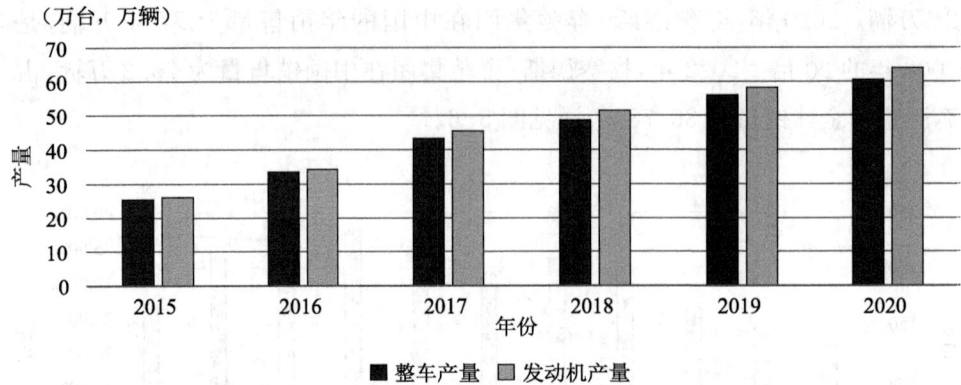

图5-7 北京奔驰汽车有限公司整车和发动机生产数量

资料来源：中国汽车工业协会，华经产业研究院。

化。2008年4月成立的梅赛德斯-奔驰东北亚零部件贸易服务有限公司是梅赛德斯-奔驰集团的采购中心，负责对各中间品和零部件的采购业务，其业务涵盖梅赛德斯-奔驰集团所有车型，其汽车零部件采购及售后服务体系遍布中国。随着本土汽车产业的发展，中国汽车零部件和中间品的质量和规模都大幅度上升，奔驰汽车的零部件和中间产品本土化采购率也在不断上升。截至2018年，北京奔驰的零部件供应商本土化率已超过50%，梅赛德斯-奔驰集团未来的目标是将零部件供应商本土化率继续提高至60%至70%。

（三）研发本土化

2006年，梅赛德斯-奔驰集团首次将中国纳入其全球研发网络，对奔驰E级轿车（W211）进行国产化研究。2009年，梅赛德斯-奔驰集团成为首家在华建立高级设计中心的德国豪华车制造商。2012年，梅赛德斯-奔驰集团和清华大学共同成立"可持续交通联合研究中心"，针对中国路面车辆安全和交通信息系统进行深入研究，以期结合梅赛德斯-奔驰集团在车辆方面的创新，设计出更加适合中国路况的车辆。2013年，福建奔驰汽车有限公司成立研发中心。2014年，全新梅赛德斯-奔驰的乘用车研发中心在北京开始运作，该中心拥有超过1 000人的研发团队，主要探寻基于中国审美的造车灵感。北京梅赛德斯-奔驰研发中心成为梅赛德斯-奔驰集团除德国、美国、印度和日本四处高级研发中心之外的另一个高端研发中心。该中心拥有国产化支持团队及研发和动力测试团队，法规事务和知识产权部门，车载智能互联、信息娱乐系统团队，趋势、竞争情报部门、商业创新部门、梅赛德斯-奔驰高级设计中心六大部门，它被视为德国研发总部的缩小版。2021年，梅赛德斯-奔驰集团投资11亿元人民币建立中国研发技术中心，这是其在北京建立的第二个重要的研发机构，该中心首次将研究、工程开发、模拟和道路测试等各部门聚合一处。梅赛德斯-奔驰中国研发技术中心总建筑面积达5.5万平方米，采用一体化园区概念，汇集办公楼和测试楼，包含先进的测试试验室、测试车间、物流区域和测试车辆专用停车场。2022年成立的梅赛德斯-奔驰上海研发中心则主要从事自动驾驶和智能网络及技术的研发。

梅赛德斯-奔驰中国研发技术中心主要针对中国消费者的偏好和满意度，对旗下各类产品进行深度开发，在产品设计中更多地考虑中国元素，保证奔驰乘用车适合中国消费者需求。在汽车外观原设计方面，梅赛德斯-奔驰的研发团队会较多地运用中国人所喜爱的本土化色彩，将茶文化与轿车设计相结合，为消费者带来更加贴合本土化需求的享受。深入的研发本土化是梅赛德斯-奔驰旗下产品能在中国销量一直领先的根本。

（四）管理与人员本土化

梅赛德斯-奔驰集团不仅在工厂建设、零部件采购等方面推进本土化发展战略，同时也将管理与人员本土化作为企业发展战略的重点。梅赛德斯-奔驰集团的制造工人主要以中国员工为主，其研发人员和销售人员也以本土员工为主。人才本土化不仅可以减少经营成本，同时也有利于提升中国职员的积极性。以2014年成立的梅赛德斯-奔驰乘用车中国研发中心为例，该研发中心80%的工作人员是本土人才，其余专家人员来自12个国家和地区。过去，跨国公司在国内的高管基本上都由总部委派，类似销售、市场这样的关键岗位一般都被外籍人士占据，即便有华人管理者，也是在跨国公司母国成长起来的外籍华人，或者是我国港台地区职业经理人。梅赛德斯-奔驰中国销售公司一开始就从国内成熟的企业中挖取有经验的本土职业经理人，并且把销售、市场、公关以及一些区域大权交给这些本土职业经理人。从2010年起，梅赛德斯-奔驰集团开始了中国籍副总裁的培养计划。为了衔接中国本土人员与德国员工之间的文化交流，梅赛德斯-奔驰中国公司不仅将高级人员送到国外学习MBA课程，培养其前瞻性的战略思维，还用国学与西方哲学强化个人修养，使其能够通过东西方文化的不同角度对待管理问题。每年,梅赛德斯-奔驰北京公司还会送近百名工人到德国培训,以提高生产技能,并深入接触梅赛德斯-奔驰文化。

三、梅赛德斯-奔驰集团本土化对中国汽车企业技术创新的影响

梅赛德斯-奔驰集团的自主研发能力是其在中国发展的一大优势。经过数十年的发展,梅赛德斯-奔驰集团凭借其创新能力和本土化的设计能力,不断提高其在中国市场中的份额。随着海外品牌汽车企业制造本土化的推进,中国汽车产业链各企业总体生产效率和产品品质得以大幅度提升。一方面,随着国外品牌汽车制造本土化,这些品牌制造商通过示范效应、竞争效应促进本土汽车制造企业不断学习和模仿创新;另一方面,通过上下游产业链关联效应,外资汽车制造企业本土化促进了中国汽车零部件和中间产品的创新,中国企业制造企业直接从中获益。随着本土企业制造能力和研发能力的提升,梅赛德斯-奔驰集团越来越多地与国内汽车制造商进行联合创新。

(一)梅赛德斯-奔驰集团本土化对中国汽车企业的直接技术溢出效应

首先,随着梅赛德斯-奔驰集团本土化的不断推进,其生产成本大幅度下降。与奔驰相类似的宝马、奥迪等品牌汽车企业都在不断本土化过程中降低成本,增强对终端消费者的吸引力。成本的下降使得外资高端品牌企业在中国市场的销售价格持续下降。这对一直专注于中低端消费的本土企业品牌造成巨大压力,迫使它们不得不进行技术创新和技术改进。

其次,梅赛德斯-奔驰集团在本土制造过程中,带来了德国本部先进的生产技术、研发水平、管理制度等,本土同行业的企业可以通过直观学习和模仿来提高自身的生产率。以专业化人员培训为例,梅赛德斯-奔驰集团在2011年与北京电子科技职业学院汽车工程学院合作,开创"奔驰实验班"。"奔驰实验班"采用北京电子科技职业学院汽车工程学院结合德国职教模式开发出的新型教学法——基于车间学习(learning base on workshop, LBW)教学法。这一合作为北京奔驰汽车有限公司的员工提供了职业学历教育和职业培训。职业学历教育按照"奔驰实验班"模式运作,为北京奔驰汽车有限公司培养技术人才,职业培训主要是培训在岗工人。截至2010年,"奔驰实验班"已培养了600多名人才。"奔驰实验班"学生在学习期间就已经熟悉公司的工作岗位,就业后能很快

上岗熟练工作,缩短适应期。

最后,作为全球知名车企,梅赛德斯-奔驰集团的高管也出席相关的论坛和接产业相关的采访。在这个过程中,他们向本土汽车行业的从业者输出观点及梅赛德斯-奔驰集团内部的价值观。对于汽车行业的从业者来说,这也是一个学习的过程。在汽车市场中,本土的汽车企业更愿意出高薪招聘来自外资公司核心技术部门的员工,这些员工带来的先进管理经验和技术可以直接提升本土企业的研发能力和管理水平。

(二)梅赛德斯-奔驰集团本土化的产业关联溢出效应

对于供应商的选择,梅赛德斯-奔驰集团有规范流程和标准,对于零部件的采购也有严格的采购标准和流程,详见图5-8。

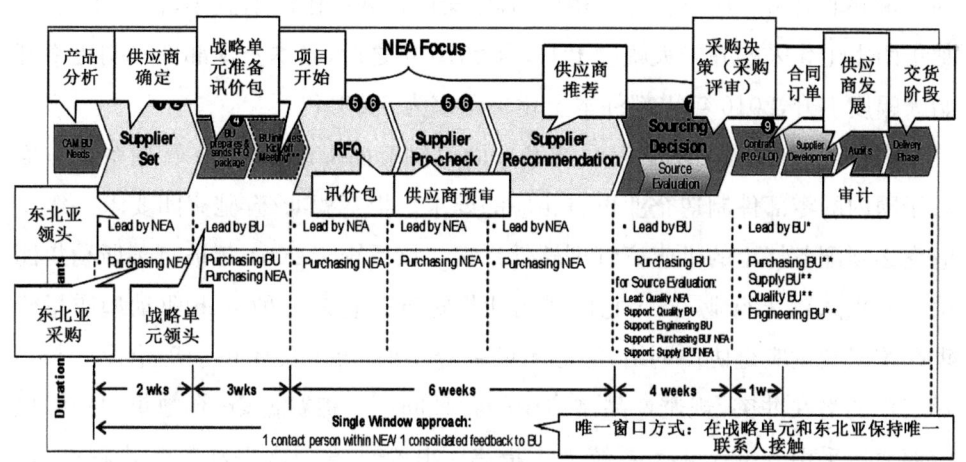

图5-8 梅赛德斯-奔驰集团零部件采购流程

资料来源:梅赛德斯-奔驰(中国)投资有限公司东北亚采购中心。

梅赛德斯-奔驰集团在选择中间产品和采购零部件时,按照以下步骤进行:第一步,根据商品特性和需求进行标准分析,圈画潜在供应商名单。第二步,采购中心的人员与潜在供应商通过电话、邮件或传真等方面进行联系,确定供应商的基本信息。第三步,项目经理根据车型和技术的需要,针对不同的零件组合,按照全球各地不同供应商的特点和比较优势把询价发给最合适的地区潜在供应商。第四步,供应商的预评审。在此过程中,梅赛德斯-奔驰集团把零件图纸发给供应商,并让供应商提供生产出来的样件,以检验其制造工艺能否达到要求。合格的供应商需要通过质量、财务等多方面的评审,相应的评审的任务由采购中心的质量部门负责,工程师、质量人员和采购员一起为评审任务提供全力支持。第五步,供应商推荐和采购决策。梅赛德斯-奔驰集团对供应商的评审是非常严格的,不仅要求其产品达到标准,同时要求其技术条件和管理与梅赛德斯-奔驰相匹配。梅赛德斯-奔驰集团在中国的供应商一般都是成立年限较长的民营企业,有一定的技术基础,且注册资本较高,多为1 000万元以上,企业规模经济较明显。

为培养长期合作关系,一般在确定其供应商尤其是一级供应商之后,梅赛德斯-奔驰集团会根据其产品研发情况以及整车产品需求更新情况,对供应商进行相应的技术培训。对于国内零部件供应商而言,达到梅赛德斯-奔驰集团的要求并非易事。所以在梅赛德斯-奔驰集团进入中国的前五年,梅赛德斯-奔驰集团本土化采购并未大幅度上升,自2010年之后,其本土零部件采购比率开始大幅度上升,2016年零部件本土化采购率为67.3%。

梅赛德斯-奔驰集团不仅在技术方面对供应商提出要求,在管理系统方面对于国内的零部件制造企业也有相应的要求。梅赛德斯-奔驰集团要求一级供应商必须配备特定的供应商管理软件系统。该系统于2001年被克莱斯勒集团第一次引入汽车行业,如今它已成为业界标准。它是一种web驱动型质量管理系统以及供应链协作网络,能够帮助梅赛德斯-奔驰集团识别理论设计与实际工程的潜在冲突,规避产品制造中的各种问题。梅赛德斯-奔驰集团一级供应商通过采用power way系统大大提高了其企业管理水平和数字化程度,从而提升了生产效率。

梅赛德斯-奔驰集团零部件和中间产品本土化率的上升,直接提升了本土汽车零部件和中间产品生产的技术水平和效率,而下游本土汽车制造商也成为直接受益者,因其上游供应商往往也是国内汽车企业的供应商。汽车的零部件可以分成四类:发动机类零部件、底盘类零部件、车身相关零部件和汽车电器类零部件。根据中国供应商网络的信息,梅赛德斯-奔驰集团公司在中国的供应商一共有660多家,本土民营企业供应商占比为77%左右。在汽车四大类零部件供应商中,梅赛德斯-奔驰集团公司的供应商也是很多本土汽车品牌零部件的来源方。图5-9列出了梅赛德斯-奔驰集团主要零部件供应商所服务的本土汽车制造商情况。

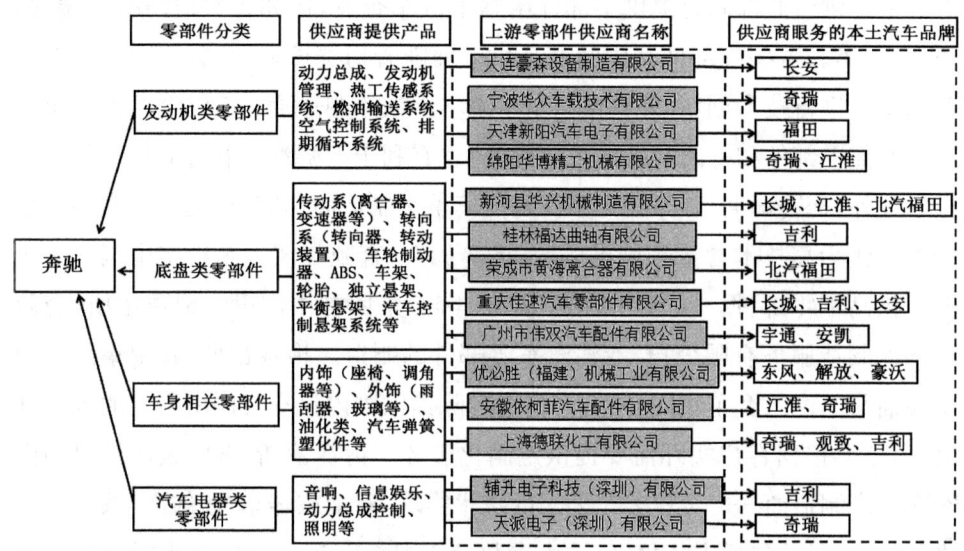

图 5-9　梅赛德斯-奔驰集团零部件本土代表供应商情况

资料来源：根据中国供应商网络（www.china.cn）数据整理得到。

以发动机类零部件为例，梅赛德斯-奔驰集团发动机类零部件的供应商有大连豪森设备制造有限公司、宁波华众车载技术有限公司、天津新阳汽车电子有限公司、绵阳划拨精工机械有限公司等。这些本土供应商在跟梅赛德斯-奔驰集团的合作过程中，其技术水平和研发能力都有所提升。大连豪森设备制造有限公司为北京奔驰公司提供发动机装配线、变速箱装配线、新能源装配测试领域、白车身焊装线等。截至 2020 年 12 月 31 日，豪森公司拥有发明专利 11 项、实用新型 79 项，系统掌握包括智能柔性装配单元技术、MES 系统技术、在线测量测试技术、多机型柔性可配置的自动控制技术、多机型机器人柔性拧紧技术、EOL 测试台架等一系列核心技术。大连豪森设备制造有限公司也是长安汽车集团的主要零部件供应商。天津新阳汽车电子技术研发公司在与奔驰公司为代表的国外汽车品牌企业合作过程中，已经拥有一支由资深技术专家组成的点火线圈研发团队，依托燃气机点火线圈、汽油机点火线圈、阻燃高压线、绝缘胶套等四大系列产品，成为国内外汽车电喷系统电子部件的知名制造商和供应商，已累计拥有完全自主知识产权的专利项目 70 余项。除了发动机零部件,梅赛德斯-奔驰集团的底盘类零部件、车身相关零部件、汽车电器类零部件上游供应商都同时提供零部件给本土汽车企业,比如吉利、长安、奇瑞、福田、江淮等。这些零部件和中间产品供应商随着梅赛德斯-奔驰集团的研发推新而不断进行技术创新,并直接惠及下游本土汽车制造商:不仅降低了本土汽车制造商零部件和中间产品的成本,同时也有利于下游汽车制造商技术创新。

此外,梅赛德斯-奔驰集团不仅是汽车整车制造商,同时也是汽车零部件生产商。作为高技术含量领域供应商,梅赛德斯-奔驰集团也为很多中国本土企业提供高端零部件。2015 年,梅赛德斯-奔驰集团在中国设立梅赛德斯-奔驰零部件制造服务有限公司,专注汽车零部件的制造。梅赛德斯-奔驰集团作为供应商与国内的客车集团合作,合作内容除提供国内汽车集团所需要的零部件之外,还会根据客户实际需要提供定制化服务。梅赛德斯-奔驰集团针对国内客车生产制造商——金旅客车公司的技术需求,对金旅客车"领航者"系列客车进行技术开发,包括安装角度、技术参数及工况标定等。金旅客车"领航者"项目由金旅客车和梅赛德斯-奔驰集团的技术人员一同来完成,梅赛德斯-奔驰集团的后期深度参与了包括安装评审在内的工作,提供专门的定制化服务,从而显著促进了金旅客车品质的提升。

梅赛德斯-奔驰集团在中国的本土化不仅通过竞争效应、示范效应等直接促进了本土汽车企业技术创新,而且通过上下游企业关联效应间接提升了本土企业模仿创新能力和自主创新能力。随着本土汽车制造水平和研发能力的提升,梅赛德斯-奔驰集团已开始联合本土汽车企业进行协同研发或联合开发。

(三) 梅赛德斯-奔驰集团与本土企业的联合研发

随着国外品牌汽车尤其是高端品牌汽车企业本土化制造比率和本土化零部件采购比率的上升,本土汽车行业整体创新能力也在大幅度提升,外资品牌开始与中国本土企业进行联合研发创新。

以梅赛德斯-奔驰集团为例,2010 年,梅赛德斯-奔驰集团和比亚迪公司合资成立深圳腾势新能源汽车有限公司,专注新能源汽车研发。2012 年,腾势新能源汽车有限公司发布"腾势(DENZA)"品牌汽车;2014 年,"腾势"首款电动汽车上市;2019 年,全新腾势概念车 Concept X 以及纯电 SUV 和全新"腾势 X"插电式混动 SUV 正式上市。2018 年,浙江吉利控股集团通过旗下海外企业收购梅赛德斯-奔驰集团9.69%具有表决权的股份。2019年,梅赛德斯-奔驰与吉利集团合资成立智马达汽车有限公司,主打将"smart"打造成为全球领先的高端电动智能汽车品牌。"smart"的新车型由梅赛德斯奔驰的全球设计部门设计,吉利集团全球研发中心负责工程研发和在中国的生产,2022年"smart"新车投放市场。梅赛德斯-奔驰集团与吉利集团合资的蔚星科技有限公司则主要专注于"耀出行"平台的研发、设计和推广。随着新能源车的推广,梅赛德斯-奔驰不仅在整车上与中国汽车企业合作,而且在零部件业务上也在不断寻求与本土企业的联合研发。2020年,奔驰公司与宁德时代合作,共同开发高新电池技术,并将宁德时代作为奔驰的头部供应商,以保障奔驰EQ系列电动车电池的供应。

纵观世界汽车发展史,后发的汽车制造企业基本都是从模仿创新开始的,其中以日本和韩国汽车制造企业最为典型(郭文强,2009;卢锐,2005)。中国汽车工业在改革开放以后主要也是走模仿创新之路,只不过在此过程中国内各企业模仿的程度不同,从模仿到自主创新的路径存在差别,从而导致本土汽车企业的市场表现不同。本土市场需求的上升导致外资汽车品牌国产化率不断上升,国内市场竞争加剧迫使他们为降低成本而增加本土中间品采购。外资汽车尤其是高端品牌汽车制造的本土化,为中国汽车企业模仿创新提供了更多的机会和条件。而且随着外资零部件采购的本土化,中国汽车整个产业链上各环节的制造和创新能力也在提升。在模仿创新过程中成长起来的中国汽车企业,如长城、奇瑞、比亚迪、吉利等,在国内销量大幅上升的同时,其自主创新能力也在提升,尤其在新能源车的制造和研发上已经形成一定优势。这些本土化的优势成为这些企业与国际汽车制造商进行联合创新的基础,中国汽车工业已经开始由模仿创新向自主创新与联合创新转型。盛亚和蒋瑶(2010)专门就吉利汽车的创新路径进行了研究,并指出模仿创新是中国汽车企业成长过程中的合理选择。该研究把吉利汽车的成功归结于在模仿产品的基础上不断储备人才,通过扩大销售规模获取更多研发资本,在模仿中不断提升产品创新能力,最终实现自主创新,并成为梅赛德斯-奔驰集团的联合研发合作者。

第四节 从模仿创新到联合创新路径实施的政策建议

改革开放以来,大量外资进入中国市场,极大地助力中国经济发展。历经四十多年发展,外资企业在中国的生产经营模式逐渐趋于本土化,越来越重视中国市场,而不是仅视中国为生产基地。外资企业在中国本土的销售比重和本土化生产率都在不断上升。本章我们在对外资企业本土化典型事实描述的基础上,试图厘清外资企业本土化对中国出口企业技术创新的影响机制,并利用企业层面数据进行检验;最后通过梅赛德斯-奔驰集团在中国本土化进程为典型案例,探讨在这个过程中本土制造企业从模仿创新到联合创新的路径可行性。

通过本章的分析,我们发现:首先,外资企业本土化会通过示范效应、竞争和挤出效应等直接对本土出口企业的技术创新起作用,同时也会通过上下游企业的关联效应间接影响本土企业的技术创新水平。其次,外资本土化对企业创新的影响效果在地区之间、行业之间存在差异性。外资本土化对于东部地区企业的技术创新影响更为显著;对于资本密集型行业来说,下游外资企业本土化对本土企业创新的促进作用更明显。就行业技术类型来看,外资企业本土化对中技术行业的示范效应和技术溢出效应非常显著;而下游外资企业本土化对中高技术行业尤其是高技术行业本土企业的技术创新具有显著促进作用。

结合梅赛德斯-奔驰集团中国本土化案例,我们认为,中国出口企业借助外资企业本土化,立足中国本土市场,从模仿创新到联合创新和自主创新是可行的。从实证结果来看,从模仿创新到联合创新的路径更适合于产业链条较长的中高技术行业企业,因外资企业本土化更多的是通过上下游的垂直技术溢出作用实现的。但这一路径的实现取决于本土企业的模仿学习能力,以及外资企业的质量和外资企业本土化规模等,即需要各方齐心协力、多措并举。我们的具体建议有以下几点。

第一,有关部门继续提升知识产权保护水平,改善营商环境。为最大化地发挥外资企业本土化对中国企业创新水平的正向促进作用,实现各区域协调发展,我们需要创造一个良好有序的国内营商环境,优化要素配置结构,提高资源利用率,为吸收优质外资提供良好基础。一方面,立法及监管部门应当进一步完善知识产权保护制度,以保障创新企业的基本权益,同时应建立合理的创新激励机制,大力鼓励和支持外资企业与本土企业的联合创新。另一方面,我们应继续提升内陆地区的基础设施建设水平,因地制宜地发展地区特色性配套设施,从而优化要素配置结构,有针对性地提高资源利用率,吸引大量的外资企业进入中国市场,同时在一定程度上引导部分外资企业深入内陆地区。这样既可以缓解东部发达地区资源过度集中所引致的行业"内卷",又可以为内陆欠发达地区的本土企业提供自主创新所需的技术示范和人力资源供应,最终助力全国各区域协调发展。

第二,各地政府在引进外资企业时,应设置合理的外资企业引进门槛,不能一味追求引进外资企业的数量,而应着重提升外资企业的引进质量。在中高技术行业中,以高端制造商为代表的重点行业跨国公司的本土化不仅能够促进本土企业通过产业关联效应提高创新水平,还能够有效弥补产业结构中的短板。因此,地方政府应在外资企业引进时设定合理的筛选机制,更多地引进以服务国内市场为主要目的的高水平制造企业;在行业分布上,更多引进中高技术行业外资企业。

第三,本土企业要借助外资企业本土化实现联合创新,需不断提升自身模仿能力和创新能力。本土企业应大力引进优质的专业技术人才,重视人力资源的前期积累,以提高对国外先进技术的学习和模仿能力,最大化地利用外资企业本土化的技术溢出效应,并最终将其转化为本土企业自主创新的源动力。此外,本土企业还应加大研发投入,积极学习前沿技术,不断更新迭代生产技术,努力弥补与行业头部企业的技术差距,同时有效缩减挤出效应对自主创新的抑制作用。只有本土企业的学习能力和模仿能力得到有效增强,技术水平不断向前沿技术靠近,外资企业本土化的技术溢出效应才能得到更好的发挥。

第六章

出口转内销与企业技术创新：
从引进创新到自主创新

中国出口企业凭借低成本优势嵌入国际分工。在此过程中，中国形成了一批具有国际视野、产品优势明显、具有较高生产效率的出口企业。随着外需缩减和国内市场的崛起，这些高效率的出口企业短期内可以通过技术转型或中间产品引进成功实现转内销，中长期来看，应立足国内市场，构筑企业自身国内外价值链，借助国内国外两种资源实现自主创新。本章主要探讨出口企业通过出口转内销立足国内市场，实现技术创新路径的可行性。

第一节 中国企业出口转内销的典型事实

受经济发展条件以及贸易政策的影响，中国很多出口企业的产品并不在中国市场进行销售，大量的对外贸易企业都是直接对接国际市场。改革开放初期，中国人均收入较低，国内外市场需求偏好差异较大。1993年，中国就开始着力打通内外贸，实行内外贸融合，但恰逢中国处于出口高速增长期，出口企业更愿意服务于国外市场。2003年之后，中国政府开始重视出口转内销。2009年，广交会还开办了"出口商品内销对接会"专场。随着国际市场需求的下降，再加上国内市场需求规模的不断扩大，中央和各部委曾多次提出出口转内销。2020年4月15日，财政部联合多部门出台两项税收优惠政策：暂免征收加工贸易企业内销税款和扩大内销选择性征收关税试点。2020年，国务院政府工作报告提出："降低进出口合规成本，支持出口产品转内销。"在各种政策的鼓励下，中国出口企业转内销的比例和内销额都在不断上升。本部分我们采用工业企业数据库和海关数据库的匹配数据库,就 2000—2013 年中国出口转内销的一些典型事实进行描述。

一、出口转内销企业识别

基于工业企业数据库和海关数据库的匹配数据,我们通过对比出口企业的销售总产值(总销售额,sales)与工业企业数据库中出口交货值(出口额,ex_g)的大小,来确定出口企业类型:纯出口企业、出口转内销企业或出口又内销企业。这里,出口交货值的数据以工业企业数据库统计的数据为基准。这是因为海关数据库中的出口交货值(ex_h)以美元计价,工业企业数据库中的出口交货值以人民币计价,后者可以避免汇率转换引起的误差,另外海关数据库中的金额可能会存在因出口退税等原因引起的虚假成分(余淼杰等,2019)。考虑到工业企业数据库中数据统计上的遗漏或错误,故要求所有出口企业在工业企业数据库和海关数据库中的出口交货值都需大于零。在样本期内,如果一家出口企业的销售总产值和出口交货值一直相等,且海关统计的出口额大于零,我们称该企业为纯出口企业。如果一家企业在样本期内的 T 年之前其销售总产值与出口交货值相等,但 T 年开始其销售总产值大于出口交货值,T 年后其销售总产值一直大于出口交货值,同时海关数据库中该企业的出口额大于零,我们称这样的企业为出口转内销企业。T 年即为出口转内销企业的转内销年。如果在样本期内,一家出口企业的销售总产值一直大于出口交货值,我们称这类企业为出口又内销企业。纯出口企业、出口转内销企业和出口又内销企业的判定标准如表 6-1 所示。

表 6-1　出口转内销企业认定标准

企业类型	工业企业数据库中的数据			海关数据库中的数据
	T−n 年	T 年	T+n 年	各年
出口转内销企业	sales=ex_g>0	sales>ex_g>0	sales>ex_g>0	ex_h>0
纯出口企业	sales=ex_g>0	sales=ex_g>0	sales=ex_g>0	ex_h>0
出口又内销企业	sales>ex_g>0	sales>ex_g>0	sales>ex_g>0	ex_h>0

注:sales 表示企业工业销售总额,ex_g 表示工业企业数据库统计的企业出口交货值,ex_h 是根据海关数据库计算的出口企业出口金额。

二、出口转内销行为的典型事实

在对各种类型出口企业进行识别之后,我们首先对出口转内销企业和纯出口企业的一些基本信息进行对比。为了对比纯出口企业和出口转内销企业的基本情况,我们保留了在数据库中至少存活三年以上的出口企业。

(一)纯出口企业转内销比率呈上升趋势

2001—2012年至少存活三年以上的出口转内销企业总数为3 534个,存活三年以上的纯出口企业总数为22 228个,纯出口企业选择转内销的平均比例为13.84%。2001—2010年中国纯出口企业转内销的比率在波动中呈现上升趋势,2010年纯出口企业转内销的比率最高,这一年大概21.31%的纯出口企业选择转内销。2011年和2012年转内销企业的比率有所下降,但每年也有近10%的纯出口企业转向国内市场。从出口转内销企业数来看,2005年之后出口转内销的企业数明显增多,详见图6-1。

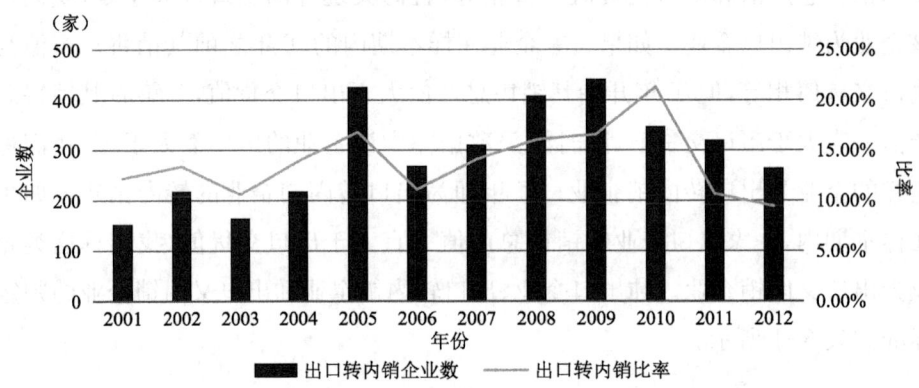

图6-1 中国出口转内销企业数与出口转内销比率(2001—2012年)

数据来源:根据工业企业库和海关数据库匹配数据计算得到。

(二)出口转内销企业生产率普遍较高

为了进一步了解什么样的出口企业选择出口转内销,我们对比了出口转内销企业和纯出口企业的企业规模、企业劳动生产率、企业年龄、企业利润率、企业总产值和企业出口交货值等相关指标。其中,企业规模用企业资产规模对数来衡量,企业劳动生产率用企业当年总产值与从业人员之比的对数值来表示,企业利润率用利润总额与工业销售产值的比值来衡量。从企业劳动生产率来看,出口转内销企业的劳动生产率平均为 5.238,而纯出口企业的劳动生产率平均为 5.029。此外,出口转内销企业的企业规模、企业利润率、企业总产值和出口额都显著高于纯出口企业,只有在企业年龄上低于纯出口企业,但相差不大,详见表 6-2。

表 6-2 出口转内销企业与纯出口企业对比

指标	出口转内销企业	纯出口企业
企业规模	10.454	10.175
企业劳动生产率	5.238	5.029
企业年龄	2.036	2.055
企业利润率	0.017	0.015
企业总产值(万元)	20 097.77	16 629.26
企业出口交货值(万元)	17 740.55	16 717.67

数据来源:根据工业企业库和海关库匹配数据计算得到。

(三) 出口转内销企业在转内销后国内销售额呈逐年上涨趋势

我们研究发现,出口企业转内销之后,其国内销售额基本呈逐年上涨趋势(图 6-2)。出口转内销企业在转内销当年的平均国内销售额为 2 441.42 万元。

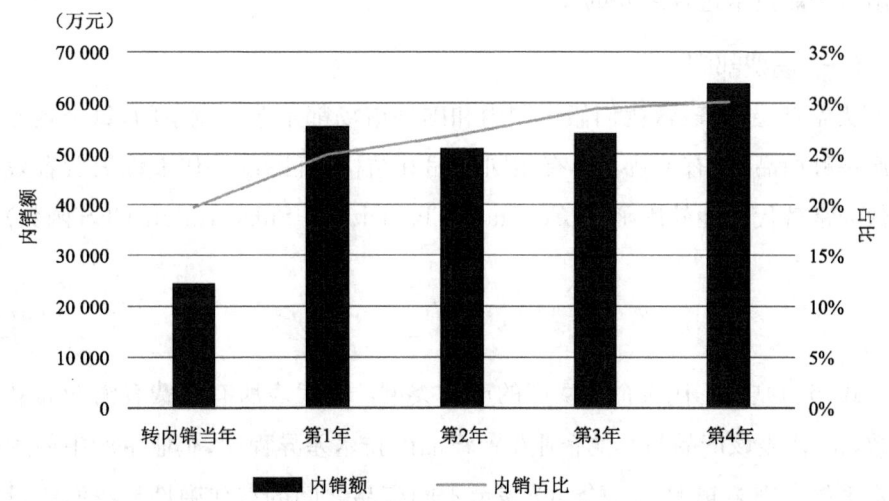

图 6-2 出口转内销企业转内销后国内销售额变动情况

数据来源:根据工业企业库和海关库匹配数据计算得到。

出口转内销企业在转内销后的第1年至第4年,其内销额的平均值分别为5 530.83万元、5 104.14万元、5 398.62万元和6 371.29万元。从内销额占企业销售总产值的比重来看,出口转内销企业平均内销占比基本在20%~30%,转内销之后该比值呈现上升趋势,不过上升速度较为平缓。出口转内销当年,出口转内销企业的内销额占总销售额的平均比值为19.70%;转内销后第1年该比值上升到24.93%,第4年该比值上升至30.08%。不过,对比出口转内销企业和出口又内销企业,我们发现出口转内销企业转内销之后的内销比重平均为26.20%,而出口又内销企业的该比重高达61.70%。

第二节 出口转内销对企业技术创新作用的检验

一、出口转内销与企业技术选择理论模型

在Melitz(2003)企业异质性理论的基础上,我们借鉴Khandelwal等(2013)扩展的产品质量异质性模型,构建基本理论框架,研究企业内外销模式与出口企业技术选择之间的关系。

(一)消费部门

从需求层面来看,我们假设国内和国外市场都是垄断竞争的,每个企业只生产一种商品,所有消费者具有相同的偏好结构,且国内外代表性消费者效用函数为常替代弹性效用函数(Constant Elasticity of Substitution,CES函数):

$$u = \left[\int_0^N (\lambda_i q_i)^{\frac{\sigma-1}{\sigma}} di \right]^{\frac{\sigma}{\sigma-1}}, \quad \sigma > 1 \tag{6-1}$$

式(6-1)中,i代表企业生产的产品类型,N代表所有消费者消费商品种类数,λ_i代表该产品与其他企业生产产品的技术差异程度,企业生产中使用技术水平越高则λ越大,$\sigma(\sigma>1)$表示不同商品之间的替代弹性。我们假设消费者整体支出恒定为E,在消费者整体支出一定的约束下,根据效用最大化原则,我们可以得到需求市场对企业i产品的需求量为:

$$q(i) = \frac{p_i^{-\sigma}}{\lambda_i^{1-\sigma}} \frac{E}{P} \tag{6-2}$$

式(6-2)中，P 为价格指数，且 $P = \int_0^N p_i^{1-\sigma} \lambda_i^{\sigma-1} di$。式(6-2)表明，消费量同时取决于价格和产品质量，并且消费数量随着产品质量的提高而增加，随着产品价格的升高而降低。

（二）生产者部门

根据 Melitz(2003) 的异质性模型，各企业的生产率水平 φ_i 具有异质性。我们假设企业进入市场需要支付固定成本 f，并且每个企业具有相同的可变成本 c，企业生产运用的是规模报酬不变的生产技术，在 CES 效用函数的垄断竞争条件下，产品价格满足成本加成定价。也就是说产品价格等于企业加成率与边际成本的乘积，即 $p_i = \frac{\sigma}{\sigma-1} \times \frac{c}{\varphi_i}$。在以上假设条件下，企业面临的问题为利润最大化，即：

$$\pi = p_i \times q(i) - c \times q(i) - f \tag{6-3}$$

企业面临的约束条件为：

$$q(i) = \frac{p_i^{-\sigma}}{\lambda_i^{1-\sigma}} \frac{E}{P} \quad p_i = \frac{\sigma}{\sigma-1} \times \frac{c}{\varphi_i} \tag{6-4}$$

我们根据式(6-3)和式(6-4)，构建最大化问题的拉格朗日方程，并通过微分求解利润最大化的条件，并得到利润最大化的均衡。均衡时，企业的收益和利润计算公式为：

$$R(\varphi_i, \lambda_i) = \left[\frac{\sigma-1}{\sigma} \frac{\varphi_i \lambda_i}{c} p \right]^{\sigma-1} E \tag{6-5}$$

$$\pi(\varphi_i, \lambda_i) = \frac{R(\varphi_i, \lambda_i)}{\sigma} - f \tag{6-6}$$

根据 Melitz(2003) 的假设，每个企业仅生产一种产品。Gervais(2015) 假设企业生产率均存在异质性，且生产率与可变成本呈反向关系，技术差异程度与企业固定成本呈正向关系。我们假设企业生产成本包括可变成本和固定成本。由此，出口企业的生产成本可表示为：

$$MC(\lambda_i, \varphi_i) = \frac{c}{\varphi_i}\lambda_i^\beta, \quad F(\lambda_i, \vartheta_i) = F_0 + \frac{f}{\vartheta_i}\lambda_i^\alpha \quad (6-7)$$

式(6-7)中，MC 表示边际成本，F 表示固定成本，φ_i 表示企业产品 i 的生产效率，ϑ_i 表示企业出口产品 i 的固定成本投入效率，λ_i 表示企业产品 i 的技术选择，$\alpha(\alpha>0)$ 和 $\beta(\beta>0)$ 分别表示边际成本的质量弹性和固定成本的质量弹性，c 和 f 为常数。$\alpha>0$ 和 $\beta>0$ 表明，产品技术水平越高，企业边际成本、固定成本也越高。

给定需求函数式(6-2)和成本函数式(6-7)后，在利润最大化条件下，企业出口产品的技术差异度表达式为：

$$\lambda(\varphi_i, \vartheta_i) = \left[\frac{1-\beta}{\alpha}\left(\frac{\sigma-1}{\sigma}\right)^\sigma \left(\frac{\varphi_i}{c}\right)^{\sigma-1} \frac{\vartheta_i}{f} \frac{E}{P}\right]^{\frac{1}{\alpha'}} \quad (6-8)$$

$$\frac{\partial \lambda}{\partial \varphi_i} = \frac{\sigma-1}{\alpha'}\left[\frac{1-\beta}{\alpha}\left(\frac{\sigma-1}{\sigma}\right)^\sigma \frac{\vartheta_i}{f}\frac{E}{P}\right]^{\frac{1}{\alpha'}} c^{\frac{1-\sigma}{\alpha'}} \varphi_i^{\frac{\sigma-1}{\alpha'}-1} > 0 \quad (6-9)$$

其中，$0<\beta<1$，$\alpha'=\alpha-(1-\beta)(\sigma-1)$，且 $\alpha>\alpha'$。由式(6-9)可知，企业的技术水平与企业生产效率 φ_i、市场整体需求量 E/p 和固定成本投入效率有关。由于 $\frac{\partial \lambda}{\partial \varphi_i}>0$，我们可知企业生产率与企业产品技术差异度正相关。

（三）企业出口转内销选择

国内市场分割以及融资约束等现象的存在使得内销企业要承担较高的贸易成本（张学良等，2021；程玲，2021；张艳等，2014）。外贸出口企业若想在国内进行销售，需要支付进入国内市场的成本。假设企业在国内市场销售需要支付 f_d 单位的固定成本，在国外市场销售需要支付 f_e 单位的固定成本。对于纯出口企业而言，其出口总成本为 $f_1=f_e$，而出口转内销企业其转内销后需要承担的总成本为 $f_2=f_d+f_e$，显然，$f_2>f_1$。

对企业而言，其生产率临界值是指利润为 0 时的生产率。根据理论模型基本设定中的式(6-5)和式(6-6)，我们可得出口转内销的均衡条件如下：

$$\pi(\varphi_i, \lambda_i) = \left[\frac{\sigma-1}{\sigma} \frac{\varphi_i \lambda_i}{c} p\right]^{\sigma-1} \frac{E}{\sigma} - f \qquad (6-10)$$

$$\pi(\varphi_i, \lambda_i) = 0 \qquad (6-11)$$

$$\varphi = \left(\frac{f\sigma}{E}\right)^{\frac{1}{\sigma-1}} \left(\frac{\sigma-1}{\sigma} P\right)^{-1} \frac{c}{\lambda} \qquad (6-12)$$

根据 Melitz(2003)的分析结论,在其他条件不变的情况下,由于 $\sigma-1>0$,我们可知,f 增大,φ 会增大,c 增大也会使得 φ 增大。因为 $f_2 > f_1$,既出口又内销企业的生产率临界值 φ_2 要大于纯出口企业的生产率临界值 φ_1。图 6-3 显示了出口企业利润和生产率的关系。图 6-3 中,π_e 表示纯出口企业的利润,π_d 表示既出口又内销企业的利润。当 $\varphi_i < \varphi_{纯出口}$ 时,由于企业利润为负,企业会退出市场。当 $\varphi_{纯出口} < \varphi_i < \varphi_{既出口又内销}$ 时,由于企业纯出口时利润为正,而既出口又内销时利润为负,企业只会成为纯出口企业。当 $\varphi_{既出口又内销} < \varphi_i < \varphi_B$ 时,企业纯出口和既出口又内销的利润都大于零,纯出口企业能够部分转向国内市场销售。但由于国内市场存在较大的进入成本,并且企业生产率有限,还不能很好满足国内市场的需求,出口转内销企业的利润会小于纯出口企业;但

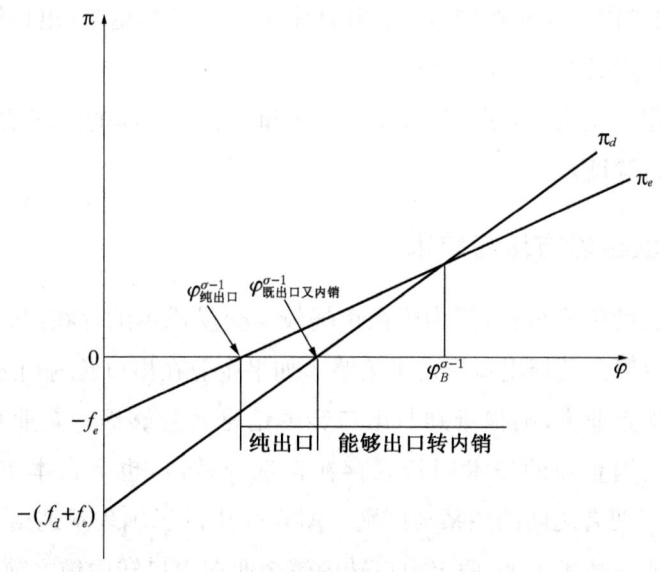

图 6-3 出口企业利润和生产率的关系

当企业的生产率大到一定程度时,即 $\varphi_i \geqslant \varphi_B$ 时,在需求扩大的推动下,企业收益远大于国内市场进入成本。此时,出口企业选择转内销的利润会大于一直纯出口所能获得的利润。由此,我们得到研究结论1:在其他条件不变情况下,当国内市场进入成本较高时,只有相对较高生产效率的出口企业选择转内销。

(四) 出口转内销后的技术选择

假设所有企业的出口目的国相同,对于纯出口企业而言,其面临的需求只来自国外市场。对于出口转内销企业而言,其转内销前的需求只来自国外市场,而转内销后的总需求不仅来自国外市场,还来自国内市场。我们对式(6-8)中的 E/P 求偏导,可以得到:

$$\frac{\partial \lambda}{\partial (E/P)} = \frac{1}{\alpha'} \left[\frac{1-\beta}{\alpha} \left(\frac{\sigma-1}{\sigma} \right)^\sigma \left(\frac{\varphi_i}{c} \right)^{\sigma-1} \frac{\vartheta_i}{f} \right]^{\frac{1}{\alpha'}} \left(\frac{E}{P} \right)^{\frac{1}{\alpha'}-1} > 0 \quad (6-13)$$

根据一阶求导的单调性原理,在其他条件不变的情况下,市场整体需求(E/P)的增加可以促使企业出口技术水平的提高。纯出口企业实现转内销之后,由于其面临的需求市场由国外市场扩展到更大的国内外市场,这种需求市场的扩大使得出口转内销企业具有更高的技术水平。这样我们可以得到研究结论2:出口转内销企业在转内销后其技术创新水平会更高,出口转内销对企业技术创新作用具有本土市场效应。

我们采用工业企业数据库、海关数据库和专利数据库的匹配数据对结论1和结论2进行验证。

二、经验检验方法与结果

根据上面的模型分析,因为国内市场较高交易成本的存在,只有高效率的出口企业才更愿意选择出口转内销策略。如果企业在出口转内销之前,其技术水平就比其他企业高,则很难判断出口转内销是否能够提升企业技术创新水平。出口转内销企业的技术创新既存在自选择效应,也存在本土市场效应,图6-4反映了两者之间的关系与区别。图6-4中的纵轴表示纯出口企业与出口转内销企业的技术水平,假定出口转内销企业在出口转内销之前($s=-1$),纯出口企业与出口转内销企业就存在技术差异,这种差异我们称之为"自选择效应"。在出口转内销后,如果出口转内销企业和纯出口企业之间的技术差异进一步扩大,这种由本土市场效应带来的技术差异称为"本土市场效应"。

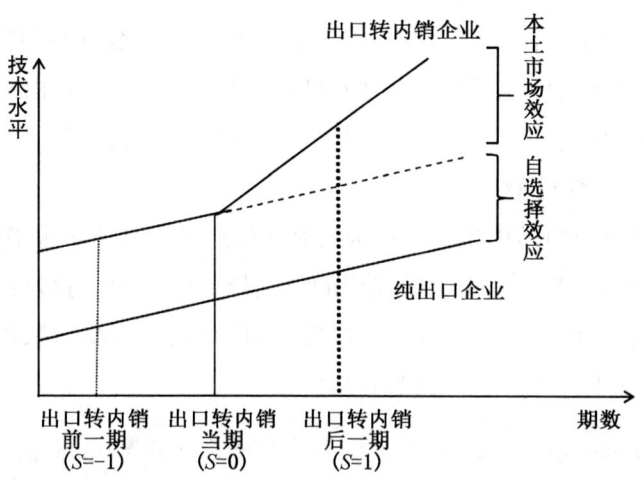

图 6-4　出口转内销企业技术水平优势来源:本土市场效应与自选择效应

(一)估计方法:倾向得分匹配—双重差分法

在理论模型部分,我们证明只有生产效率同时也是技术水平相对较高的企业才能实现出口转内销。由于出口转内销企业的生产效率本来就高于纯出口企业,在这种条件下,我们无法识别出口转内销对生产效率的促进作用。为了解决该问题,我们采用倾向得分匹配—双重差分法(Propensity Score Matching-Differences-in-Differences,PSM—DID)来剔除自选择效应的影响,具体操作及方法如下。

1. 倾向得分匹配

参考黎绍凯等(2020)的做法,我们在倾向得分匹配中引入企业规模、企业利润率、劳动生产率和企业生产效率,作为协变量。我们采用分类评定模型进行回归,计算纯出口企业转内的销倾向分值,估算纯出口企业发生转内销行为的概率。我们按照倾向分值将发生转内销行为的企业与纯出口企业进行匹配,匹配上的纯出口企业称为对照组。在 $s=-1$ 期,出口转内销的企业与匹配上的纯出口企业在技术水平和规模等各方面特征上基本一致。在当期($s=0$)出口转内销企业(处理组)发生转内销行为,对照组(纯出口企业)没有发生转内销行为。两者后来表现出来的生产效率和技术水平的差异,可以认为完全来自企业出口转内销这一行为。

在匹配的过程中,我们依据出口企业转内销的年份进行逐年匹配,匹配前要确保出口转内销年份的前一年和后一年处理组和对照组中所有企业都存活,匹配后的结果要满足一定的条件,即在转内销年份的前一年,出口转内销企业和匹配上的纯出口企业的生产效率和技术水平没有显著差异。

2. 自选择效应检验

在证明企业出口转内销这一行为对企业生产效率和技术水平的影响之前,我们首先检验是否存在上文中所提到的自选择效应。为检验自选择效应的存在,参考钱学锋等(2011)与范剑勇和冯猛(2013)的思路,我们采用出口转内销之前的数据,基于式(6-14)对其进行检验:

$$firm\_q_{it_{-1}} = \sigma + \tau X_{it_{-1}} + \vartheta E_{it_{-1}} + \theta_t + \delta_j + \delta_c + \epsilon_{it_{-1}} \quad (6\text{-}14)$$

式(6-14)中,$firm\_q_{it_{-1}}$ 衡量的是出口转内销前各企业技术创新能力,主要采用专利数加1的对数表示;$X_{it_{-1}}$ 是区分转内销前出口转内销企业与纯出口企业的虚拟变量,如果样本期内i企业是出口转内销企业则 $X_{it_{-1}}=1$,否则 $X_{it_{-1}}=0$;关键系数 τ 表示自选择效应的大小,即出口转内销企业在转内销前与纯出口企业技术水平的差异;$\epsilon_{it_{-1}}$ 是随机扰动项;$E_{it_{-1}}$ 为一系列控制变量,主要包括企业总资产对数、劳动生产效率、企业年龄对数和企业利润率。同时,我们还限定了企业所在地区固定效应 δ_c、所在行业固定效应 δ_j 和年份固定效应 θ_t。

我们利用出口转内销前($s=-1$)的出口转内销企业和纯出口企业样本,基于式(6-14)进行回归检验,结果见表6-3。表6-3中"自选择效应(1)"列是利用匹配前的样本进行回归检验的结果,核心变量 $X_{it_{-1}}$ 的估计系数为0.020,且在1%的统计水平下显著。这表明在转内销前,出口转内销企业的技术创新水平就显著高于其他纯出口企业,说明自选择效应的存在。同时,表6-3中"自选择效应(2)"列是使用匹配后的样本进行回归检验的结果。匹配后,$X_{it_{-1}}$ 的估计系数虽然大于0,但是并不显著,这表明倾向得分匹配后,出口转内销企业和纯出口企业的技术水平在转内销之前并无显著差异。这在一定程度上剔除了样本选择偏误带来的影响。

表 6-3　自选择效应检验结果

变量名称	匹配前 自选择效应（1）	匹配后 自选择效应（2）
X_{it-1}	0.020*** (0.003)	0.004 (0.004)
总资产对数	0.015*** (0.001)	0.022*** (0.002)
劳动生产率	0.014*** (0.001)	0.017*** (0.002)
年龄	0.001 (0.002)	−0.002 (0.003)
利润率	0.015*** (0.005)	0.012*** (0.003)
常数项	−0.409*** (0.016)	−0.422*** (0.085)
行业固定效应	控制	控制
年份固定效应	控制	控制
地区固定效应	控制	控制
观测值（个）	34 028	8 804

注：括号中为标准误差，上标 *** 表示 $p<0.01$；X_{it-1} 是区分转内销前出口转内销企业与纯出口企业的虚拟变量。

3. 出口转内销对企业技术创新的影响

为了证明出口转内销行为对企业技术创新的影响，我们基于倾向得分匹配后的数据采用双重差分法进行检验。由于企业出口转内销的时间点不一致，我们需要构建多期双重差分回归模型，模型设定如下：

$$firm\_q_{ijt} = \alpha + \mu X_{ij} \times post_{ijt} + \gamma E_{ijt} + \theta_t + \delta_j + \delta_c + \epsilon_{it} \quad (6\text{-}15)$$

模型(6-15)中，$firm\_q_{ijt}$ 表示出口企业技术水平；X_{ij} 是出口转内销虚拟变量，企业为出口转内销企业时取 1，否则为 0；$post_{ijt}$ 是关于时间的虚拟变量，企业在出口转内销之前 $post_{ijt}=0$，企业出口转内销之后 $post_{ijt}=1$；μ 为该模型所要研究的关键系数，其大小衡量了出口转内销对企业技术创新的影响，μ 为正，表示出口转内销使得企业出口创新提高，μ 为负，则表明出口转内销反而使得企业技术创新水平下降。

(二) 企业出口转内销对技术创新的作用

1. 基本回归结果

我们基于双重差分回归模型(6-15)检验企业出口转内销对企业技术创新的影响,结果见表6-4。表6-4中,"结果(1)"~"结果(5)"列是逐渐加入控制变量后的回归结果。从表6-4中我们可以看到,在所有结果中,交互项($X_{ij} \times post_{ijt}$)的估计系数都显著为正。当加入全部控制变量,交互项($X_{ij} \times post_{ijt}$)的估计系数为0.039左右,在1%统计水平下显著。这表明在剔除样本选择偏误的影响后,出口转内销企业的技术创新水平显著高于未转内销的纯出口企业,详见表6-4中"结果(5)"列。

表6-4 企业出口转内销对技术创新影响的回归结果

变量名称	结果(1)	结果(2)	结果(3)	结果(4)	结果(5)
$X_{ij} \times post_{ijt}$	0.051*** (0.006)	0.040*** (0.006)	0.035*** (0.006)	0.036*** (0.006)	0.039*** (0.008)
总资产对数	—	0.059*** (0.002)	0.054*** (0.003)	0.054*** (0.003)	0.057*** (0.003)
劳动生产率	—	—	0.009*** (0.003)	0.009*** (0.003)	0.011*** (0.004)
年龄	—	—	—	−0.004 (0.005)	−0.006 (0.006)
利润率	—	—	—	—	0.017* (0.009)
常数项	−0.048 (0.136)	−0.606*** (0.137)	−0.603*** (0.134)	−0.595*** (0.134)	−0.620*** (0.165)
行业固定效应	控制	控制	控制	控制	控制
年份固定效应	控制	控制	控制	控制	控制
地区固定效应	控制	控制	控制	控制	控制
观测值(个)	25 312	25 309	23 455	23 455	15 833

注:括号中为标准误差,上标*表示$p<0.10$,***表示$p<0.01$;$X_{ij} \times post_{ijt}$表示出口转内销与转内销时间的交互项。下同。

我们还采用出口产品质量、出口产品种类数、新产品产值比和企业研发资产占总产值的比重等多种企业技术创新水平指标对式(6-15)进行回归检验。结果见表6-5。从检验结果来看，出口企业转内销对各种企业技术创新指标的作用都显著为正。出口转内销对研发投入比和出口产品质量的估计系数通过1%统计水平检验，不过数值较小，分别为0.001和0.005。新产品产值比的检验中，出口转内销（$X_{ij} \times post_{ijt}$）的估计系数在5%统计水平下显著，数值为0.012。因出口产品种类是离散数值，我们采用Tobit方法进行检验，$X_{ij} \times post_{ijt}$的估计系数在10%统计水平下显著。

表6-5 企业出口转内销对技术创新稳健性检验结果

变量名称	出口质量	出口种类数	新产品产值比	研发投入比
$X_{ij} \times post_{ijt}$	0.005*** (0.002)	0.377* (0.193)	0.012** (0.005)	0.001*** (0.000)
总资产对数	0.019*** (0.001)	2.304*** (0.078)	0.004** (0.002)	0.000*** (0.000)
劳动生产率	0.004*** (0.001)	0.845*** (0.106)	0.003 (0.003)	−0.000 (0.000)
年龄	−0.006*** (0.001)	0.606*** (0.155)	−0.026*** (0.004)	−0.000** (0.000)
利润率	0.002 (0.002)	0.376* (0.215)	−0.021 (0.018)	−0.001 (0.001)
常数项	0.289*** (0.044)	−26.280*** (4.027)	−0.019 (0.088)	−0.003 (0.003)
行业固定效应	控制	控制	控制	控制
年份固定效应	控制	控制	控制	控制
地区固定效应	控制	控制	控制	控制
观测值(个)	15 156	15 833	7 773	7 773

注：括号中为标准误差，上标 * 表示 $p<0.10$，** 表示 $p<0.05$，*** 表示 $p<0.01$。

2. 异质性分析

基准回归结果表明，出口转内销使得企业的技术创新水平相对于纯出口企业有了显著提升。不过考虑到在企业性质、贸易类型以及行业特的影响,出口转内销对不同类型企业技术创新的促进作用可能存在差异。我们对不同类型企业进行了异质性回归检验,结果见表6-6。

表6-6 企业出口转内销对技术创新的异质性检验结果

变量名称	结果(1)	结果(2)	结果(3)	结果(4)
$X_{ij} \times post_{ijt}$	0.014 (0.009)	0.021** (0.009)	0.039*** (0.008)	0.033*** (0.009)
$X_{ij} \times post_{ijt} \times$ 是否国有企业	0.124* (0.065)	—	—	—
$X_{ij} \times post_{ijt} \times$ 是否民营企业	0.064*** (0.012)	—	—	—
$X_{ij} \times post_{ijt} \times$ 是否一般贸易企业	—	0.044*** (0.012)	—	—
$X_{ij} \times post_{ijt} \times$ 是否高技术行业	—	—	0.004 (0.029)	—
$X_{ij} \times post_{ijt} \times$ 是否资本密集型行业	—	—	—	0.044** (0.021)
其他变量	控制	控制	控制	控制
行业固定效应	控制	控制	控制	控制
年份固定效应	控制	控制	控制	控制
地区固定效应	控制	控制	控制	控制
观测值(个)	15 833	15 833	15 833	15 833

注:括号中为标准误差,上标*表示$p<0.10$,**表示$p<0.05$,***表示$p<0.01$。

表6-6中,"结果(1)"列是加入企业性质后的检验结果。我们按照企业实收资本将企业分为国有企业、民营企业、外资企业和港澳台企业。表6-6中,"结果(1)"列是在式(6-15)中交乘项的基础上再分别加入交乘项与"是否国有企业""是否民营企业"的交互项,这样$X_{ij} \times post_{ijt}$的估计系数反映的是外资企业和港澳台企业出口转内销对技术创新的作用。加入"是否国有企业"和"是否民营企业"的交乘项之后,$X_{ij} \times post_{ijt}$的估计系数虽然为正,但是本身并未通

过显著性检验,这说明外资企业和港澳台企业出口转内销对其技术创新作用并不显著。$X_{ij} \times post_{ijt}$ 与"是否国有企业"的交乘项系数为正,通过10%统计水平检验;$X_{ij} \times post_{ijt}$ 与"是否民营企业"的交乘项系数为正,通过1%统计水平检验。这一结果说明出口转内销对中国民营企业技术创新的促进作用最为显著。

考虑到中国对外出口贸易中大量企业从事的是加工贸易,加工贸易企业的生产效率要低于一般贸易企业(李春顶,2015),故加工贸易企业和一般贸易企业出口转内销对其技术创新的作用可能不同。我们在式(6-15)中加入企业"是否一般贸易企业"的交乘项进行回归检验,结果如表6-6中"结果(2)"列所示。加入"是否一般贸易企业"的交乘项后,我们发现,不论是加工贸易企业还是一般贸易企业,出口转内销都会显著促进其技术创新。但从作用效果来看,出口转内销对一般贸易企业的技术创新促进作用大于加工贸易企业。

表6-6中"结果(3)"列和"结果(4)"列是加入了企业所在行业的特征后的回归检验结果。我们首先按照2019年发布的《高技术产业(制造业)分类》将企业所在行业分为高技术行业和其他行业。我们在式(6-15)中加入"是否高技术行业"的交乘项,基于匹配的数据再次进行检验,结果见表6-6中"结果(3)"列。出口转内销对企业技术创新作用并不因企业是否为高技术行业而存在差异。此外,我们采用2000年行业人均资本把行业划分为劳动力密集型行业和资本密集型行业,并在式(6-15)中加入"是否资本密集型行业"的交乘项进行检验,结果见表6-6中的"结果(4)"列。这表明出口转内销对劳动力密集型行业和资本密集型行业企业的技术创新都存在显著正向作用。但从估计系数的数值来看,出口转内销对资本密集型行业企业的技术创新作用更强。

3. 稳健性检验

1) 反事实检验

为了准确衡量企业出口转内销对企业技术创新的影响,我们必须排除其他政策的影响,基于反事实框架来评估出口转内销和技术创新的关系。参考黎绍凯(2020)的方法,我们将出口转内销企业开始实现转内销的年份提前4年,构造虚拟的出口转内销年份,并重新构建双重差分模型进行检验。若交叉项 $X_{ij} \times post'_{ijt}$ 的系数不显著,通过反事实的推导,我们可以认为企业出口转内销会导致企业技术水平的提升。双重差分估计结果显示，$X_{ij} \times post'_{ijt}$ 的估计系数为 0.010，但未通过 10% 的统计水平检验，详见表 6-7 中"反事实"列。这表明在虚拟出口转内销年份后，出口转内销企业的技术创新水平与其他纯出口企业的技术创新水平无差异，从而说明我们基准回归结果是稳健的。

2）反向因果检验

考虑到影响企业技术创新的控制变量可能还会影响企业的出口转内销行为，我们参考黎绍凯（2020）的研究方法，将控制变量的滞后一期纳入双重差分回归模型，以期降低模型的内生性问题。反向因果检验的估计结果见表 6-7"反向因果"列。$X_{ij} \times post_{ijt}$ 的估计系数为 0.038，且通过 5% 的显著性水平检验，这表明在控制反向因果效应的影响后，出口转内销企业的技术水平相较于纯出口企业仍有显著提升。

表 6-7 稳健性检验结果

变量名称	反事实	反向因果
$X_{ij} \times post'_{ijt}$	0.010 (0.006)	—
$X_{ij} \times post_{ijt}$	—	0.038** (0.019)
总资产对数	0.012*** (0.002)	0.012*** (0.002)
劳动生产率	0.010*** (0.002)	0.013*** (0.002)
年龄	0.012*** (0.005)	0.011** (0.005)
利润率	0.012*** (0.002)	0.011*** (0.001)
L.总资产对数	—	0.001 (0.002)
L.劳动生产率	—	−0.007*** (0.002)

（续表）

变量名称	反事实	反向因果
L.年龄	—	−0.003 (0.004)
L.利润率	—	0.001 (0.012)
常数项	0.553*** (0.021)	0.547*** (0.021)
行业固定效应	控制	控制
年份固定效应	控制	控制
地区固定效应	控制	控制
观测值（个）	23 454	23 454

注：括号中为标准误差，上标**表示 $p<0.05$，***表示 $p<0.01$。变量名称中"L."表示滞后一期，比如"L.总资产对数"就是总资产对数的滞后一期。$X_{ij} \times post'_{ijt}$ 是将出口转内销企业内销当年的时间提前 4 年后构造的出口转内销与转内销年份的交乘项。

4. 动态作用效果的检验

为检验企业出口转内销之后技术水平的动态变化，我们参照范剑勇和冯猛（2013）方法设立如下模型：

$$firm\_q_{it_{0+s}} = \varphi + \emptyset X_{it_{0+s}} + \rho E_{it_{0+s}} + \theta_t + \delta_j + \epsilon_{it_{0+s}} \quad (6-16)$$

式（6-16）中，$firm\_q_{it_{0+s}}$ 表示企业出口转内销后第 s 年的出口产品质量。之所以采用出口产品质量衡量企业动态技术水平，是因为企业出口产品质量更能反映企业技术水平的提升。$X_{it_{0+s}}$ 仍为识别出口转内销企业和纯出口企业的虚拟变量，若企业属于纯出口企业则该变量取值为 0，如果是出口又内销企业则该值为 1，只不过这里我们使用的是企业转内销之后的样本。$E_{it_{0+s}}$ 为转内销之后企业的一些特征，包括企业规模、企业生产率、企业盈利率和企业年龄，同时该模型还控制了行业和年份固定效应。为了探究出口转内销后企业技术水平的变化，我们将 s 的取值范围控制在 0~4，使用倾向得分匹配后的数据来进行回归检验。动态效应的回归检验结果见表 6-8。

表 6-8　出口转内销企业出口产品质量动态效应检验结果

变量名称	转内销当年	转内销后第 1 年	转内销后第 2 年	转内销后第 3 年	转内销后第 4 年
X_{it_0+s}	0.010** (0.004)	0.006 (0.004)	0.010** (0.005)	0.014*** (0.005)	0.018*** (0.006)
总资产对数	0.021*** (0.002)	0.021*** (0.002)	0.020*** (0.002)	0.019*** (0.002)	0.019*** (0.002)
劳动生产率	0.012*** (0.002)	0.011*** (0.002)	0.011*** (0.002)	0.011*** (0.002)	0.012*** (0.002)
年龄	−0.014*** (0.004)	−0.016*** (0.004)	−0.016*** (0.005)	−0.017*** (0.005)	−0.019*** (0.005)
利润率	0.033** (0.015)	0.026* (0.015)	0.034** (0.015)	0.036** (0.016)	0.035** (0.017)
常数项	0.380*** (0.136)	0.393*** (0.130)	0.151*** (0.026)	0.290*** (0.029)	0.254*** (0.029)
行业固定效应	控制	控制	控制	控制	控制
年份固定效应	控制	控制	控制	控制	控制
地区固定效应	控制	控制	控制	控制	控制
观测值(个)	8 013	8 067	7 659	7 181	6 899

注：括号中为标准误差，上标 * 表示 $p<0.10$，** 表示 $p<0.05$，*** 表示 $p<0.01$。X_{it_0+s} 表示在出口企业转内销后转内销企业与纯出口企业虚拟变量，如果是出口转内销企业则数值为 1，否则为 0。

我们可以发现，在转内销后的第 1 年，X_{it_0+s} 的估计系数是不显著的，详见表 6-8 中"转内销后第 1 年"列。这可能是由于在转内销之初企业的内销额较小，且国内外市场存在较大差异，出口转内销企业需要有一定的适应期，企业暂时还无法充分适应和利用国内市场。但在转内销后第 2 到 4 年，X_{it_0+s} 的估计系数从 0.010 逐渐上升至 0.018，且都在 5% 的统计水平下显著，详见表 6-8 中"转内销后第 2 年"列到"转内销后第 4 年"列。这说明随着转内销时间的推移，出口转内销企业的出口产品质量有了较大提升，而且这种提升过程存在动态累积效应。

第三节 出口转内销促进企业技术创新的典型案例

从事实数据来看,中国出口企业转内销的比例并不高且成功的例子也不是很多。这是因为中国大量出口企业主要依赖于贴牌加工制造,虽然有出口经验,但是没有自己的品牌。企业要实现出口转内销需要自建品牌,但投资成本较高。中国企业在出口转内销过程中如何成功转型,并实现技术创新?有什么路径可以帮助企业成功实现出口转内销并提升技术创新,发展自主品牌?这一节我们将引入一个出口转内销成功的典型事例——LILY品牌女装案例,结合案例分析出口转内销企业可走从关键零部件引进到构建自身价值链、实现自主创新的发展路径。

LILY品牌是上海丝绸集团有限公司在全球几十个国家注册的女装品牌。2001年之前,"LILY"是上海丝绸集团有限公司从事服装贴牌加工并出口的品牌之一,其产品并不在国内进行销售。2000年,上海丝绸集团有限公司从几十个已注册的商标品牌中选中LILY品牌开始出口转内销——立足国内市场需求,不断调整品牌定位,从中间产品引进到不断培育国内供应链,目前,LILY女装已成为享誉国内外的中国女装品牌。本节我们以LILY品牌女装出口转内销,立足国内市场需求培育国际市场竞争力,并以拥有自主知识产权的品牌进军国际市场的故事为例阐述从引进创新到自主创新路径的可行性。

一、LILY品牌女装基本情况

"LILY"是上海丝绸集团有限公司旗下女装品牌之一。上海丝绸集团有限公司的前身是1949年成立的中国蚕丝公司,1955年改名为中国丝绸进出口公司上海分公司。1988年,该公司更名为上海市丝绸进出口公司。1989年,上海市丝绸进出口公司出口额达4.15亿美元,是中国当时名副其实的出口大户。1994年,上海市丝绸进出口公司与上海市服装、纺织品、针织品和家用纺织品4家进出口公司联合组建东方国际(集团)有限公司。2002年经上海市人民政府批准,上海市丝绸进出口公司由国有进出口公司改制为混合所有制的企业,更名为上海丝绸集团有限公司。上海丝绸集团有限公司是一个有着丰富进出口经验,集生产、技术、采购、销售于一体的综合性纺织品服装供应商。2000年之前,上海丝绸集团有限公司与其他纺织品服装出口企业一样,主要以出口为主,其境外市场集中于美国、日本、欧洲以及中东地区等。上海丝绸集团有限公司出口产品以贴牌加工为主,在世界各地注册商标品牌几十个。2001年中国加入 WTO 以后,中国进一步放宽外贸经营权,所有生产企业都可以直接从事进出口业务。再加上按照 WTO 的规定,各成员国将取消纺织品进口配额,中国纺织品服装出口企业竞争越加激烈。上海丝绸集团有限公司在出口贸易中虽然拥有自己的商品品牌,但品牌国际认可度低,出口产品难逃低价竞争的困境,其贴牌加工生产的产品利润随着国内成本的上升不断萎缩。自 2001 年以来,上海丝绸集团有限公司出口总额不断下降,详见图 6-5 上海丝绸集团总出口额变化趋势。

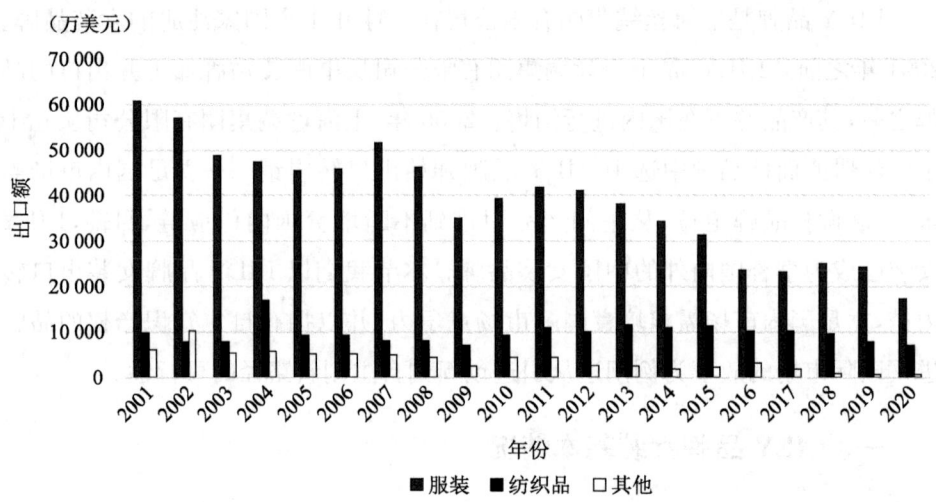

图 6-5 上海丝绸集团总出口额变化趋势

资料来源:《上海商贸年鉴》相关各年。

考虑到外贸市场竞争加剧,而国内市场规模不断扩大,2000 年上海丝绸集团有限公司决定开始走出口转内销的道路,并挑选 LILY 品牌作为出口转内销主打品牌,基于国内市场打造女装自主知识产权品牌。

2000 年 5 月,LILY 在上海设立了第一家专卖店。2002 年,上海丝绸集体有限公司投资设立上海丝绸集团品牌发展有限公司，专门负责LILY品牌女装的具体运营管理。2005年，LILY品牌已经在全国拥有40个直销店和37家代理商，销售网点遍布全国各地。同时，上海丝绸集团成立LILY品牌出口部，并分别在巴黎和沙特建立LILY海外专卖店。当年，LILY在法国的销售额为120万美元，在沙特的销售额为40万美元。从2006年开始，LILY品牌进入赢利状态，当年销售额为4 445万元。2017年，LILY品牌实现销售收入104 751万元，净利润为3 330万元。至2018年年底，LILY品牌已在中国内地270多个城市拥有超过900家零售店，并在11个海外国家拥有70家零售店，覆盖了俄罗斯、沙特、泰国、新加坡、科威特、西班牙、法国等众多市场。2019年9月，LILY品牌登陆纽约时装周发布"中国新女性"概念，当年10月又以全新升级的品牌形象登陆上海时装周开幕大秀。2020年，LILY商务时装以"LILY L20"为主题，再次登上海时装开幕秀，2021年成为在teamLab无界美术馆全球首次走秀的时装品牌。2022年，LILY在其品牌20周年之际推出全新品牌SLOGAN，完成由"商务关键时刻"到"职场时髦日常"的迭代。目前，LILY已成为全球性商务时装品牌，为中国出口企业转内销、借助国内市场本土效应提升国际竞争力提供了良好的示范。

二、LILY品牌女装出口转内销的发展经验

LILY品牌女装之所以能够从出口转内销，再从内销转向国外市场，跟上海丝绸集团有限公司的总体实力有很大关系。上海丝绸集团有限公司是一个有着丰富的进出口经验和成衣加工制造经验的公司。这为上海丝绸集团有限公司后续发展LILY品牌积蓄了相应的资本、技术、经营方式、客户资源等有形及无形资产。除了上海丝绸集团有限公司自身条件，LILY品牌成功实现转内销，并实现内外市场融合发展还离不开以下经验。

（一）立足中国市场需求不断优化品牌定位

LILY品牌女装转入中国市场初期，中国女装市场几乎是外来品牌的天下，本土女装品牌屈指可数。根据平安证券综合研究所的《纺织行业研究报告》，2001年，中国纺织服装企业规模偏小，技术及产品研发能力弱，品牌及营销能力相对较差，大多数本土企业的核心竞争力不强。当时，中国女装市场主

要以中低档市场为主,单价在 1 000 元以下的女装其销售量占总销售量的89%。低档市场主要是本土品牌;中档市场多为三资企业及部分本土品牌;高档市场则由海外进口或外资企业垄断。LILY 品牌进入中国市场时将自身定位于中高档市场,以"少淑女时装"为主,主打"周五时尚"概念。凭借着上海丝绸集团有限公司多年的经营能力和产供销一体化水平,LILY 女装销售规模不断上升,到 2012 年年底,LILY 品牌在全国范围内的零售店达到 488 家,其中直营店铺 90 家,代理商店铺 398 家。

随着中国人均 GDP 持续增长,中国消费产品持续升级。同时,女性地位、受教育程度和经济参与度不断提升,女性服装开支不断上升。2013 年,LILY 品牌在大量市场调研的基础上,最终将品牌定位锁定在商务时装领域,打出"正合适的商务时装"概念。在当时,大多数的商务女装都停留在西装、套裙的传统模式上,过于职业化的设计完全抹杀了女性的个性与美感。LILY 品牌首次明确提出"正合适的商务时装"概念,将时尚与商务完美结合起来,还进一步将目标消费人群定位于 25~32 岁的职场女性。这部分女性基本都是"80 后"独生子女,对着装的需求兼具多样化和个性化特征,注重产品品质和个性美感。这部分女性基本是职场年轻女性,收入水平高,具备较强的消费能力。LILY 品牌进一步将这部分消费群体细分为三个层次:第一类是资深白领和管理阶层;第二类为职场精英;第三类则为职场新人。这种有层次感的市场细分精准把握了女性的消费心理,让品牌有了鲜明的市场定位,无形中对女性做出了消费引导,使得整个职业女性阶层都成为该品牌的潜在消费者,进一步拓宽了 LILY 的品牌市场空间。

随着消费者消费理念的变化,中国消费者更加理性化。中国服装行业中最活跃、需求最复杂的女装消费市场增速也在不断减缓,2010—2016 年中国女装市场规模由 5 329.90 亿元增长至 8 728.14 亿元,增速却由 14.89% 降至 5.30%。而后其市场规模增速进一步放缓,总量为 9 842 亿元①。随着中国居民收入水平的进一步提升和新兴产业的发展,受教育程度的提升和多元文化的发展促使中国消费者变得越来越个性化、年轻化和国际化,更加注重产品品质和个性化需求,对更加优质的创意产品和更好购物体验的需求日益高涨。中国消费者对产品的消费更注重精神层面的需求,更希望能和品牌建立共鸣及情感

---

① 资料来源:智研咨询发布的《2023 年中国女装产业现状及发展趋势研究报告》。

连接，希望消费的产品可以表达自己的生活方式。LILY在不断加强品牌建设的同时，根据中国女装市场的特征和消费者需求变化进一步调整品牌定位，并在2019年提出"中国新女性"概念。随着中国经济的不断发展，LILY的产品设计更加与商务气息贴近，体现简约、干练的特点，同时又兼具创新与多元融合。LILY品牌女装根据国内市场需求不断调整产品定位，随着消费者需求升级不断提升产品品质，使得LILY品牌国内市场销售规模不断扩大，市场占有率不断提升，品牌认知度越来越高。根据《中国女装行业市场前景及投资研究报告》，2019年LILY品牌的市场占有率为0.4%，排名第16位，与耐克、H&M等品牌的市场占有率一致。

时刻洞察消费群体的变化以及她们的需求，是LILY品牌不断升级的原动力，也是LILY品牌保持持续变革的战略节奏的依据。LILY品牌已经成长为著名的中国女性商务时装品牌，并成为职场新女性心中无可替代的"正适合的职场表达"。

（二）多元化渠道实现规模经济

LILY品牌进入中国市场开始主要采用专卖店这种线下消费模式。2000年到2009年，LILY女装以线下直营店和代理店销售模式为主。这种线下模式虽然使得LILY女装规模不断扩张，但市场销售增长速度有限。2008年天猫开始运行，中国消费渠道模式发生重大变化。2010年LILY女装开始拓展网络营销渠道。随着国内电商网络的不断发展，2013年LILY正式入住天猫商城，LILY不仅多了一个销售渠道，更是多了一个重要的传播渠道。2015年LILY开始在重要城市试点和代理商使用联营模式，提升代理业绩，着力打造全渠道销售平台，打通线上线下的消费者ID、价格体系和商品库存，使消费者无论在线上还是线下都能获得相同的购物体验。当顾客来逛实体店的时候，LILY平台可以立马"识别"出这位客户的喜好和个人信息。全渠道销售平台最智能的是对数据的分析能力，从而大幅度减少了库存并优化了商品选择和物流体系。2016年5月，LILY全渠道官网顺利上线。它有效整合了直营、联营和代理的货品资源，以最快的速度最大的限度地满足客户的需求，实现了各渠道间相互协同、分利合作。这种全渠道网络销售模式使LILY品牌在2016年内销整体低迷的市场环境下仍然实现了规模和效益的双增长。

当前，新一代年轻消费者正在崛起，他们成长于互联网时代，其消费习惯与之前的消费群体不同，对互联网的依赖更强，同时又具有自身消费特点，比如喜欢、享受体验、喜欢科技感、追求多元潮流等。消费群体的变化推动零售方式的变革，零售不再止于买和卖，也与购物体验等相关。中国的消费模式已经进入新零售领域。在新零售领域，LILY品牌已开始布局，2018年将上海南京西路旗舰店定位为超级智慧门店。该门店基于人脸识别技术、拍立淘商品视觉识别技术，消费者可进行智能试衣体验，实现闪电换装。对LILY品牌来说，智慧门店也可以提供更加精准的销售数据，通过人脸识别、扫码加入会员就可以获取客群信息。此外，主打定制体验的反样板实验室"LILY LAB"可供消费者亲自参与并决策服饰的结构和细节，定制独一无二的个性单品，让每个女性皆成为有想法和行动力的设计师。这种新零售模式将线上交易与线下体验完美结合，使得LILY品牌能在未来互联网时代走得更远。

Osiris数据显示，LILY品牌自2017年至2020年销售数据来源如图6-6所示。从图中我们可以看到，LILY品牌自2017年以来电商销售额占其总销售额的绝大部分，是拉动其销售额上涨的主要驱动力。

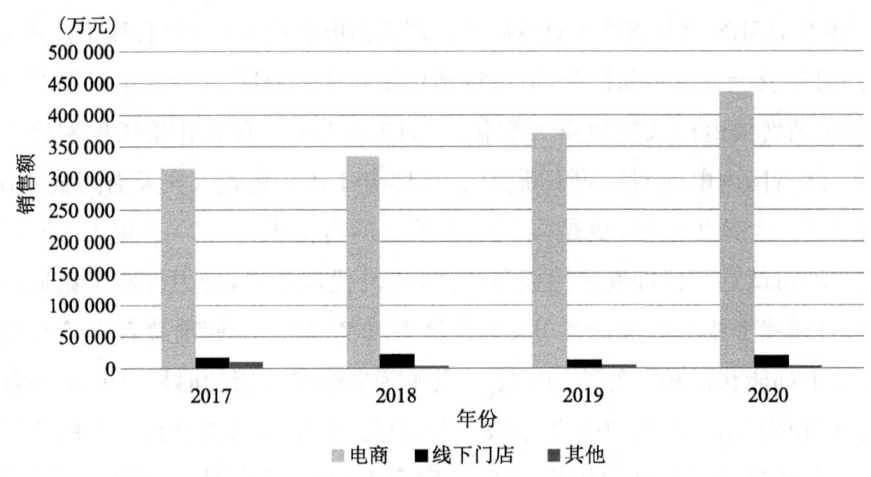

图6-6　LILY品牌2017—2020年销售额

资料来源：Osiris数据库。

（三）注重创新，从引进到自主创新

在LILY品牌发展的过程中，上海丝绸集团有限公司极其注重创新，走了

一条从关键原料和零部件引进到国内产业链构建、自主创新的路径。

1. 从贴牌引进到自主创新

中国服装行业一直是中国的优势出口行业。一直以来,中国出口企业主要以贴牌加工为主,产品附加值低,技术含量低,国内生产产品在2000年之前主要以棉质产品为主。根据平安证券综合研究所发布的《纺织行业研究报告》,2001年,发达国家、新兴纺织工业国家已经开始运用高新技术,使纺织业向资金密集型产业转化,并导致了世界纺织业由"价格＋质量"的竞争向"高新技术＋品牌"的竞争转变。这些国家主导着高附加值产品市场。自LILY品牌开创之初,公司就将产品定位于中高端市场,主要以稳定的产品品质和高性价比不断扩大市场规模。2002年,上海丝绸集团品牌发展有限公司的设计团队就特别强调自主设计和创新,并严格把控产品品质。凭借上海丝绸集团有限公司的海外客户网络关系,LILY产品所需的高端原料和辅料等主要以国外进口为主,其进口的主要来源地为日本、韩国等。图6-7为上海丝绸集团有限公司进口额变动情况(2002—2020年),从其变化趋势我们可以看出,在LILY品牌进入中国市场的前几年,上海丝绸集团有限公司的进口金额比较高,2002年的总进口金额为15 699万美元,其中主要为化纤布的进口,占总进口额的25.68%,2003年的进口金额为13 675万美元,2004年为13 490万美元,但从2005年开始公司的总进口大幅度下降,详见图6-7。

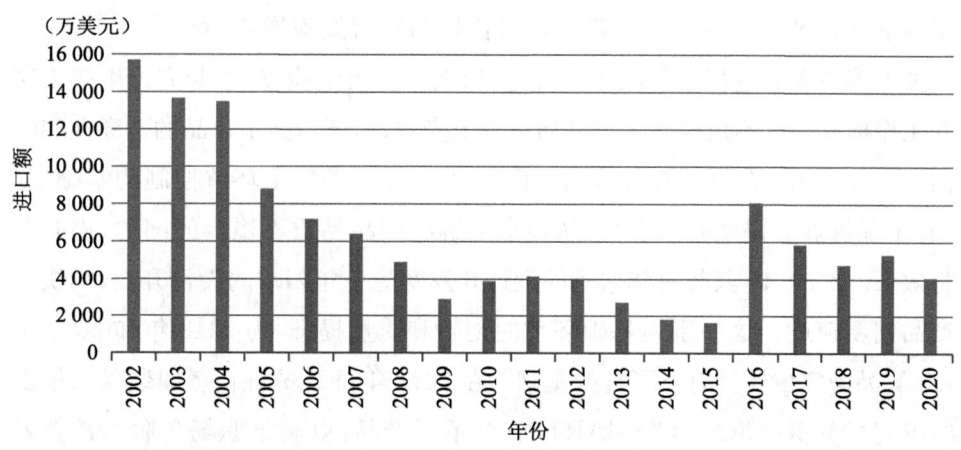

图6-7 上海丝绸集团有限公司进口额变动情况(2002—2020年)

资料来源:《上海商贸年鉴》。

自2005年开始,公司进口额大幅度下降,主要是因为上海丝绸集团股份有限公司在2004年成立了技术中心。该中心主要负责产品的技术创新和质量检验控制,并建立了相应的实验室。2004年4月,公司技术中心实验室通过了中国合格评定国家认可委员会的认可。目前,该实验室通过的授权参数已达305项,涵盖了纺织品服装常规的理化检测及新兴生态纺织品指标的检测,且能出具第一、第二和第三方测试报告。该实验室可以为LILY女装的所有款式面料提供全套指标检测,对每一款产品进行质量把关。在自有技术中心建设基础上,上海丝绸集团股份有限公司还不断发展和培育纺织品、服装的国内供货基地。2009年,上海丝绸集团股份有限公司出口商品货源收购总额为28.32亿元,合格供应方企业数量近2 000家。公司发展的货源基地以上海市和江浙两省为主,同时发展山东、安徽等其他货源基地。在发展合作工厂的同时,公司大力建设自有生产基地,充分利用和发挥生产优势,支持并促进公司自营业务的发展。2012年,根据中国市场情况变化和自身产品特点,公司不断提高自有生产基地的原料供应能力,充分发挥以中高档时装、休闲外套等为核心产品的专业生产和技术优势。目前,公司以投资、参股、收购和合作等多种形式与国内200多家生产厂商建立了长期稳定的供应链关系。

随着国内各环节供应链的不断完善,在自建技术研发中心的支持下,LILY品牌自2006年实现盈利之后,不断提升产品品质。2007年,在"品牌创新"的指导下,LILY品牌着重以经营质量增长拉动经营规模增长,对设计、工艺、生产加工等各环节进行流程梳理和改进,加强工艺质量检查,不断完善生产工序和工作标准。这不仅提升了产品质量及上身效果,还增强了产品的适穿性和时尚性。2008年,在继续抓好设计、工艺、生产加工等各个环节控制的基础上,LILY品牌着力提高制版水平,从根本上解决产品品质不稳定的问题,提升上身效果。2009年,其将每年两季的设计开发变为一年四季的设计开发,加快了产品创新速度。这一系列基础环节的创新和质量提升,为2013年和2019年LILY品牌定位转型打下了良好基础。在2013年,LILY在商务时装领域推出"ART""MORDERN"和"SMART"三个系列产品,以满足职场各阶段消费者需求。2020年,为匹配中国新女性概念,LILY全面焕新产品线,令"SHARP""FRESH""BASIC""JOY"多系列产品线并行,以不同产品间的差异化定义、风格设计、IP合作等,打造适合不同年龄层新女性的职场必备穿搭。

2. 从内外联合研发到本土研发团队培育

对服装和纺织品行业来讲,除了产品品质外,产品要保持并扩大市场占有率需要更多的产品设计,不断推陈出新,并且保证产品设计的理念和风格能被大众所认可。在LILY品牌入住中国之初,上海丝绸集团股份有限公司就委任曾连续两次在"中华杯"国际服装规划大赛中获奖的规划师陈川担任品牌公司总经理,负责产品的开发与设计。LILY品牌的产品设计一直比较注重国际流行,把欧洲时尚融入商务时装中。2008年,LILY品牌通过与国外一流咨询机构合作,强化自身产品气质,突出欧洲时尚。LILY品牌拥有超过四十位具备国际视野的设计师团队,其中一部分设计师来自韩国和中国台湾地区。LILY品牌在保持自身结构多元化的基础上,与国际知名设计团队合作,比如与法国色彩机构进行流行趋势交流,与法国、英国的知名工作室合作进行产品研发。这种国际化的设计团队和研发合作保证了LILY品牌产品每年都能推出让人眼前一亮的新元素、新色彩和新理念。2019年,LILY品牌更是邀请苏格兰设计师Jonathan Saunders担任创意总监,负责2020年的秋冬系列。LILY品牌在进行内外联合研发的基础上,也在不断培育本土研发团队。例如,每年都从国内知名高校引进优秀设计人才,并加以培训,使他们能及时把握流行趋势和目标消费者的需求,有计划地推出新品。

经过多年的经营,"LILY"已经成为中国知名本土女装品牌,具备企划、设计、研发、生产、经营与服务的一整套能力,在国内外市场都具有一定影响力,成为中国出口企业转内销成功的优秀典范。

三、出口企业转内销创新路径:从引进到创新的普遍适应性

LILY品牌不断地通过创新驱动有机增长是其出口转内销能够成功的关键所在。而在发展的过程中,LILY品牌借助国内国外两个市场的资源,构筑自己的生产价值链和人才团队,从引进到不断自主创新。从LILY品牌的发展故事中可以看出,优秀的出口企业凭借多年的出口经验在构建自主品牌上比本土企业更具有优势。一方面,这些企业可以利用国内国外多种资源;另一方面,这些企业在国际市场中练就的市场敏锐性和国际视野也有利于品牌的长期发展。而LILY

品牌从关键面料国外采购到随着利润扩大不断构筑企业本土价值链、进行自主创新的路径,为很多出口转内销企业本土自主品牌发展提供很好的范例。

企业可以通过进口中间产品或者投资品来促进企业技术创新。首先,进口的中间产品或投资品一般来讲都是一些技术含量较高的关键性生产配件,这种进口相当于引进国外的先进技术,企业可以通过对这些进口中间产品和技术的消化吸收进行模仿创新(Fritsch 和 Gorg,2015)。Goldberg 等(2010)认为,进口中间产品和投资品,尤其是高质量和多种类的进口品可以降低企业成本,有利于企业技术创新。此外,中间产品的进口尤其是投资品进口会导致进口企业对高技能劳动力需求的增加,促进技能人员集聚,从而有利于企业的技术创新。大量经验检验发现,企业通过进口中间产品和投资品会促进进口企业技术创新。田巍和余淼杰(2014)从中间产品自由化的角度对中间产品进口和技术创新的关系进行了验证,发现进口中间产品会通过成本降低效应和规模扩大效应促进企业技术创新。何欢浪等(2021)也发现中间产品关税下降将显著促进中国企业技术创新。

从引进创新到自主创新这条路径是否普遍适用于出口转内销企业?为此,我们基于上一节中的匹配数据进行进一步检验。这里我们在式(6-15)中加入企业是否有进口中间产品与之前交乘项的交互项,加入企业进口中间产品质量和中间产品种类数的交互项,再进行回归检验,结果见表6-9。

表 6-9 从引进到创新路径检验结果

变量名称	是否有进口中间产品	进口中间产品质量	进口中间产品种类数	进口中间产品质量与种类数
$X_{ij} \times post_{ijt}$	0.010 (0.013)	−0.007 (0.032)	0.015 (0.012)	0.047 (0.043)
$X_{ij} \times post_{ijt} \times$ 进口中间产品	0.045*** (0.016)	—	—	—
$X_{ij} \times post_{ijt} \times$ 质量	—	0.119* (0.071)	—	−0.075 (0.095)
$X_{ij} \times post_{ijt} \times$ 种类数	—	—	0.001*** (0.000)	0.001*** (0.000)

(续表)

变量名称	是否有进口中间产品	进口中间产品质量	进口中间产品种类数	进口中间产品质量与种类数
质量	—	−0.057 (0.045)	—	0.064 (0.059)
种类数	—	—	−0.001*** (0.000)	−0.001*** (0.000)
其他控制变量	控制	控制	控制	控制
行业固定效应	控制	控制	控制	控制
年份固定效应	控制	控制	控制	控制
地区固定效应	控制	控制	控制	控制
观测值(个)	15 833	15 833	15 833	15 833

注：括号中为标准误差，上标 * 表示 $p<0.10$，*** 表示 $p<0.01$。

表 6-9 第一列是加入企业是否有进口中间产品与之前交乘项的交互项的回归检验结果。我们发现交互项（$X_{ij} \times post_{ijt} \times$ 进口中间产品）的估计系数显著为正，而交乘项（$X_{ij} \times post_{ijt}$）的估计系数并不显著。这说明出口转内销企业如果进口中间商品，则其专利申请数量会更多。表 6-9 中的第二列是加入进口中间产品质量与之前交乘项的交互项的回归检验结果。出口转内销企业进口中间产品质量越高，则其专利申请数量越多。$X_{ij} \times post_{ijt} \times$ 质量 的估计系数在 10% 的统计水平下显著。表 6-9 中的第三列则是加入进口中间产品种类数与之前交乘项的交互项的回归检验结果。进口中间产品种类数与出口转内销的交互项则显著为正。表 6-9 中的第四列是同时加入进口中间产品种类数和质量的回归检验结果。我们发现，进口中间产品种类数的增加会显著提高出口转内销企业的技术创新，但进口中间产品质量的提高并未有显著作用。

我们通过表 6-9 的检验结果可以看到，企业出口转内销总体上可以通过进口中间产品，特别是增加进口中间产品种类数，促进其技术创新。但同时，中间产品或投资品的进口也会抑制企业的技术创新。首先，在全球价值链分工下，企业过度依赖进口中间产品可能导致丧失创新能力（Bettis 等，1992），被跨国公司锁定在低端环节（张杰，2015；Gereffi，1999 等）。其次，Liu 和 Qiu（2016）指出进口中间产品会对企业技术创新产生替代效应；Lim 等（2018）也得出相似的结论,指出进口中间产品对企业技术创新总体存在抑制作用。此外,中间产品的学习效应或者技术溢出效应作用的发挥与进口企业的消化吸收能力有很大关系(Berchicci,2013)。

基于中间产品或投资品的引进促进企业发展只能是短期行为,在转内销获利之后,企业还是需要培育各种自主创新要素。在 LILY 品牌发展的过程中,我们也可以看到,刚进入中国市场时,因投入资金比较大,关键中间产品和辅料进口可以显著降低企业原料成本价格,并保证企业生产产品的品质,因此上海丝绸集团股份有限公司进口中间产品的数量比较大。2006 年 LILY 品牌开始盈利之后,上海丝绸集团股份有限公司开始积极构建自己的实验室、开拓国内供货地,并进行自建生产工厂,其进口数量大幅度下降。另外,上海丝绸集团股份有限公司之所以可以从引进到自主创新,主要也跟其较高的技术水平和强大的研发整体实力有很大关系。

第四节 从引进创新到自主创新路径实施的相关建议

本章我们探讨了立足国内市场实现出口企业技术创新的另外一条路径,即出口转内销,从引进创新到自主创新。首先,我们根据工业企业数据库对纯出口企业、出口转内销企业和出口又内销企业进行识别,在此基础上对出口转内销企业的典型特点进行描述。其次,基于 PSM-DID 方法检验企业出口转内销对技术创新的作用,我们发现企业出口转内销对技术创新具有显著正向作用。这再一次证明了中国出口企业技术创新存在本土市场效应。最后,我们基于 LILY 品牌发展案例探讨了其出口转内销成功的经验和进行技术创新的路径。

通过本章的研究,我们发现在当前国外需求萎缩、本土市场规模不断扩大的背景下,具有丰富出口经验的高生产效率的出口企业可以通过出口转内销,借助国内大市场优势进行技术创新。然而并不是所有出口企业都愿意推进出口转内销战略。这主要是因为出口转内销成本过高,同时还存在各种风险和问题,转型成功概率并不高。因此,相关部门及有关各方应通力合作,进一步完善国内市场环境,为出口企业转内销提供平台和资金支持,减少其推进出口转内销战略的后顾之忧,进而提升贸易发展质量和经济发展水平。

第一,出口企业首先要明确自身的市场定位,进而决定是否实施出口转内销转型战略。

在国外市场需求逐渐低迷、国内市场迅速发展的大背景下,出口转内销是出口企业寻求进一步发展的重要途径,但是并不意味着所有出口企业都适合实施出口转内销型战略。我们的研究发现,一般贸易企业、生产效率较高的企业和资本丰裕型企业更适合进行出口转内销,这些企业不但拥有更强的经济实力去应对出口转内销的高昂成本,而且出口转内销对此类企业技术创新的提升作用更为显著。因此,是否推行出口转内销转型策略,仍取决于出口企业自身的市场定位及经营状况,企业既不能盲目跟风转型,也不能畏首畏尾以致错失良机。

要想出口转内销成功,除了外部市场变化和政府支持外,最重要的是转内销出口企业需要根据国内市场的现状和需求,充分认识自身优势和不足,转变商业思维,重视国内市场定位和产品研发。出口转内销企业要想成功,应该以国内市场需求为中心,开发国内经销渠道,充分利用线上线下相结合的营销模式,积极探索适合国内用户需求的销售模式;从消费者消费习惯入手,努力研发生产出符合国内消费者需求的产品,实现从生产到销售的闭环管理;加强国内品牌的打造,坚持以国内消费者的需求为中心,通过品牌创新和手段创新全面树立良好国内市场形象,逐步赢得国内用户的认同。同时,出口企业需要根据中国市场需求变化不断调整自己的产品定位和营销策略,这样才能逐渐扩大国内市场销售规模,而销售规模扩大和利润的提升会进一步促进企业构筑国内生产价值链条,加大研发投入,实现自主创新,强化市场竞争优势。

第二,政府部门应强化引导,推进企业出口转内销。

首先,政府应该统一市场标准。我们研究发现,长期以来出口企业转内销的比例仅有13%左右,其原因之一便是纯出口企业主要按照国际标准从事加工制造,在转内销过程中面临着所生产产品与国内技术标准不一致、质量标准不统一等系列问题。因为世界各地的需求偏好存在较大差异,对产品的要求标准也存在差异,尤其是一些消费类产品,所以出口企业生产的产品不一定符合中国的市场需求。比如,欧美衣服的 S 码,在中国可能是 XL 码,故企业需要调整生产线,生产适合中国消费者体型的产品;出口产品款式和国内市场需求也有差异,国外卖得好的产品,国内市场未必卖得好;有些产品国外认证的标准在国内还需要再申请认证。如此种种问题都无形中抬高了中国出口企业转内销的门槛。因此,相应部门应加强协调,尽力统一国内外产品生产标准,通过缩小国内外产品差距、国际国内认定标准差异等方式降低内销市场准入门槛,切实鼓励出口企业转内销。此外,各地市场监管部门应指导和监督认证机构为企业提供的服务,主动优化认证程序,缩短认证办理时间,提高办事效率。

其次,政府应该加强反垄断监管。出口企业出口转内销过程中最大的外部阻力便是长期占据本土市场的内贸企业,特别是当行业内已经出现较大规模的龙头企业时,这些大型企业会凭借体量优势攫取市场利润,垄断市场份额,并利用不正当手段打压进入市场的新企业。为此,市场监管和反垄断部门应加强监督管理,打击垄断行为和不正当竞争,使得出口企业能较为畅通地进入本地市场。

再次,政府应强化知识产权保护。由于国内对技术创新的保护相比国外要落后,国内市场上产品模仿、抄袭的现象比国外市场更为严重。我们对长三角和珠三角企业进行调研时发现,很多外贸企业不愿意转内销也是因为国内知识产权保护意识不强,走法律程序过于耗时耗力。具有创新意识的企业家或富有创新活力的企业能经受世界上某些产权保护严格国家的考验,并在竞争中胜出,却因为国内的抄袭模仿等不正当竞争行为而不愿进入国内市场,选择仍然死守国外市场。因此,有关部门应当不断加强国内知识保护立法和执法工作,提高违法成本,高效促进知识产权运用,激发全社会创新活力,以吸引更多高技术产品进口,强化自主创新能力的建设和培育,避免市场陷入高模仿而低创新的困境。同时,有关部门应针对受外需冲击影响转为内销的出口企业修订相关法规,承接此前在国外市场受到外国产权保护法保护的产权;大力支持外贸企业与品牌商协商出口转内销产品涉及的知识产权授权,做好专利申请、商标注册和著作权登记工作,加强对外贸企业知识产权的指导和服务。

最后,政府应加大对出口转内销企业的资金支持力度。融资约束一直是制约中国外贸出口企业的因素之一。考虑到出口企业转内销后面临因国内价值链构建、企业研发投入、销售网络建设和品牌经营等产生的资金问题,其对金融服务的需求更为迫切,政府应鼓励各类金融机构提供更多供应链金融服务,针对出口转内销企业提供专项信贷服务。针对外贸企业的融资需求,政府可以推进商业银行在授信审批、业务受理和融资成本等方面积极为外贸企业开通"绿色通道",配置专属信贷资源;采取较为灵活的贷款监督政策,支持外贸企业发展。为了解决企业出口转内销产生的成本高、风险大的问题,政府可鼓励保险公司加大保险支持力度,提供多元化的保险服务。

第三,推进物联网建设,搭建出口转内销平台。

国内各地市场分割情况较严重,地区之间运输成本较高,各地区市场准入门槛不统一,从而严重影响了出口企业转内销的积极性和转内销后国内销售规模的扩大。大多数出口企业是外贸订单驱动型企业,其产品在进入国外市场时有相对固定和连续的渠道,基本不经过本国批发、零售环节流转;而且中国大部分出口企业主要以贴牌加工制造为主,这类出口企业仅专注于产品制造环节,没有自己的销售网络和渠道。但在国内市场上,制造企业生产的商品在到达消费端之前,一般需要通过批发零售企业构成的流通环节,需要出口企业构建自己的品牌和销售渠道,而且国内市场销售渠道的建立和拓展成本高、周期长,不利于出口转内销企业扩大国内销售。此外,出口企业也缺乏内销渠道构建的经验和人才。为此,我们应大力推进物联网在贸易领域内的建设,借助相关技术降低地区之间的交易成本,构筑全国统一大市场,降低国内销售税费负担,借助互联网技术优势来优化国内营商环境,促进出口转内销企业国内销售额的迅速扩张和内销比例的快速提升,尽量缩短本土市场规模经济效应发挥的时滞期。当前,中国线上交易平台发展已经非常成熟,线上交易大大降低了企业进行市场推广的成本,所以国内出口企业转内销优先选择的渠道基本都是线上交易平台。但现在线上交易平台竞争激烈,进入成本越来越高,销售产品质量参差不齐,出口转内销产品很难在平台上被消费者识别。因此,政府可搭建出口转内销平台,帮助出口企业构建出口产品内销网络,通过统一的转内销平台帮助出口企业进行产品推广和销售。同时,政府还应帮助出口企业与国内大型物流企业和实体销售企业进行供需对接,降低出口企业转内销的成本。

第四,各界应加强产学研结合,注重培养专业化人才。

对于出口企业而言，出口转内销不仅需要资金的大量投入，更需要一支可靠的人才队伍。出口企业转内销后需要构筑自己的研发、销售、生产和管理等团队，人才结构更为多元化。出口企业在外贸经营过程中，订单只要盯住大客户买手，一对一沟通接待，所需人才范围较窄。但转内销后，大多数外贸企业既需要懂国内市场销售的人才，也需要有针对中国市场进行产品研发设计的人才，还需要有品牌经营管理经验的人才，因此，出口转内销企业须通过自身培养和外部招聘，不断完善自身人才队伍。为此，我们还需要加强校企合作，各类院校可制订更为合理的人才培养计划，为企业量身定制人才培养方案，充分考虑企业转型过程中对人才的需求，围绕企业对专业知识、业务能力、运营管理等方面的要求订立培养计划。

2020年6月，国务院办公厅颁布了《关于支持出口产品转内销的实施意见》。该意见指出，在鼓励企业拓展国际市场的同时，各类政府机构支持适销对路的出口产品开拓国内市场，因地制宜推动出口产品转内销工作，重点帮扶本地区重要产业链供应链外贸企业和中小微外贸企业。在国内出口产品转内销政策的扶持下，优质出口企业通过转内销立足国内市场，从引进创新到自主创新的路径更容易实现。

第七章
对外直接投资与出口企业技术创新：
从自主创新到融合创新

2001年，中国政府提出"走出去"战略，中国企业学习先进技术的渠道已不限于吸引外资带来的技术溢出。越来越多的中国企业选择对外直接投资，通过外部市场资源实现技术创新。本章我们在梳理中国对外直接投资（outward foreign direct investment，OFDI）现状基础上，实证检验OFDI对出口企业技术创新的影响机制和作用效果，并立足本土市场规模，通过OFDI进行融合创新的适应性和可行性分析。

第一节 中国企业对外直接投资的现状

随着中国综合国力的不断提升，中国对外直接投资快速发展。根据中国商务部的统计数据，2022年，中国对外直接投资流量为1 631.2亿美元，排名全球第二位；2022年年末，中国对外直接投资存量达2.75万亿美元，连续6年排名全球前三。本节我们主要从企业对外直接投资规模、区位分布、行业分布、投资主体等方面对中国OFDI的现状进行描述，为后续实证提供现实依据[①]。

一、中国对外直接投资规模

加入世界贸易组织后，中国对外直接投资规模呈现不断扩大趋势。2002年，

---

① 本节数据信息主要来源于商务部、国家统计局和国家外汇管理局联合发布的各年《中国对外直接投资统计公报》。

中国对外直接投资流量为27亿美元,到2022年迅速增加到1 631.2亿美元。图7-1展示了2006—2022年中国对外直接投资流量和存量情况。从图7-1中我们可以看出,中国OFDI的流量和存量都随时间而上升,特别是2013年之后中国OFDI的存量大幅增加。联合国贸易和发展会议发布的《2023世界投资报告》显示,2022年全球对外直接投资流量为1.5万亿美元,年末存量为39.9万亿美元。以此为基数计算,2022年中国对外直接投资在全球当年流量、存量中的占比分别为10.9%和6.9%。2022年,中国境内投资者通过境外企业实现销售收入34 740亿美元,带动中国出口额为1 742亿美元,占中国货物出口总值的4.8%。

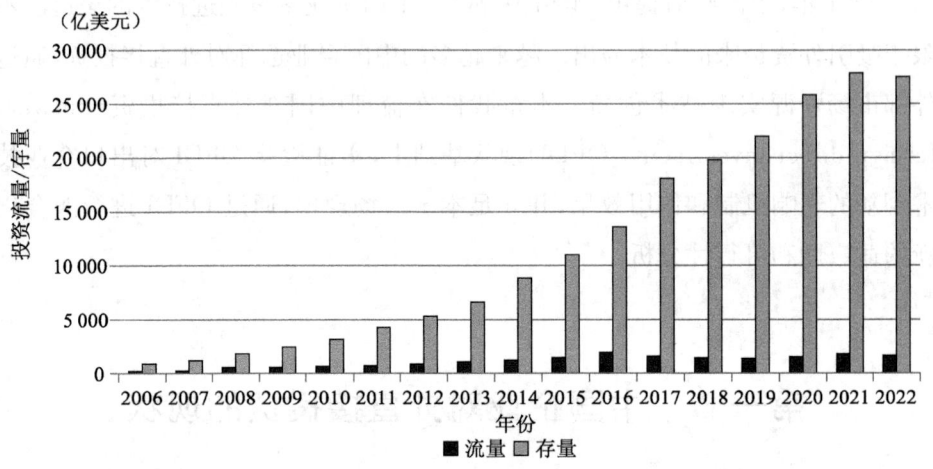

图7-1 2006—2022年中国对外直接投资流量和存量情况

数据来源:中华人民共和国商务部网站。

虽然中国对外直接投资发展迅猛,但是与美国相比还存在较大差距。截至2022年,美国对外直接投资存量为8.05万亿美元,荷兰为3.25万亿美元,中国为2.75万亿美元,见图7-2。从对外投资存量规模来看,中国对外直接投资存量仅相当于美国的34.2%。

二、中国对外直接投资区位分布

从地区分布来看,中国目前对外直接投资的地域分布极不平衡,高度集中在亚洲和发展中经济体。2006年,中国对外直接投资主要集中在拉丁美洲

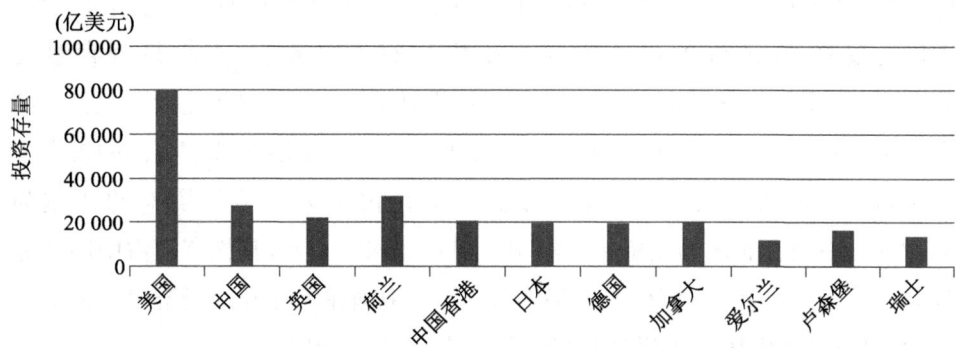

图 7-2　2022 年中国与全球主要国家(地区)对外直接投资存量对比

数据来源：中华人民共和国商务部网站。

和亚洲，但从 2007 年之后中国对外直接投资主要集中在亚洲地区。2011 年，中国投资亚洲地区的流量比例为 60.9%；2022 年，该比例上升至 76.2%（图 7-3）。从地区层面上看，中国对外直接投资主要流向荷兰、开曼群岛、英属维尔京群岛、百慕大群岛。

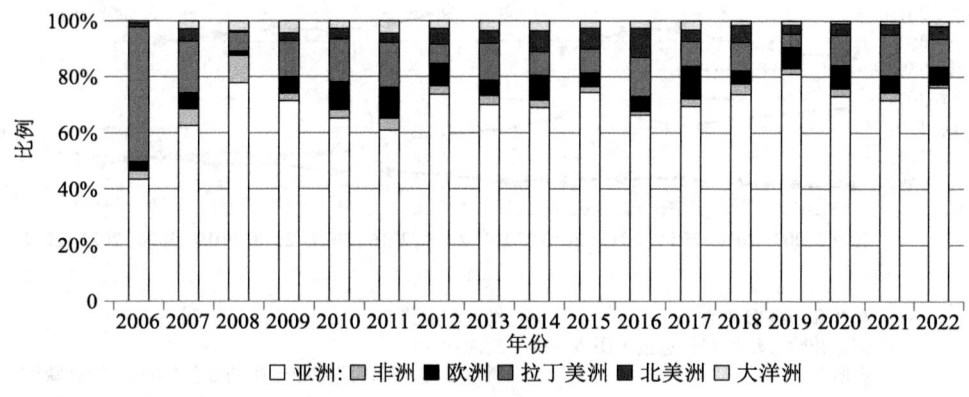

图 7-3　中国对外直接投资流量地区分布

数据来源：各年份《中国对外直接投资统计公报》。

三、中国对外直接投资行业分布

中国对外直接投资覆盖的行业范围越来越广，几乎覆盖了国民经济所有行业类别。2022 年，中国境外企业投资存量规模最大的四个行业是租赁和商务服务业、金融业、批发和零售业以及制造业。中国对各区域直接投资的行业集中度比较高,在亚洲的投资主要为租赁和商务服务业,占总投资存量的42.5%。中国在欧洲和北美洲的投资以制造业为主,中国制造业投资额在欧洲和北美洲投资额中的占比分别为34.0%和27.7%。中国在拉丁美洲的投资主要是租赁和商务服务业,其投资额占中国在拉丁美洲总投资额的比重为44.2%。中国在非洲的投资主要集中在建筑业和采矿业,其投资额占中国在非洲总投资额的比重分别为33.3%和23.8%。中国在大洋洲的投资以采矿业为主,其投资额占中国在大洋洲总投资额的占比是42.2%。

从发展趋势来看,2008—2022年,中国直接对外投资中批发和零售业、金融业的占比有所下降,制造业的对外投资比重总体呈上升趋势。这说明中国制造业对外产业转移在增加。与此同时,信息传输、软件和信息技术服务,科学研究、技术服务和地质勘查业的投资占比总体增多。这说明中国企业对技术获取型的投资越来越多。

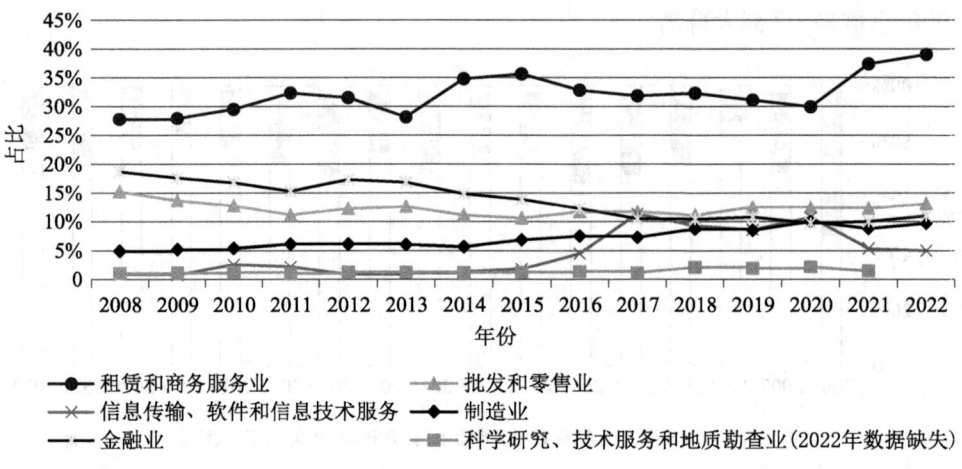

图 7-4 中国 OFDI 存量行业占比分布(2008—2022 年)

数据来源:各年份《中国对外直接投资统计公报》。

在中国对外直接投资中,中国企业基于研发目的进行的投资不断增多。根据吉生保等(2021)的研究,截至2019年,中国海外研发类投资规模已经达2 060.4亿元人民币;进行或者参与海外研发类投资的中国上市公司数量已经由2007年的130家上升到2019年的306家;中国上市公司设立的海外研发投资项目或机构数量到 2019 年为 606 家。图 7-5 为 2007—2019 年对外研发投资上市公司数量及占比。从图 7-5 中我们可以看到，中国上市公司进行海外研发投资的企业数目所占比重呈上升趋势，由 2007 年的 12% 上升到 2019 年的 16%。

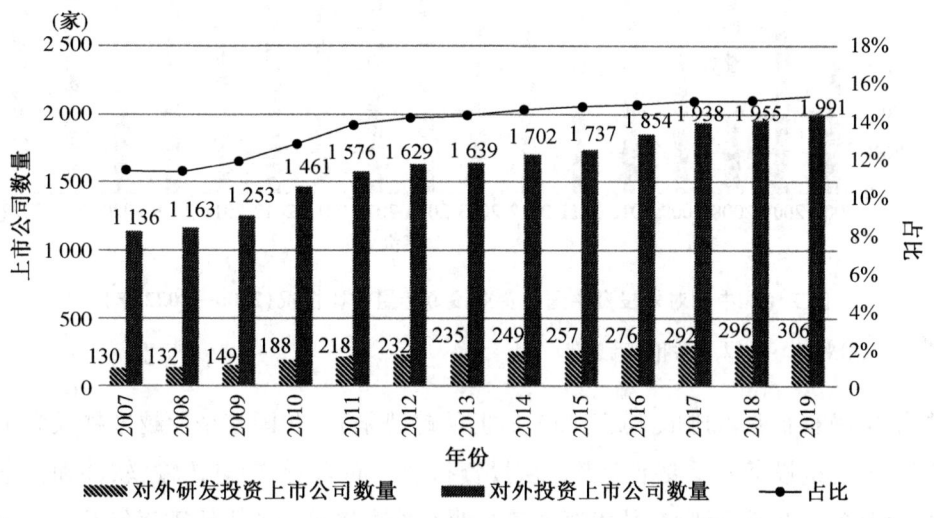

图 7-5　2007—2019 年对外研发投资上市公司数量及占比

资料来源：吉生保，曹韵诗，马淑娟. 中国上市公司海外研发投资：发展现状与影响因素[J]. 世界经济研究，2021(10)：103-118,136.

四、中国对外直接投资主体分布

中国对外直接投资企业主要以国有企业为主。国有企业对外直接投资额占中国所有企业对外直接投资总额的比例呈下降趋势，如图 7-6 中国对外投资中国有企业投资存量占比情况（2006—2022 年）所示。2006 年国有企业 OFDI 存量占中国总 OFDI 存量的比重为 81%。中国非国有企业 OFDI 的存量占总 OFDI 存量的比重为 19%。2022 年年末，在中国对外非金融类直接投资 24 509.1 亿美元存量中，国有企业投资额的占比为 52.4%，非国有企业的投资占比为 47.6%。

近年来，中国企业进行海外直接投资的数量和规模在大幅度提升。这说明中国企业越来越多利用多个市场、多种资源进行业务拓展。虽然目前中国海外

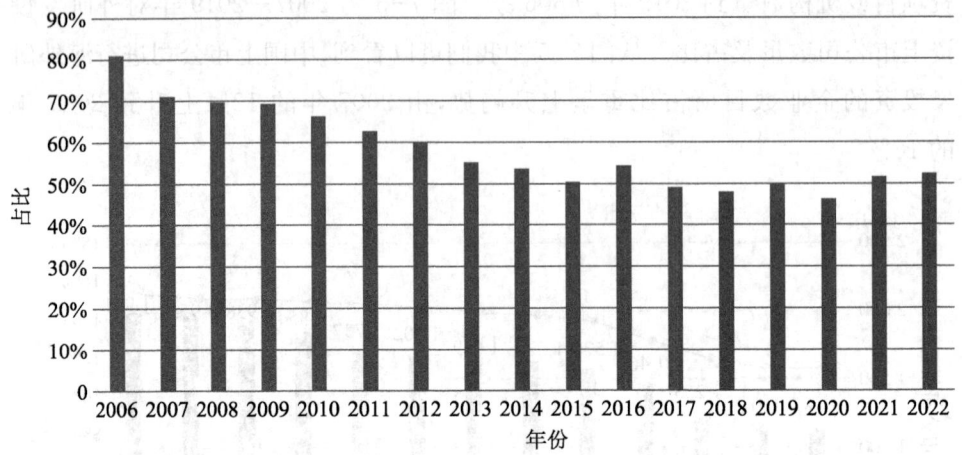

图7-6 中国对外投资中国有企业投资存量占比情况(2006—2022年)

数据来源:中华人民共和国商务部。

投资中国有企业占比依然高于50%,但从趋势来看,非国有企业越来越成为中国对外直接投资的重要推动者。从投资行业分布来看,信息传输、软件和信息技术服务以及科学研究、技术服务等行业对外直接投资所占比重逐年升高。海外研发投资占比越来越大,这说明中国企业正在加快海外资源尤其是海外研发资源的利用。

第二节 对外直接投资促进出口企业技术创新的机制和经验检验

一、对外直接投资对本土企业技术创新的影响机制

对外直接投资对母国经济的影响一直是国际经济领域关注的焦点之一。对外直接投资具有技术溢出效应,可以促进东道国技术进步,同时大量的研究也发现,对外直接投资对母国企业具有逆向技术溢出效应。Lichtenberg和Potterie(2001)基于美、日、欧等国家和地区的样本,发现这些国家和地区企业的对外直接投资可显著提升其生产效率。Pradhan和Singh(2009)基于汽车产

业层面数据,也发现不论是发达国家还是发展中国家,汽车产业对外直接投资都对母国具有显著的逆向技术溢出效应。同时,他们的研究也发现,美国企业对外直接投资能够显著增加母公司的研发投资。基于中国微观层面样本数据的研究发现,企业对外直接投资能够显著提高母国企业的技术创新的能力。毛其淋等(2014)和明秀南(2019)等检验发现,对外直接投资能显著提升中国企业的创新积极性、创新密度以及创新持续期等。贺晓宇(2018)进一步研究发现,对外直接投资能对企业创新的影响在对外投资第一年最为显著,在投资第二年之后逐渐减弱。余静文等(2021)指出,对外直接投资能对企业创新能力的提升体现在集约边际上,即对已有的生产技术复杂度的提升。常玉春(2011)的研究则发现,对外直接投资能主要对中国企业的技术创新效率产生积极影响;对外直接投资能主要通过资源获取效应、模仿和学习效应、合作效应等促进本土企业技术创新。

(一)资源获取效应

对外直接投资后,企业可以利用东道国科研机构、研发人员、设备和前沿技术信息等研发要素获得前沿的技术。这些资源往往很难在国内获得,而且海外的这些研究资源与国内的研发资源具有显著差异,能显著增强企业的技术创新能力(Kotabe,1990;Kafouros 等,2008;Zedtwitz 和 Gassmann,2002)。沙文兵(2014)的研究指出,即使对外直接投资的目的仅仅是获取国外的自然资源,东道国的创新水平越高,母国分支企业获得的技术溢出也越多;东道国的经济水平越高,其承担技术创新的风险的能力越强,越能够进行密集的研发活动,从而产生逆向技术溢出。

企业对外直接投资尤其是向发达国家或地区的投资不仅能够获取东道国直接的研发资源,同时也能获取国外优质的制度资源(Wu 等,2016;Hsu 等,2015;Peng 等,2003)。发达国家的市场运行更透明,可以提供更好的知识产权保护,同时还存在功能和效率更高的资本市场,帮助企业缓解融资约束,提升企业研发投入和创新绩效。

(二)模仿和学习效应

模仿和学习效应是指对外直接投资能显著降低企业之间的物理距离和交流成本,尤其是研发中心的投资建设。中国海外直接投资企业可以更直观地观摩和学习国外企业的管理机制、生产流程、组织框架等，及时获取国外先进技术的研发信息，进行技术引进和模仿。对外直接投资企业相比国内企业具有更多的学习和模仿机会，更易积累新知识，从而借助这些新经验和知识进行创新（Miller，1996）。海外子公司向技术前沿企业进行技术学习，然后将所掌握的先进技术传播回国内，被母国企业吸收，这种机制带来的学习效应要比企业从"干中学"获得的技术进步更显著（蒋冠宏和蒋殿春，2014；苏汝劼和李玲，2021；毛其淋和许家云，2014；赵伟和古广东，2006）。

（三）合作效应

合作效应主要指海外投资企业通过与东道国本土企业、东道国研发机构、大学或其他当地投资的跨国企业的合作，构建东道国合作社会网络。海外投资企业可以通过这些国外社会网络助力企业技术创新。此外，如果投资采用跨国并购形式，则并购企业的社会资源和母国企业自身资源的整合能够很好地实现创新联动，提高企业的技术创新能力（贺晓宇和沈坤荣，2018）。

（四）市场竞争机制

企业进行对外直接投资后，面临更大的国际市场和更激烈的市场竞争环境。苏汝劼和李玲（2021）、尹东东和张建清（2016）、明秀南等（2019）在市场机制的基础上分析了对外直接投资对提高企业创新能力的作用。首先，市场寻求型海外投资通过扩大市场规模、降低关税壁垒等增加企业收益额、降低生产成本，使更多的经费可以投入技术研发。其次，对外投资企业面临国际同行的激烈竞争，这迫使跨国公司更加注重研发而不是单纯的模仿。最后，企业对外直接投资后会面临更多元化的市场需求，也会激励企业积极创新，李国学（2017）认为，当东道国具有较高的需求层次时，海外分支或厂商为满足东道国市场需求，必会不断提升研发和创新能力。

海外投资企业创新能力的提升会通过逆向技术溢出效应促进母国总公司的技术创新。首先，母国总公司可以通过子公司的人才流动及购买海外分支机构的产品获得先进技术。其次，母国总公司可对子公司学习到的技术进行再挖掘、再创新。此外，母国总公司还可以通过无偿转移以及内部贸易进行技术的吸收，如通过机器设备、专利技术等资产的转移来实现。但这种逆向技术溢出效应存在显著的"门槛效应"，这个门槛主要取决于母国企业的技术水平和吸收能力。刘明霞(2010)、沈能和赵增耀(2013)等的研究都发现,投资国和东道国的技术差距显著影响对外直接投资的逆向技术溢出效应。如果两国间的技术差距较小,则投资企业可模仿的范围较小,吸收先进技术的成本变高,对外直接投资的逆向技术溢出效应变弱。范丹和刘宏(2015)通过实证检验发现,技术差距的缩小有利于中国企业通过对外直接投资积极地获取技术,有利于增强对外直接投资逆向技术溢出效应的发挥。除此之外,外来者劣势(Argyres 等,2004; Sanna-Randaccio 和 Veugelers,2007)、海外投资高昂投资成本(Lien 等,2015; Argyres 等,2004)也会影响对外直接投资对本土企业技术创新的作用效果。

还有些学者采用中国数据检验发现,对外直接投资并没有给国内的技术进步及创新带来显著正面影响(白洁,2009;朱彤和崔昊,2012);也有部分研究表明,中国企业对外直接投资的逆向技术溢出效应存在显著行业和地区差异性。叶娇和赵云鹏(2016)指出,机械电子业对外直接投资的逆向技术溢出效应最强,轻纺制造业最弱,资源加工业介于两者之间。当前,学者对中国企业对外直接投资对母国企业技术创新的作用检验,因采用数据和方法的不同而存在较大差距。本节我们将采用工业企业数据库、中国专利数据库和中国对外企业投资名录合并所得数据对中国企业对外直接投资对出口企业技术创新的影响效应进行检验。

二、对外直接投资对出口本土企业技术创新作用效果的检验

(一)数据说明和检验方法

1. 倾向得分匹配法

这里采用倾向得分匹配(propensity score matching, PSM)的方法首先对对外直接投资企业和非对外直接投资企业进行匹配,以消除样本的自选择效应,然后采用多期双重差分法(Differences-in-Differences, DID)得到企业对外直接投资带来的创新方面的处理效应。该效应可表达为:

$$ATT = E(\Delta Inno_i^1 \mid i \in \Omega^1) - E(\Delta Inno_i^0 \mid i \in \Omega^0) \tag{7-1}$$

其中,Ω^1 为企业进行了对外直接投资,Ω^0 是在样本期间企业始终没有对外直接投资。式(7-1)中,$E(\Delta Inno_i^1 \mid i \in \Omega^1)$ 为如果企业进行了投资,其创新能力的变化;$E(\Delta Inno_i^0 \mid i \in \Omega^0)$ 为企业如果没有进行对外投资,其创新能

力的变化。由于因果推断中"反事实"的不可获得性,企业进行对外直接投资后便无法得到假如其没有进行对外投资的结果。因此,我们需要将没有进行对外投资的企业作为对照组来获取对外直接投资企业的"反事实"。

这部分我们采用的数据来自专利数据库和工业企业数据库外和商务部公布的《境外投资企业(机构)名录》,该名录包含2000—2015年中国进行对外直接投资的企业名称、投资地区、企业经营范围、投资年份以及投资涉及目的等信息。凡是出现在《境外投资企业(机构)名录》中的企业都是进行对外直接投资的企业,也就是我们这里所指的OFDI企业。我们将境外投资企业名录按照企业名称匹配到中国工业企业数据和专利数据匹配好的数据库,并保留出口交货值大于零的样本,以确保所有企业为出口企业。匹配好的企业就是我们的处理组企业,即OFDI企业。

在我们拿到的数据样本中,企业进入处理组的概率并不相同,即样本存在"自选择问题"。如果直接进行最小二乘法回归检验,我们所用数据不满足独立假设性条件。同时,在样本中,没有对外投资的企业数量远远超过对外投资的企业,这会导致高维度匹配问题(Rosenbaum和Rubin,1983)。因此,我们采取倾向得分匹配方法,按照每个企业对外投资的倾向得分为OFDI企业寻找合适的对照组,即非OFDI企业。具体来讲,我们采用临近匹配法,按照1∶4的比例来匹配。基于现有文献匹配思路,由于企业投资年份的不同,我们需采用投资前一期的数据计算企业的倾向得分,并进行逐期匹配。在匹配过程中,我们选取合适的匹配变量得到倾向得分,并进行匹配至关重要。结合毛其淋等(2014)、蒋冠宏和蒋殿春(2014)与余静文等(2021)的文献,我们选取的匹配变量如下:①企业的劳动生产率,我们采用企业工业生产总值与从业人员数比率的对数衡量。②企业规模,我们采用企业从业人员数的对数衡量。③企业年龄,我们采用当期年份减去企业成立年份加1的对数计算。企业的年龄及规模越大,越有能力去投资和获取技术。④企业的融资约束,由企业利息支出与固定资产的比值得到,该值越大表明企业面临的金融约束越小。⑤企业资本密集度,我们用固定资产净值与从业人员数的比率衡量。⑥出口密集度,我们采用企业出口交货值与工业销售产值的比值衡量。⑦是否国有控股,我们引入了虚拟变量来表示是否为国有控股。匹配后的非OFDI企业与OFDI企业在上述因素中表现较一致,但是这些企业并未进行对外直接投资。

2. 倾向得分匹配的双重差分模型

在匹配好对照组之后,我们采用如下模型进行回归检验:

$$Inno_{ijt} = \alpha + \mu OFDI_{ij} \times post_{ijt} + \gamma E_{ijt} + \theta_t + \delta_j + \delta_c + \epsilon_{it} \qquad (7-2)$$

上式(7-2)中,$Inno_{ijt}$ 表示出口企业技术创新水平。我们采用专利申请总数量加一取对数表示;在进行稳健性检验时,我们还采用企业新产品产值比和各类专利申请总量表示。$OFDI_{ij}$ 为企业是否进行对外直接投资的虚拟变量,企业选择进行对外直接投资时取 1,否则取 0。$post_{ijt}$ 是关于时间的虚拟变量,企业在对外直接投资之前 $post_{ijt}=0$,企业在对外直接投资之后 $post_{ijt}=1$。μ 为该模型所要研究的关键系数,其大小衡量了对外直接投资对企业技术创新的影响,μ 为正表示对外直接投资使得出口企业创新水平提高,μ 为负则表明对外直接投资反而使得企业技术创新能力下降。E_{ijt} 为上面匹配时所用的控制变量集合。同时,我们控制了企业所在地区固定效应 δ_c、所在行业固定效应 δ_j 和年份固定效应 θ_t。

3. 平行趋势检验

双重差分模型检验的合理性取决于数据是否满足平行趋势。为验证我们所匹配的对照组和处理组两类企业各个指标发展趋势一致,我们首先进行平衡趋势检验。表 7-1 是 PSM 匹配后部分平衡性检验结果,从中我们可以看出,在匹配前,处理组和对照组的各个匹配变量的均值差异较大;在匹配后,处理组和对照组各个匹配变量的均值差异明显较小,且偏差均小于 5%。这说明 PSM 匹配能够为处理组找到较为相似的对照组。

表 7-1 PSM 匹配后部分平衡性检验结果

变量名称	处理组	照组	偏差	减少偏差	t 值	$p > t$ 的概率
劳动生产率						
匹配前	6.621	6.048	48.900	—	12.120	0.000
匹配后	6.621	6.623	−0.100	99.800	−13.890	0.000
企业规模						
匹配前	6.061	5.466	56.000	15.140	—	0.000

(续表)

变量名称	处理组	照组	偏差	减少偏差	t 值	$p>t$ 的概率
匹配后	6.061	6.024	3.5	93.800	−12.630	0.000
资本密集度						
匹配前	4.743	3.962	49.900	11.280	—	0.000
匹配后	4.743	4.760	−1.100	97.700	−13.870	0.000
企业年龄						
匹配前	2.353	2.187	25.300	5.620	—	0.000
匹配后	2.353	2.346	1	95.900	−7.820	0.000
出口密集度						
匹配前	0.327	0.183	40.400	9.590	—	0.000
匹配后	0.327	0.342	−4.300	89.400	−9.750	0.000
金融约束						
匹配前	0.130	0.198	−0.700	−0.100	—	0.917
匹配后	0.130	0.072	0.5	16.600	5.090	0.000
国有控股						
匹配前	0.085	0.045	16.200	4.320	—	0.000
匹配后	0.085	0.075	4	75.300	−2.780	0.005

注：由于本书采取的是逐年匹配的方法，由于篇幅限制，本书仅在此报告2013年的平衡性检验结果。

  基于PSM匹配好的数据，我们进一步做了平行趋势图，以查看数据是否符合平行趋势检验，结果如图7-7所示。图7-7中，横轴为投资时间段。纵轴表示处理组（OFDI企业）与对照组（非OFDI企业）在不同时间段内与处理组虚拟变量的交乘项回归系数。从图7-7可以看出，处理组在进行OFDI前3年与非OFDI企业专利申请数量的系数均在0左右波动，这说明在投资前OFDI企业与非OFDI企业在专利申请数量上无显著差异。对外直接投资之后，OFDI企业的专利申请数量明显高于非OFDI企业，这说明OFDI对企业专利申请数量具有显著的促进作用。同时，从图7-7中我们也可以看出，对外直接投资促进技术创新的作用存在明显的动态特征，在不同时间段内其效果并不相同。

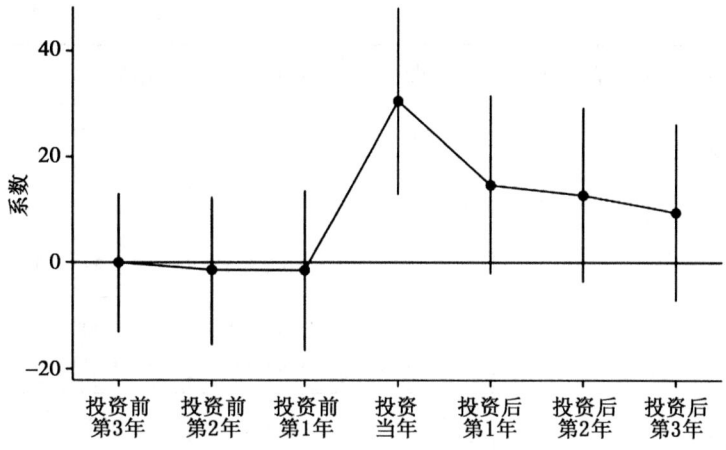

图 7-7 平行趋势检验和动态效果估计

(二) 基准回归结果

根据式(7-2),基于匹配之后的数据进行检验的结果如表 7-2 所示。表 7-2 中,"结果(1)"列到"结果(5)"列是逐步加入 OFDI 与时间交乘项、其他控制变量、时间固定效应、行业固定效应和地区固定效应后的回归结果。从结果来看,$OFDI_{ij} \times post_{ijt}$ 的估计系数都为正,并且通过 1% 统计水平检验。这说明 OFDI 确实可以显著促进中国企业的技术创新能力。从其他控制变量回归系数来看,企业规模、劳均资本、劳动力生产效率和企业年龄都显著影响企业技术创新,而出口密度和融资约束的作用则不显著。

表 7-2 基准回归结果

变量名称	结果(1)	结果(2)	结果(3)	结果(4)	结果(5)
$OFDI_{ij} \times post_{ijt}$	0.262*** (0.019)	0.443*** (0.012)	0.090*** (0.020)	0.092*** (0.019)	0.092*** (0.019)
劳动生产率	—	0.164*** (0.003)	0.252*** (0.010)	0.249*** (0.009)	0.238*** (0.009)
企业规模	—	0.247*** (0.003)	0.386*** (0.007)	0.373*** (0.007)	0.365*** (0.007)
劳均资本	—	0.018*** (0.003)	0.066*** (0.008)	0.068*** (0.008)	0.071*** (0.008)

(续表)

变量名称	结果(1)	结果(2)	结果(3)	结果(4)	结果(5)
企业年龄	—	0.086*** (0.005)	0.133*** (0.013)	0.125*** (0.013)	0.128*** (0.013)
出口密度	—	−0.092*** (0.008)	−0.139*** (0.023)	−0.050** (0.023)	−0.016 (0.024)
融资约束	—	−0.001 (0.003)	−0.006 (0.005)	−0.002 (0.004)	−0.001 (0.004)
常数项	−0.198 (0.206)	−2.286*** (0.024)	−3.660*** (0.170)	−5.066*** (0.210)	−4.978*** (0.216)
年份固定效应	控制	控制	控制	控制	控制
行业固定效应	控制	控制	控制	控制	控制
地区固定效应	控制	控制	控制	控制	控制
观测值(个)	25 882	84 321	20 710	20 710	20 710

注：括号中为标准误差，上标***表示 $p<0.01$。$OFDI_{ij} \times post_{ijt}$ 为企业是否 OFDI 虚拟变量与 OFDI 时间虚拟变量的交乘项。

(三) 稳健性检验

我们将式(7-2)中 $Inno_{ijt}$ 替换为新产品产值比、对发明专利数量加1的对数、设计专利数量加1的对数和实用新型专利数量加1的对数分别进行稳健性检验，结果见表 7-3。从表 7-3 来看，OFDI 对以新产品产值比表示的企业技术创新的估计系数在5%统计水平下显著，估计数值为0.018。从专利类型的回归结果来看，OFDI 对以实用新型专利表示的企业技术创新水平作用最为明显，其估计系数在1%统计水平下显著；OFDI 对设计专利的作用并不显著，对发明专利的作用在10%统计水平下显著。详见表7-3中"实用专利""设计专利"和"发明专利"列。

表 7-3 稳健性检验结果

变量名称	新产品产值	发明专利	设计专利	实用专利
$OFDI_{ij} \times post_{ijt}$	0.018** (0.007)	0.025* (0.014)	−0.005 (0.013)	0.062*** (0.016)

(续表)

变量名称	新产品产值	发明专利	设计专利	实用专利
劳动生产率	0.017*** (0.003)	0.184*** (0.007)	0.096*** (0.006)	0.164*** (0.008)
企业规模	0.025*** (0.002)	0.244*** (0.005)	0.136*** (0.005)	0.270*** (0.005)
劳均资本	0.005** (0.002)	0.053*** (0.006)	−0.004 (0.005)	0.051*** (0.006)
企业年龄	0.031*** (0.003)	0.063*** (0.009)	0.035*** (0.009)	0.075*** (0.010)
出口密度	−0.023*** (0.007)	−0.042** (0.017)	0.083*** (0.016)	−0.069*** (0.019)
融资约束	0.004 (0.009)	−0.000 (0.003)	−0.002 (0.003)	−0.001 (0.004)
常数项	−0.289*** (0.056)	−3.300*** (0.160)	−1.877*** (0.149)	−3.354*** (0.177)
年份固定效应	控制	控制	控制	控制
行业固定效应	控制	控制	控制	控制
地区固定效应	控制	控制	控制	控制
观测值(个)	12 459	20 710	20 710	20 710

注：括号中为标准误差，上标 * 表示 $p<0.10$，** 表示 $p<0.05$，*** 表示 $p<0.01$。

（四）安慰剂检验

我们还对 OFDI 对出口企业技术创新的作用进行了安慰剂检验。我们虚构了控制组和实验组 OFDI 发生的时间，并对其进行再估计。如果估计出来的结果显示式(7-2)中交乘项的系数不显著，说明我们的基准回归结果不存在偏误，基准回归结果是稳健的。如果估计结果显著，则表明我们基于匹配后数据的检验结果是有偏误的。这里，我们随机从样本中挑选部分企业作为处理组，剩下的作为对照组，再进行重复 500 次抽样检验。我们提取这 500 次回归检验所得到的回归系数，并做概率密度分布图。如果我们的结果是稳健的，则 500 个回归结果的系数应该呈现正态分布。我们在打乱重复抽样后得到的回归系数概率密度分布如图 7-8 所示。从图 7-8 可以看出，抽样 500 次之后的估计系数基本呈正态分布，这证明我们的基准回归结果是稳健的。

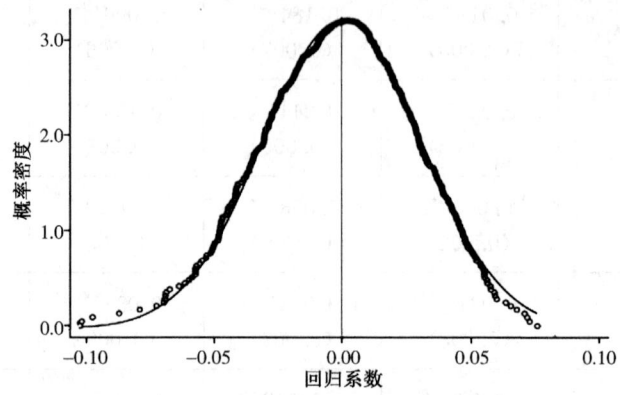

图 7-8　回归系数概率密度分布

（五）异质性检验

1. 企业所在行业异质性检验

根据机制梳理，我们可知 OFDI 对母国企业的技术创新存在显著的正向作用，但也存在门槛效应。OFDI 对母国企业的技术创新的作用效果因企业特征、企业所在行业、投资的目的和投资对象国的不同而存在差异。首先，我们将企业所在行业的特征加入式(7-2)中进行检验，回归结果见表 7-5 中的"结果(1)"和"结果(2)"列。"结果(1)"列是在式(7-2)中加入是否资本密集型行业与 $OFDI_{ij} \times post_{ijt}$ 的交乘项进行回归的结果，结果表明，资本密集型行业和非资本密集型行业 OFDI 对出口企业技术创新的作用并没有太大区别。"结果(2)"列是我们将行业分为高技术和低技术行业，在式(7-2)中加入是否高技术行业与 $OFDI_{ij} \times post_{ijt}$ 的交乘项进行回归的结果。从分技术行业的回归结果来看，$OFDI_{ij} \times post_{ijt}$ 的估计系数显著为正，同时高技术行业与 $OFDI_{ij} \times post_{ijt}$ 的估计系数在 1% 统计水平下也为正。这说明对高技术和低技术行业企业来讲，OFDI 对企业技术创新都具有显著作用，但对高技术行业本土出口企业技术创新的促进作用更大。

2. 企业类型异质性检验

表 7-4 中，"结果(3)"列是加入企业性质进行检验的结果，结果表明，

$OFDI_{ij} \times post_{ijt}$ 与是否外资交乘项的估计系数并不显著,但 $OFDI_{ij} \times post_{ijt}$ 与是否国有的估计系数显著为正,同时 $OFDI_{ij} \times post_{ijt}$ 的估计系数也是显著为正。这说明 OFDI 对民营企业技术创新具有显著促进作用,但这种促进作用在国有企业上体现得更明显。考虑到出口企业本土销售规模越大,出口企业技术创新动机越高,出口企业对外直接投资对技术创新的作用可能受本土市场需求规模的影响。我们还在式(7-2)中加入本土市场有效需求与 $OFDI_{ij} \times post_{ijt}$ 的交互项,检验内销额大小对出口企业技术创新作用的差异性。从表7-4中"结果(4)"列我们可以看出,本土市场有效需求规模越大,OFDI 对企业技术创新的作用越强。

表7-4 不同行业不同企业的检验结果

变量名称	结果(1)	结果(2)	结果(3)	结果(4)
$OFDI_{ij} \times post_{ijt}$	0.110*** (0.021)	0.012*** (0.020)	0.072*** (0.021)	0.137*** (0.014)
X×是否资本密集	−0.054 (0.040)	—	—	—
X×是否高技术	—	0.155*** (0.050)	—	—
X×是否外资	—	—	−0.004 (0.034)	—
X×是否国有	—	—	0.329*** (0.055)	—
X×内销额对数	—	—	—	0.072*** (0.008)
内销额对数	—	—	—	0.056*** (0.013)
其他变量	控制	控制	控制	控制
年份固定效应	控制	控制	控制	控制
行业固定效应	控制	控制	控制	控制
地区固定效应	控制	控制	控制	控制
观测值(个)	20 389	20 005	20 710	20 710

注:括号中为标准误差,上标***表示 $p<0.01$。变量名称列中 $X=OFDI_{ij} \times post_{ijt}$,比如X×是否资本密集表示 $OFDI_{ij} \times post_{ijt} \times$ 是否资本密集。

3. 投资目的地异质性检验

考虑到企业对外投资的目的地和对外投资的动机不同，OFDI 对母国的逆向技术溢出作用也不同。我们按照企业投资目的国的收入水平和发展程度，将国家分为是否为高收入国家、是否为中等收入国家，是否为发展中国家，并引入这些变量与 $OFDI_{ij} \times post_{ijt}$ 的交乘项，基于式(7-2)进行检验，结果见表 7-5 中的"结果(1)"列和"结果(2)"列。表 7-5 中，"结果(1)"列结果显示，从投资目的国的收入水平来看，企业投资到高收入国家对本国企业的技术创新作用更强，投资到中等收入国家和低收入国家对本国企业技术创新作用无差异。表 7-5 中"结果(2)"列结果显示，中国企业投资发达国家或地区对本土企业技术创新的促进作用要大于投资到发展中国家或地区。

表 7-5 投资动机和目的国特性的异质性检验结果

变量名称	结果(1)	结果(2)	结果(3)
$OFDI_{ij} \times post_{ijt}$	0.073*** (0.027)	0.123*** (0.021)	−0.006 (0.036)
X×高收入国家	0.067** (0.031)	—	—
X×中收入国家	−0.042 (0.036)	—	—
X×发展中国家	—	−0.093*** (0.025)	—
X×研究开发类	—	—	0.158*** (0.036)
X×生产制造类	—	—	−0.096*** (0.033)
X×贸易销售类	—	—	0.074** (0.032)
X×咨询服务类	—	—	0.101*** (0.032)
其他变量	控制	控制	控制

(续表)

变量名称	结果(1)	结果(2)	结果(3)
年份固定效应	控制	控制	控制
行业固定效应	控制	控制	控制
地区固定效应	控制	控制	控制
观测值(个)	20 389	20 005	20 710

注：括号中为标准误差，上标 ** 表示 $p<0.05$，*** 表示 $p<0.01$。变量名称列中 $X = OFDI_{ij} \times post_{ijt}$。

4. 投资动机异质性检验

为进一步探究不同投资动机下 OFDI 对企业技术创新的差异是否有区别，我们将 OFDI 企业分为以下类型：研究开发类、贸易销售类(市场寻求类)、咨询服务类、生产制造类和资源寻求类，再次对式(7-2)进行回归检验。在数据处理中，我们将经营范围信息中有"研发""开发""研究""技术"的企业划分为研究开发类，将经营范围信息中有"销售""批发""贸易""经销""进出口"的企业划分为贸易销售类，将经营范围信息中包含"咨询""服务""设计"的划分为咨询服务类，含有"生产""制造"及"加工"的划分为生产制造类，将经营范围信息中包含"原料""原材料""勘探""开采""冶炼""资源"的划分为资源寻求类。基于投资动机进行的检验结果见表7-5中"结果(3)"列。从表7-5中"结果(3)"列来看，以研发为目的所进行的对外直接投资对母国企业技术创新的作用最强，$OFDI_{ij} \times post_{ijt}$ 与研究开发类交乘项的估计系数为0.158，通过1%统计水平下显著性检验。以咨询服务为目的所进行的对外直接投资对母国企业技术创新的作用高于贸易销售类动机。资源获取类对外直接投资对母国技术创新作用并不明显，而以加工制造为目的的投资则显著抑制母国出口企业技术创新。

本节我们采用中国境外投资名录和工业企业数据库以及专利数据库的匹配数据对企业对外直接投资的逆向技术溢出效应进行检验。我们的检验结果表明，中国企业对外直接投资对企业技术创新有显著促进作用，这种促进作用对高技术行业企业、国有企业和内销额大的企业更为显著；对高收入国家和发达国家的投资更能促进母国企业的技术创新；以研发为目的的对外直接投资对于母国企业技术创新的拉动作用大于贸易类和咨询服务类；以加工制造为目的的对外直接投资主要为获取国外低成本优势，并不利于中国出口企业技术创新。

第三节 通过对外直接投资实现出口企业技术创新的典型案例

本节我们借助江苏长电科技股份有限公司(简称长电科技)案例,分析通过对外直接投资实现内外资源融合创新的具体实现方式。

一、长电科技基本概况[①]

江苏长电科技股份有限公司(股票代码:600584)是全球领先的集成电路制造商和技术服务提供商。长电科技致力于为全球客户和合作伙伴提供全方位的微系统集成一站式服务,包括集成电路的系统集成封装设计、技术开发、产品认证、晶圆中测、晶圆级中道封装测试、系统级封装测试和芯片成品测试,并向世界各地的半导体供应商提供直运服务。

长电科技前身为1972年成立的江阴晶体管厂,主要为具有国资背景的华晶集团做配套服务。1992年,江阴晶体管厂正式更名为江阴长江电子实业公司。随着改革开放的深入,大量国外产品及电子器件进入中国市场。1997年亚洲金融危机后,江阴长江电子实业公司根据当时中国市场的状况和半导体产业发展的情况,决定发展分立器件分装业务,并于当年将其厂房规模扩大4.5倍。1998年,受国家打击走私电子元器件影响,江阴长江电子实业公司获得重大发展机会,当年其生产的三极管的国内销售量高达13.5亿只。1998年江阴长江电子实业公司联合厦门永红电子有限公司、宁波康强电子有限公司和连云港华威电子集团有限公司共同出资进行改制,设立江阴长江电子实业有限公司。2000年,江阴长江电子实业有限公司变更为江苏长电科技股份有限公司。长电科技于2003年6月在上海证券交易所上市。进入21世纪之后,长电科技发现依赖低成本扩张已经难以维系发展。从2004年开始,长电科技便注重产品创新,并于当年改造主流的"直插式"元器件生产线,开始生产"贴片式"集成电路,随后又建立起金封3DK系列产品线、分立器件生产线、塑封TO-92

---

① 本部分案例资料主要来自长电科技官网及其他媒体网络,所用数据主要来自wind等数据库。

产品线、IC 生产线等。2016 年,长电科技跻身全球前三大封测企业。

通过高集成度的晶圆级 WLP、2.5D/3D、系统级(SiP)封装技术高性能的流片引线互联封装技术,长电科技的产品和技术涵盖了主流集成电路系统的各类应用场景,包括网络通信、移动终端、高性能计算、车载电子、大数据存储、人工智能与物联网、工业智造等领域。长电科技在中国和韩国拥有两大研发中心,在中国、韩国及新加坡拥有六大集成电路成品生产基地,其营销办事处分布于世界各地,可与全球客户进行紧密的技术合作,并提供高效的产业链支持。

目前,长电科技注册资本为 16.03 亿元,在中国和新加坡拥有研发中心及多处集成电路成品生产基地,员工 23 600 名,具有引线框架封装、Fan-Out、eWLB、WLCSP、Bump、PoP、FCBGA、SiP 等封装技术。长电科技面向全球提供封装设计、产品开发及认证,以及从芯片中测、封装到成品测试及出货的全套专业生产服务。

长电科技主要业务包括先进封装产品制造、传统封装产品制造和测试服务,2022 年三大业务的销售量分别为 213.46 亿只、393.94 亿只和 104.95 亿只。公司主要面向的客户为国际芯片设计制造厂商,产品则主要定位于 5G 通信网络、智能移动终端、汽车电子、大数据中心与存储、人工智能与工业自动化控制等电子整机和智能化领域。作为全球第三大的集成电路委外封装测试(OSAT)企业,全球前二十大半导体公司中有 85% 的公司已成为长电科技的客户并建立长期合作关系。此外,长电科技近年来加速推进国内客户导入,目前已经成功开发多家国内领先集成电路设计企业客户。销售区域方面,长电科技的主营业务收入主要来自境外销售。2022 年,长电科技境外销售收入占其总销售额的比重为 73.81%,其销售区域主要为美国和韩国。

二、长电科技海外投资情况

中国企业开展海外研发始于 20 世纪 90 年代初期。当时,有些企业开始尝试在国外设立合资或独资的研发型企业,但海外研发并未形成气候。2000 年以来,华为、联想等企业逐步建立和完善全球化研发网络。IT 及通信等高科技行业成为中国企业海外研发投资的主要行业。在芯片产业链中,封装测试是最后一个环节。过去,封装测试一直被看作是没有技术含量的行业,在产业链中的地位和盈利能力都不强。不过也正因为此,封装测试是国内企业较早进入国际芯片产业链中的领域。TrendForce 数据显示,截至 2020 年,在全球封装市场中,长电科技市场占率为 12%,在全球十大封测厂商中排名第三。

长电科技的海外投资始于 2004 年。2004 年,长电科技成立了长电国际(香港)贸易投资有限公司,主要从事先进封装设备及产品的进出口业务。自 2013 年开始,中国半导体封装测试行业的市场规模受到全球封测产能向中国转移、国内封测技术突破、国内半导体设备国产化需求上升和下游消费电子设备需求增长等因素的促动,保持平稳增长,长电科技的规模和实力进一步增强。2014 年,长电科技首先与上游芯片制造商——中芯国际集成电路制造有限公司联合成立中芯长电半导体有限公司,并于当年收购新加坡星科金朋公司。星科金朋公司是世界排名前列的半导体封装测试公司,为全球各地客户提供整体与快捷的高质量服务。星科金朋公司的客户群包括数家晶圆代工厂、全球知名 IDM 大厂与遍布全球各地集成电路设计公司。星科金朋公司的产品种类包括通信、电脑、电源供应器与数据型消费性产品等。星科金朋公司在全球拥有一万多名员工,在新加坡、中国、韩国、马来西亚和美国等地均设有工厂。长电科技收购星科金朋公司主要是看重其研发实力和巨大的客户群。被收购后,星科金朋公司在世界各地的子公司和投资工厂都成为长电科技的子公司,长电科技成为名副其实的跨国公司,其海外生产基地扩展至星科金朋新加坡厂以及星科金朋韩国厂。长电科技如今在全球拥有六大集成电路成品生产基地和两大研发中心,在超过 23 个国家、地区设有业务机构,有近 6 000 名工程师和 23 000 多名员工。2021 年 6 月 1 日,长电科技完成对亚德诺半导体技术有限公司新加坡测试厂房的收购,长电科技的全球化经营布局和研发中心建设稳步前行。

在 2015 年完成对星科金朋公司的收购后,长电科技在国际封装市场稳定占据一定的市场份额,不过长电科技财务费用开始飙升,严重侵蚀了公司净利润,2014—2016 年公司财务费用分别为 2.24 亿元、5.91 亿元、9.64 亿元。2017 年和 2018 年公司财务费用均高于 9 亿元,2019 年公司财务费用同样高达 8.70 亿元。这主要是因为星科金朋公司从 2015 年到 2019 年都处于亏损状态,2020 年之后才扭亏为盈。随着星科金朋公司的财务状况不断改善，长电科技自2019年后利润总额不断上升，2019年实现利润总额0.8亿元，2020年上升到14.31亿元。2019—2022年，星科金朋公司营收从10.69亿美元增长至19.46亿美元，年均复合增速22.08%，2022年的收入约占长电科技总收入40%。

三、国内与国外资源融合创新成效

虽然封测是芯片产业链中技术要求较低的环节，但其高科技属性仍然非常明显。长电科技是典型的技术密集型企业。长电科技之所以能成为国内排名第一的封测公司，主要得益于其通过跨国并购设立海外研发中心，利用国内外两种资源进行联合创新。

长电科技收购的两家公司均位于新加坡。新加坡已连续数年在"全球创新指数排行榜"中名列前茅。其优越的创新制度和创新环境为推动全球半导体产业进步提供持久动力。半导体行业是新加坡制造业的支柱产业之一。众多半导体企业在新加坡开展多元运营，包括设立研发中心和进行高价值的生产制造。新加坡具备充足的半导体研发人员。长电科技收购星科金朋公司看重的除了其优质的海外客户外，更重要的是其研发实力。星科金朋公司在先进封装行业中占有领先地位，研发实力强，具备一套完善的研发流程与体系。星科金朋公司共计申请专利两千多项，包括76%的专利在美国注册，包括关键核心专利300项左右，主要是扇出技术与芯片凸点倒装方面的专利。星科金朋公司的产品技术和产品种类与长电科技具有较高互补性。

自收购星科金朋公司后，长电科技在消化吸收星科金朋公司技术的基础上，不断增加研发投入，其申请的国内专利数量大幅度上升，详见图7-9。2010年长电科技国内申请专利数量为452件，2014年上升到1077件，2020年进一步上升到1843件。

现阶段，长电科技在中国、韩国、新加坡拥有三大研发中心，同时还拥有"高密度集成电路封测国家工程实验室""博士后科研工作站""国家级企业技术中心"等研发平台。在三大研发中心的共同努力下，目前公司拥有3200多项专利，包括发明专利2800多项（在美国获得的专利为1800多项），其中三分之二与先进封装技术有关。长电科技作为国内最大的封测龙头，2022年以338亿元的营收

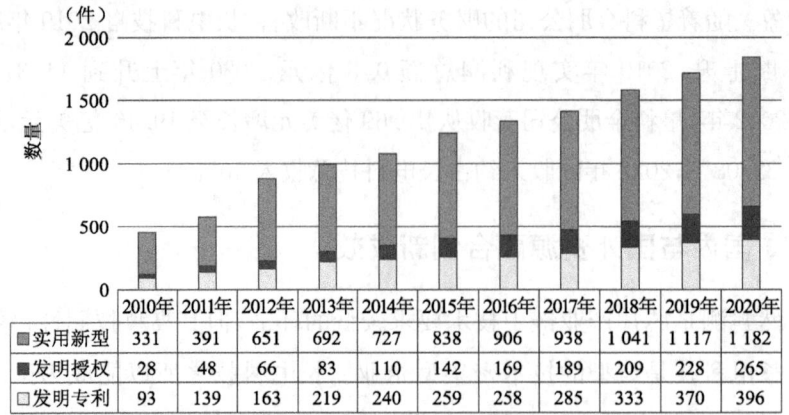

图 7-9 长电科技专利申请情况

资料来源：中国专利数据库。

体量位居国内第一、全球第三。长电科技的封测技术兼具广度和深度，广泛应用于通信电子、消费电子、高性能计算、工业及医疗电子、汽车电子等领域，在技术与专利的布局上远远领先于其他厂商。与此同时，长电科技的研发人员数量和比例也都在上升，2015年长电科技的研发人员仅为5 119人，占总员工比例的24.15%。到2022年，长电科技的研发投入为13.13亿元，研发人员为5 985名，占总员工比例上升到29.72%，详见表7-6。

表7-6 长电科技研发投入明细

年份	研发投入（亿元）	研发投入占营业收入比例	研发人员数量（人）	研发人员数量占比
2022	13.130 6	3.89%	5 985	29.72%
2021	11.856 6	3.89%	6 011	25.85%
2020	10.194 7	3.85%	5 949	25.47%
2019	9.687 5	4.12%	5 785	25.13%
2018	8.883 8	3.72%	5 910	25.04%
2017	7.843 6	3.29%	5 726	24.56%
2016	6.378 8	3.33%	5 273	23.32%
2015	4.951 3	4.58%	5 119	24.15%

数据来源：同花顺股票研报中心。

目前来看，长电科技已经跻身封装行业第一梯队，并将研发成果转化为众多技术，其中包括 SiP、WL-CSP、FC、eWLB、PiP、PoP、Fan-Out 等。在收购新加坡的星科金朋公司后，长电科技进一步完善 Fan-Out 技术，并在其技术基础上发布 eWLB，构建起很高的技术壁垒。技术优势为长电科技带来市场份额和营收上的领先。在技术分配上，长电科技充分发挥海外子公司的优势，将业务拓展到多个领域，其客户遍布全球。表 7-7 列举了长电科技旗下的子公司及业务布局。长电科技旗下星科金朋新加坡厂拥有 Fan-Out、eWLB 和 WLCSP 封装能力；韩国厂拥有 SiP 和 FC 系统封测能力。长电科技江阴本部拥有先进的存储器封装、全系列的 FC 倒装技术。长电科技韩国公司是为配合星科金朋公司拓展客户而设立的 SiP 封装厂，主营 SiP 高端封装业务，客户包括三星公司和 LG 公司等。

表 7-7　长电科技旗下子公司及业务布局

企业名称	子公司	技术	产品	客户
原长电科技	长电本部	基板类（BGA/SiP）、FC 等中高端集成电路产品	PA 模块、手机射频芯片、电源管理芯片	海思、展锐、MTK、Avago 等
	滁州厂	小信号分立器件、低端集成电路	家用电器、电源管理、汽车、防静电产品	国内中小厂商
	宿迁厂	DIP/SOP、FCOL、功率产品封装	照明、家用电器、电源管理	国内中小厂商
	长电先进	Bumping、晶圆级封装	Wi-Fi、蓝牙、电源管理	TI、ADI、英飞凌等
星科金朋	新加坡厂	Fan-in、Fan-Out、eWLB	手机主芯片	高通、MTK、Avago
	韩国厂	SiP＋FCCSP＋POP 为主	储存芯片、矿机芯片	高通、三星、海力士
	江阴厂	FCBGA/FCCSP、高频打线	手机主芯片、矿机芯片	高通、MTK
JSCK	长电韩国公司	SiP	射频芯片	苹果、LG、三星

数据来源：长电科技官网。

随着先进芯片成品制造技术的颠覆性突破，在异构集成技术赛道上，长电科技也在不断换挡提速。2021 年上半年，长电科技推出 XDFOI 全系列极高密度扇出型封装解决方案,旨在为全球客户高度关注的芯片异构集成方面提供高性价比、高集成度、高密度互联和高可靠性的解决方案,引领先进芯片成品制造技术创新迈向新高度。XDFOI全系列解决方案的推出充分体现了长电科技强大的技术创新实力。2023年1月5日,长电科技宣布其XDFOI™ Chiplet高密度多维异构集成系列工艺已按计划进入稳定量产阶段,同步实现4纳米节点多芯片系统集成封装产品出货。凭借该技术,公司有望在FPGA、CPU、GPU、AI和5G网络芯片等市场上显著提升自身竞争力。

纵观长电科技的发展历史,长电科技基本都以国内市场为基础,1998年其国内销售规模大涨,在2003年成功实现上市融资,2004年开始转型走向创新发展,但成效并不明显。2015年,长电科技收购全世界高端封装企业星科金朋公司后,借助新加坡鼓励创新的制度优势以及星科金朋公司的研发人员和研发技术,融合国内研发投入和研发人员,其国际市场占有率和国内市场占有率都大幅度提升,成为世界第一梯队的芯片封装企业。长电科技的成功证明立足国内市场规模,完成资本积累,借助对外直接投资确实可以帮助中国出口企业完成从低成本优势扩张到创新引领升级的转型。

第四节 从自主创新到融合创新路径实现的制约因素和对策建议

自2000年以来,中国企业对外直接投资逐年增长,按存量来算,中国已经成为世界第三大对外直接投资国。商务部《2022年对外投资公报》显示,截至2022年年底,中国境内投资者共在全球190个国家和地区设立境外企业4.7万家。近年来,中国企业不仅对外直接投资规模上升,而且投资的结构也发生很大变化,其中以研发为目的的投资越来越多。虽然国内技术与国际先进水平的差距已经有很大缩减,但在很多领域,这种技术差距还是十分明显。对外直接投资会通过资源获取、学习模仿和合作等效应促进母国企业技术创新,存在显著的逆向技术溢出效应。本章我们基于微观企业层面的数据,采用PSM-DID方法的检验发现,中国企业对外直接投资在整体上促进本土企业技术创新,而且这种作用对国有企业和本土销售规模大的高技术行业企业更为显著;对高收入和发达国家的投资更能促进中国出口企业的技术创新。基于长电科技通过海外直接投资的案例,我们发现中国企业可以立足国内超大市场规模,通过对外直接投资获取研发资源,从而实现内外资源融合创新。但同时我们也发现,中国出口本土企业通过对外直接投资实现从自主创新到融合创新受多方面因素的制约。

一、融合创新路径实现的制约因素

出口企业借助 OFDI 实现从依赖国内资源进行自主创新到利用内外资源进行融合创新的实施和成功会受很多因素的限制。首先,大量研究发现 OFDI 的逆向技术溢出存在"门槛效应",受如母国吸收能力、东道国特征、企业所在行业特征等很多因素的影响,其中最为重要的是母国企业技术吸收能力的大小。如果东道国与母国技术差距较大,且母国企业模仿学习能力非常弱,则融合创新的概率将大大降低,这种情况下 OFDI 并不一定会促进企业提升技术创新水平。在第二节的检验中我们也发现,如果企业投资到低收入国家,为获取资源或者看重其低成本制造优势进行加工制造,则 OFDI 不利于甚至抑制企业的技术创新。

中国企业要实现内外资源融合创新,必须具有非常强的内外资源整合能力。一方面,根据 Helpman 等(2004)的研究发现,只有较高生产效率的企业进行海外投资才能获益。OFDI 的沉没成本相比于出口和国内市场销售更高,海外投资将占据母公司大量的现金流,增加企业的财务费用,如果企业无法实现内外资源整合,则会对企业研发创新产生挤出效应。另一方面,因国内与海外制度、文化、法律和管理模式等都存在较大差异,中国企业海外投资尤其是通过并购进行的海外投资面临较大的内外管理和整合困难,这也是很多中国海外投资企业失败的原因之一。

二、融合创新路径实现的对策建议

(一)政府有关部门加强引导作用,鼓励中国企业对外直接投资

第一,政府应规范 OFDI 相关制度。当前,中国企业对外投资项目已经由

审批制改为备案制,但备案制度的程序比较复杂,通常需要三个月左右的时间,很容易使企业错失投资良机。因此,相关部门应该尽快完善和改进海外投资程序,并进一步规范备案制实施细则。此外,政府对境外企业的返程投资和资金汇入,以及出入境人员的签证管理都非常严格,不利于海外企业和本国企业之间的交流和合作。为此,有关部门应尽快出台适应中国国情并符合国际惯例的海外投资法规,对中国企业投资目标、海外投资审批程序、海外投资与母国企业资金融通、海外企业管理规范等进行原则性规范;同时出台各种海外投资实施法规细则,对中国企业海外投资进行程序化、合法化的管理。

第二,政府应加大对民营企业的政策支持。根据本章实证的结论并结合长电科技的案例,我们认为,通过海外投资进行融合创新的路径比较适合生产效率较高、规模较大、有一定吸收能力和具有国际视野的高技术行业出口企业,且投资更应该集中于高收入国家。在吸收对外直接投资的政策制定上,中国已经有很好的实践,但在中国企业对外直接投资的政策导向和支持上还存在着不足。政府应该明确企业对外直接投资的导向,实施差别性的财政或金融政策,使其更有利于企业对海外投资目的地、经营领域和投资方式等的选择。例如,在政策导向上,应该鼓励高科技行业对北美、新加坡、日本和西欧等创新制度和资源丰富的地区进行投资。虽然国有企业的对外直接投资对其技术创新的拉动作用更强,但其在进行海外投资的过程中会受到他国监管部门更为严格的审查,而且其投资效率相对低下。民营企业近年来在海外投资上发展非常迅速,但存在融资难、用汇难等各种政策歧视。因此,政府应该设立对外直接投资发展基金,特别是针对具有发展潜力和实力的中小民营企业设立海外投资基金,以鼓励民营企业进行对外直接投资。

第三,政府应积极参与国际投资规则的制定。随着国家间的利益冲突愈演愈烈,中国企业正在遭到发达国家更为严格的审查和抵制,面临各种或明或暗的壁垒。面对这一困境,中国政府应当积极应对,在现有国际投资框架下坚持所有权中性原则,同时主动出击,引导国际贸易和投资规则改革方向,团结多数国家出台更为公平、公正的国际贸易投资规则,确保中国企业进行海外投资的正当利益。

第四,政府应鼓励金融行业为中国企业的海外直接投资"保驾护航"。首先，金融监管部门应进一步深化国内金融制度改革，鼓励本国金融机构在境外的发展，不断降低企业境外投资的融资成本和难度，拓宽企业融资渠道。其次，各类银行及金融公司可以针对中国企业海外直接投资过程中的资金需求提供相应优惠措施。最后，我国应坚定不移地推进人民币国际化进程，加速融入全球金融体系，鼓励跨境贸易用人民币结算，以便中国企业可以直接用人民币进行海外直接投资。

第五，政府应该大力发展咨询行业，鼓励其为中国企业海外直接投资提供信息帮助。中国企业在海外直接投资过程中通常存在信息不对称的情况，而且也存在对海外投资项目风险认识不足、制度环境不了解等问题。政府应通过促进咨询行业的发展，为中国企业提供有用的信息和合理的指导。例如，咨询公司可以定期发布海外投资环境指南，尽可能提供其他各国各地区经济、政治、法律和社会发展的基本信息，建立中国对外投资别国信息库，为企业海外投资提供法律服务、信息咨询等服务，积极发挥联络驻外领事馆、各级商会、行业协会以及中介服务机构的作用。

（二）中国企业在对外投资过程中要加强自身建设

首先，中国企业应注重提升国内技术水平，强化技术吸收能力。母国企业吸收能力是对外直接投资逆向技术溢出效应的决定因素之一。因此，我国政府应当不断改善本土母公司的技术创新环境，积极培育和吸收各层次研发人员。企业在海外投资过程中也应该不断提升自身的科技实力，加大研发投入和研发人员的培育，缩短国内和国外两种资源的整合时间。从长电科技案例来看，长电科技在收购新加坡星科金朋公司后，之所以能较快实现内外两种资源的利用，跟国内企业不断提高研发投入费用以及研发人员培育有很大关系。

其次，企业应该联合高校、智库和一些培训机构有针对性地培养企业对外直接投资所需人才。企业在对外直接投资的过程中需要很多的专业人才。例如，审计师、会计师要对投资项目做相应的评估，媒体及游说集团要为项目的政治风险、公众接受度提供专业分析，相关技术也需要专业的技术指导，法律人士要应对各类争端等。中国企业走出去的过程中离不开各类人才的支持，同时中国企业国际化也会将中国的人才带到世界舞台上，所以高校应当有针对性地积极培养相关人才，提供丰裕的人才储备。同时，高校也可以有针对性地招收高质量的外国留学生，使其成为连通中国企业和当地的桥梁。

最后，企业应该借助海外华人团体、组织推进对外直接投资。海外华人网络不仅可以推动中国对外贸易的发展，为中国吸引海外投资，而且也能成为中国企业对外投资的"润滑剂"。通常，由于各国之间存在较大的文化、制度差异，企业难以在营商环境差异巨大的异国他乡获取及时、有效的关键信息，也难以约束他国合作者严格履行契约，这会使得海外投资风险极高。而华人团体深入当地，了解东道国国民的文化习俗和价值认同，从而能够补充投资信息的不足，保障相关契约的执行，为中国企业熟悉当地文化、制度充当"向导"。因此，有关部门和企业应当重视并加大对海外华人网络的组织与利用，搭建投资企业与华人团体直接、便捷的交流平台，从而改善企业的投资环境。

第八章

总结与展望

本书立足中国本土市场需求,探讨了出口企业技术创新实现的可能性和可行性,从理论、实证和路径三个维度对出口企业技术创新的本土市场效应进行了分析。

从理论上,本书基于需求引致创新理论和本土市场效应理论综合分析了本土市场需求促进出口企业技术创新的机制。一方面,本土市场需求的扩大可以通过规模经济效应提高出口企业的利润率,降低企业的研发平均成本,促进企业研发资源投入并提升技术创新能力;同时,本土市场需求的扩大,还可以通过市场竞争效应刺激出口企业技术创新。另一方面,本土市场需求与国外市场需求的差异化以及本土市场需求不断升级的特性可以直接引致出口企业技术创新。

在实证方面,本书采用中国企业层面数据检验了本土市场需求对出口企业技术创新的作用效果。结果发现,不论是企业所在地市场需求还是出口企业本土市场有效需求都会显著促进出口企业技术创新,这一结果非常稳健。出口企业技术创新的本土市场效应对高技术企业、资本密集型企业、民营企业、一般贸易出口企业和混合贸易出口企业的作用更明显。出口企业技术创新的本土市场效应主要通过影响企业规模的中介效应起作用。

在路径方面,本书提出立足本土市场需求实现出口企业技术创新的三条具体路径。第一,外资企业本土化对本土企业技术创新具有溢出效应,这种效应主要通过产业关联效应起作用。下游外资企业本土化将显著促进出口企业技术创新,这种效应对中高技术行业企业尤其明显。因此,中高技术行业(如汽车制造行业)的本土企业可以借助外资企业本土化走从模仿创新到联合创新的发展道路。在吸收外资上,中国应将政策向中高技术行业最终产品制造商尤其是高端制造商倾斜,这类外资企业的入驻对本土企业技术创新和产业价值链构建具有重要意义。第二,在参与全球价值链分工过程中,中国形成了一批具有国际视野、比较优势明显、生产效率较高的出口企业,这些企业所在的行业一般在国内具有比较成熟的生产网络。这部分出口企业应该实施出口转内销策略,借助本土市场需求构建自己的产品生产价值链,寻求从关键零部件和中间产品引进到自主创新的路径。我们采用PSM-DID模型的检验发现,出口转内销通过规模经济效应可显著促进转内销企业的技术创新。中国出口转内销政策应该偏向那些国内产业具有比较优势、生产效率较高的出口企业。第三,与国际技术差距较大的企业,尤其是高科技行业企业,应该立足国内市场需求,借助国外优质资源进行融合创新。政府应提供良好的平台,大力鼓励有实力的高技术行业企业开展以获取研发资源为动机的对外直接投资。

我们的研究虽然证明了出口企业技术创新的本土市场效应,但从估计系数来看,本土市场需求对出口企业技术创新的拉动作用总体较小,而且企业依托国内本土市场需求进行技术创新的路径实现也受到本土市场规模优势发挥程度的制约和影响。中国要想通过本土市场需求的超大规模优势实现出口企业技术创新,以内循环促进外循环,实现内外循环协同发展,最重要的是要保证本土市场需求规模的不断扩张和升级。但需要看到的是,本土市场超大规模优势的发挥受到中国统一大市场建设的影响。自20世纪80年代以来,党中央、国务院发布了一系列关于建设统一市场的决议或法律。1980年10月颁布的《国务院关于开展和保护社会主义竞争的暂行规定》明确提出打破地区封锁和部门分割;1993年颁布的《中华人民共和国反不正当竞争法》和2007年颁布的《中华人民共和国反垄断法》等一系列法律法规旨在打破垄断、建设统一市场。党中央在多次全国代表大会上均提出建设全国统一大市场的论述,如1992年党的十四大报告提出要"尽快形成全国统一的开放的市场体系",党的十五大报告提到要"尽快建成统一开放、竞争有序的市场体系",党的十六届三中全会提出要建设和加快形成"统一开放竞争有序的现代市场体系",党的十八届三中全会提出"建设统一开放、竞争有序的市场体系,是使市场在资源配置中起决定性作用的基础"。

在构建"以国内大循环为主体,国内国际双循环相互促进"的新发展格局背景下,中国更加重视国内统一大市场建设。党的二十大报告指出,要"依托我国超大规模市场优势,以国内大循环吸引全球资源要素,增强国内国际两个市场两种资源联动效应"。2022年4月,中共中央、国务院颁布《关于加快建设全国统一大市场的意见》,提出"建设全国统一大市场是构建新发展格局的基础支撑和内在要求",要"加快建设高效规范、公平竞争、充分开放的全国统一大市场,全面推动我国市场由大到强转变"。同时,该文件提出建设全国统一大市场的具体要求,包括要建设全国统一大市场体系,强化市场基础制度规则的统一,推进市场设施高标准联通,打造统一的要素和资源市场,推进商品和服务市场高水平统一,推进市场监管公平统一,规范不当市场竞争和市场干预行为,等等。2023年以来,国务院先后两次召开常务会议,部署安排全国统一大市场建设,并在随后开展的"推动经济持续回升向好督查调研"和"推动高质量发展综合督查"中将全国统一大市场建设作为重点内容。

另外,根据中国信息通信研究院发布的《中国数字经济发展研究报告(2023年)》,2022年,中国数字经济规模达到50.2万亿元,中国数字经济的增长率已连续11年高于同期名义GDP增长率;数据产权、流通交易、收益分配、安全治理等基础制度加快建设,数字经济在促进信息流、资金流、人才流的跨界流动、提升产业效率和推动经济一体化方面将发挥更加关键的推动作用。通过数字平台,企业可以更容易地跨越地域界限进行业务拓展,实现全球范围内的市场覆盖。这有助于统一大市场中各地区之间的贸易流动。数字支付和金融科技的创新,使得资金在全球范围内更加便捷地流动,从而降低了跨境交易的成本和难度。数据共享和云计算技术的发展,有助于企业在统一大市场中更高效地获取和利用信息资源,提升决策效率。数字经济为人才流动提供了更多可能性,远程办公和在线协作工具使得人才更容易跨越地域边界,这有助于企业在统一大市场中更好地配置和利用人才资源。数字化的智能制造和供应链管理提升了生产效率,降低了制造成本,有助于企业更好地在大市场中进行产业协同和资源整合。数字经济为监管和治理提供了更强大的工具,数字化监管可以更精准地识别和处理问题,有助于规范统一大市场的规则和标准。

在中央统一政策领导下,随着数字经济和新一轮科技革命的到来,未来全国统一大市场建设必然加速推进,本土市场超大规模优势将更加明显。受到数据可得性的影响,我们的研究期限较短,未来学者可以利用更长周期数据继续检验本土市场效应对出口企业技术创新的作用大小及其影响因素,以拓展现有研究。另外,数字经济和科技革命的发展正在改变传统生产、消费、流通和监管模式,新业态、新模式不断涌现,政府和企业都在进行数字化转型,这种数字化转型会更加便利本书所提出的三条路径的实现。未来,有兴趣的研究者可以在三条路径分析中引入数字化因素,检验数字经济背景下三条路径的可行性和实践性,也可探讨数字经济下超大规模本土市场优势促进出口企业技术创新的新路径。不过,我们还应当看到数字经济在促进全国统一大市场形成过程中带来的制约因素,比如数据隐私、网络安全、法规标准等问题,我们需要在平衡发展与安全的基础上确保统一大市场的可持续发展。

参考文献

[1] ACS Z J, AUDRETSCH D B. Innovation, market structure and firm size[J]. Review of Economics and Statistics, 1987,69(04): 567-574.

[2] AGHION P, BLUNDELL R, GRIFFITH R, et al. The effects of entry on incumbent innovation and productivity[J]. The Review of Economics and Statistics, 2009, 91(01): 20-32.

[3] ALVAREZ R, LóPEZ R A. Exporting and performance: evidence from chilean plants [J]. The Canadian Journal of Economics, 2005, 38(04): 1384-1400.

[4] AITKEN B J, HARRISON A E. Do domestic firms benefit from direct foreign Investment? evidence from venezuela[J]. American Economic Review, 1999, 89(03): 605-618.

[5] ANDERSON J E, WINCOOP E. Trade costs[J]. Journal of Economic Literature, 2004, 42(01): 691-751.

[6] ARGYRES N S, SILVERMAN B S. R&D, organization structure, and the development of corporate technological knowledge[J]. Strategic Management Journal, 2004,25(8-9): 929-958.

[7] ARKOLAKIS C, COSTINOT A, DONALDSON D, et al. The elusive pro-competitive effects of trade[J]. Review of Economic Studies, 2019, 86(01): 46-80.

[8] ARNAUD C, DAVE D, MARGARET K, et al. The more we die, the more we sell? a simple test of the home-market effect[J]. The quarterly journal of economics, 2019, 134(02): 843-894.

[9] BALDWIN R E, OKUBO T. Heterogeneous firms, agglomeration and economic geography: spatial selection and sorting[J]. Journal of Economic Geography, 2006, 6 (03): 323-346.

[10] BARON R M, KENNY D A. The moderator-mediator variable distinction in social

psychological research: conceptual, strategic and statistical considerations[J]. Journal of Personality and Social Psychology, 1986, 51(06): 1173-1182.

[11] BARRY F, GöRG H, STROBL E. Foreign direct investment and wages in domestic firms: productivity spillovers vs. labour market crowding out[J]. International Journal of the Economics of Business, 2005, 12(01): 67-84.

[12] BERCHICCI L. Towards an open R&D system: Internal R&D investment, external knowledge acquisition and innovative performance[J]. Research Policy, 2013, 42(01): 117-127.

[13] BETTIS R A, BRADLEY S P, HAMEL G. Outsourcing and industrial decline[J]. Academy of Management Perspectives, 1992, 6(01): 7-22.

[14] BLOMSTRöM M, KOKKO A. Multinational corporations and spillovers[J]. Journal of Economic Surveys, 1998, 12(03): 247-277.

[15] BLUNDELL R, GRIFFITH R, VAN REENEN J. Market share, market value and innovation in a panel of british manufacturing firms[J]. Review of Economic Studies, 1999, 66(03): 529-554.

[16] BOISOT M, MEYER M W. Which way through the open door? reflection on the internationalization of chinese firm[J]. Management and Organization Review, 2008, (03): 349-356.

[17] BRANDT L, BIESEBROECK J V, ZHANG Y. Creative accounting or creative destruction? firm-level productivity growth in chinese manufacturing[J]. Journal of Development Economics, 2012, 97(02): 339-351.

[18] BROADBERRY S, GUPTA B. The early modern great divergence: wages, prices and economic development in Europe and Asia, 1500-1800[J]. Economic History Review, 2006, 59(01): 2-31.

[19] BRODA C, WEINSTEIN D E. Globalization and the gains from variety[J]. Quarterly Journal of Economics, 2006, 121(02): 541-585.

[20] BUSTOS P. Trade liberalization, exports, and technology upgrading: evidence on the impact of MERCOSUR on argentinian firms[J]. The American Economic Review, 2011, 101(01): 304-340.

[21] CAMPBELL R J, HOPENHAYN A H. Market size matters[J]. The Journal of Industrial Economics, 2005, 53(01): 1-25.

[22] CHANEY T. Liquidity constrained exporters[J]. Journal of Economic Dynamics and

Control, 2016, 72: 141-154.

[23] CLAESSENS S, TZIOUMIS K. Ownership and financing structures of listed and large non-listed corporations[J]. Corporate Governance: An International Review, 2006, 14(04), 266-276.

[24] CHU A C, COZZI G, GALLI S. Does intellectual monopoly stimulate or stifle innovation? [J]. European Economic Review, 2012, 56(04): 727-746.

[25] COHEN W M, KLEPPER S. Firm size and the nature of innovation within industries: the case of process and product R&D[J]. The Review of Economics and Statistics, 1996, 78(02): 232-243.

[26] DALGIN M, MITRA D, TRINDADE V. Inequality, nonhomothetic preferences, and trade: a gravity approach[J]. Southern Economic Journal, 2008, 74(03): 747-774.

[27] DAVID P A. Technical choice innovation and economic growth: essays on american and british experience in the nineteenth century [M]. London and New York: Cambridge University Press, 1975.

[28] DAVIDE C, ANTONELLO Z. Technology gaps absorptive capacity and the impact of inward investments on productivity of european firms[J]. Economics of Innovation and New Technology, 2003, 12(06): 555-576.

[29] DAVIS D R. The home market, trade and industrial structure[J]. American Economic Review, 1998, 88(05): 1264-1276.

[30] DAVIS D R, WEINSTEIN D E. An account of global factor trade[J]. American Economic Review, 2001, 91(05): 1423-1453.

[31] DAVIS D R, WEINSTEIN D E. Economic geography and regional production structure: an empirical investigation[J]. European Economic Review, 1999, 43(02): 379-407.

[32] DESMET K, PARENTE S. Bigger is better: market size, demand elasticity and innovation[J]. International Economic Review, 2010, 51(02): 319-333.

[33] FAJGELBAUM P, GROSSMAN G M, HELPMAN E. Income distribution, product quality, and international trade[J]. Journal of Political Economy, 2011, 119(04): 721-76.

[34] FAN H C, LI Y A, YEAPLE, S. Trade liberalization, quality, and export price? [J]. The Review Economics and Statistics, 2015, 97(05): 1033-1051.

[35] FARRELL D. Offshoring: value creation through economic change[J]. The Journal of

Management Studies, 2005,42(03): 675-683.

[36] FISHER F M, TEMIN, P. Returns to scale in research and development: what does the schumpeterian hypothesis imply? [J]. Journal of Political Economy, 1973, 81 (01): 56-70.

[37] FISMAN R, LOVE I. Financial dependence and growth revisited[J]. Journal of the European Economic Association, 2007,5(2-3): 470-479.

[38] FISMAN R, SVENSSON J. Are corruption and taxation really harmful to growth? firm level evidence[J]. Journal of Development Economics, 2007, 83(01): 63-75.

[39] FLAM H, HELPMAN E. Vertical product differentiation and north — south trade [J]. The American Economic Review, 1987, 77(05): 810-822.

[40] FOELLMI R, ZWEIMULLER J. Income distribution and demand-induced innovations [J]. Review of Economic Studies, 2006,73(04): 941-60.

[41] FRITSCH U, GöRG H. Outsourcing, importing and innovation: evidence from firm-level data for emerging economies[J]. Review of International Economics, 2015, 23 (04): 687-714.

[42] GALDóN-SáNCHEZ J E, SCHMITZ J A. Competitive pressure and labor productivity: world iron-ore markets in the 1980's[J]. American Economic Review, 2002, 92(04): 1222-1235.

[43] GEREFFI G. International trade and industrial upgrading in the apparel commodity chain[J]. Journal of International Economics,1999,48(01): 37-70.

[44] GEROSKI P A. Innovation, technological opportunity and market structure [J]. Oxford Economic Papers, 1990, 42(03): 586-602.

[45] GLASS A J, SAGGI K. Multinational firms and technology transfer[J]. Scandinavian Journal of Economics, 2002, (04): 495-513.

[46] GODIN B, LANE J P. Pushes and pulls: history of the demand pull model of innovation[J]. Science, Technology, & Human Values, 2013, 38(05): 621-654.

[47] GOLDBERG P K, KHANDELWAL A, PAVCNIK N, et al. Trade liberalization and new imported inputs[J]. American Economic Review, 2009, 99(2): 494-500.

[48] GOLDBERG P K, KHANDELWAL A, PAVCNIK N, et al. Imported intermediate inputs and domestic product growth: evidence from india[J]. The Quarterly Journal of Economics, 2010, 125(04): 1727-1767.

[49] GÖRG H, GREENAWAY D. Much ado about nothing? do domestic firms really

benefit from foreign direct investment?[J]. World Bank Research Observer, 2004, 19 (02): 171-197.

[50] HANNAN T H, MCDOWELL J M. Market concentration and the diffusion of new technology in the banking industry[J]. The Review of Economics and Statistics, 1984, 66(04): 686-691.

[51] HANSON G H, XIANG C. The home market effect and bilateral trade patterns[J]. American Economic Review, 2004, 94(04): 1108-1129.

[52] HE J, TIAN X. Finance and corporate innovation: a survey[J]. Asia-Pacific Journal of Financial Studies, 2018, 47(02): 165-212.

[53] HE D W, WANG Y F, YOU K. Market entry and the dynamics of export product quality: Evidence from Chinese manufacturing firms[J]. Economic Analysis and policy, 2023, 78(04): 692-706.

[54] HEAD K, MAYER T, RIES J. On the pervasiveness of home market effects[J]. Economica, 2002, 69(275): 371-390.

[55] HELPMAN E, MELITZ M J, YEAPLE S. Export Versus FDI with Heterogeneous Firms[J]. American Economic Review, 2004, 94(01): 300-316.

[56] HELPMAN E, KRUGMAN P R. Market structure and foreign trade: increasing returns, imperfect competition and the international economy[M]. Cambridge: MIT Press, 1985.

[57] HELPMAN E. Trade, FDI, and the organization of firms[J]. Journal of Economic Literature, 2006, 44(03): 589-630.

[58] HITT M A, HOSKISSON R E, KIM H. International diversification: effects on innovation and firm performance in product-diversified firms[J]. Academy of Management Journal, 1997, 40(04): 767-798.

[59] HOPPE H C, LEE I H. Entry deterrence and innovation in durable goods monopoly [J]. European Economic Review, 2003, 47(06): 1011-1036.

[60] HOTELLING H. Stability in competition[J]. The Economic Journal, 1929, 39(153): 41-57.

[61] HSU C W, LIEN Y C, CHEN H. R&D internationalization and innovation performance [J]. International Business Review, 2015, 24(02): 187-195.

[62] HU A G. Ownership, government R&D, private R&D, and productivity in chinese industry[J]. Journal of Comparative Economics, 2001, 29(01): 136-157.

[63] IMBRIANI C, REGANATI F. International efficiency spillovers into the italian manufacturing sector[J]. International Economics, 1999,(04): 583-595.

[64] INKPEN A C, TSANG E W. Social capital, networks, and knowledge transfer[J]. Academy of Management Review, 2005,30(01): 146-165.

[65] JACOBS J. The economy of cities[M]. New York: Vintage Books, 1969.

[66] JADLOW J M. New evidence on innovation and market structure[J]. Managerial and Decision Economics, 1981,2(2): 91-96.

[67] JAVORCIK B. Does foreign direct investment increase the productivity of domestic firms? In search of spillovers through backward linkages[J]. The American Economic Review, 2004,(3): 605-627.

[68] JUDD K L. Redistributive taxation in a simple perfect foresight model[J]. Journal of Public Economics, 1985, 28(01): 59-83.

[69] KAFOUROS M I, BUCKLEY P J, SHARP J A, et al. The role of internationalization in explaining innovation performance[J]. Technovation, 2008, 28(1-2): 63-74.

[70] KEE H L, TANG H. Domestic value added in exports: theory and firm evidence from China[J]. American Economic Review, 2016, 106(06): 1402-1436.

[71] KELLER K L. Building strong brands in a modern marketing communications environment[J]. Journal of Marketing Communications, 2009, 15(2-3): 139-155.

[72] KELLER W, YEAPLE S R. Multinational enterprises, international trade, and productivity growth: firm — level evidence from the united states[J]. Review of Economics and Statistics, 2009,(04): 821-831.

[73] KHANDELWAL A K. The long and short of quality ladders[J]. Review of Economics Studies, 2010(04): 1450-1476.

[74] KHANDELWAL A K, SCHOTT P K, WEI S. Trade liberalization and embedded institutional reform: evidence from chinese exporters[J]. The American Economic Review, 2013,(06): 2169-2195.

[75] KLINE S J, ROSENBERG N. An overview of innovation//The positive sum strategy: harnessing technology for economic growth[M]. Washington DC: National Academy Press, 1986, 275-307.

[76] KOKKO A. Technology, market characteristics, and spillovers[J]. Journal of Development Economics, 1994,(02): 279-293.

[77] KOOPMAN R, WANG Z, WEI S J. Tracing value-added and double counting in gross

exports[J]. American Economic Review, 2014, 104(02): 459-494.

[78] KOTABE M. The Relationship between offshore sourcing and Innovativeness of US multinational firms: an empirical investigation[J]. Journal of International Business Studies, 1990,(04): 623-638.

[79] KRUGMAN P, VENABLES A J. Globalization and the inequality of nations[J]. The Quarterly Journal of Economics, 1995, 110(04): 857-880.

[80] KRUGMAN P. Scale economies, product differentiation, and the pattern of trade[J]. America Economic Review, 1980, 70(05): 950-959.

[81] KUGLER M, VERHOOGEN E. Prices, plant size, and product quality[J]. Review of Economic Studies, 2012,(01): 307-339.

[82] LALL S. The technological structure and performance of developing country manufactured exports, 1985-98. [J]. Oxford Development Studies, 2000, 28(03): 337-369.

[83] LANCASTER T. Econometric methods for the duration of unemployment [J]. Econometrica, 1979,47(04): 939-956.

[84] LARCH M. The home market effect in models with multinational enterprises[J]. Review of International Economics, 2007, 15(01): 62-74.

[85] LEE S H, PENG M W, BARNEY J B. Bankruptcy law and entrepreneurship development: a real options perspective[J]. Academy of Management Review, 2007, 32(01): 257-272.

[86] LEVIN R C, COHEN W M, MOWERY D C. R&D appropriability, opportunity and market structure: new evidence on some schumpeterian hypotheses[J]. The American Economic Review, 1985, 75(02): 156-189.

[87] LICHTENBERG F R, POTTERIE B P. Does foreign direct investment transfer technology across borders[J]. The Review of Economics and Statistics, 2001, 83(03): 490-497.

[88] LIEN Y C, PIESSE J, STRANGE R, et al. The role of corporate governance in FDI decisions: evidence from Taiwan[J]. International Business Review, 2005, 14(06): 739-763.

[89] LIM K, TREFLER D, YU M. Trade and innovation: the role of scale and competition effects[EB/OL]. (2018-6-13). https://ies.princeton.edu/wp-content/uploads/sites/2/2020/12/LTY_061118.pdf.

[90] LINDER S B. An essay on trade and transformation[M]. New York: John Wiley &

Sons (Stockholm: Almquist and Wiksell), 1961.

[91] LIU Q, QIU L D. Intermediate input imports and innovations: evidence from chinese firms' patent filings[J]. Journal of International Economics, 2016, 103: 166-183.

[92] LOVE I, PREVE L A, SARRIA-ALLENDE V. Trade credit and bank credit: evidence from recent financial crises[J]. Journal of Financial Economics, 2007, 83 (02): 453-469.

[93] LOUIS B, RUSLAN R. Global value chains and smart specialisation strategy: thematic work on the understanding of global value chains and their analysis within the context of smart specialisation[R]. Joint Research Centre Working Papers, 2015.

[94] MANSFIELD E, TEECE D, Romeo A. Overseas research and development by US-based firms[J]. Economica, 1979, 46(182): 187-196.

[95] MARKUSEN J R, VENABLES A J. Foreign direct investment as a catalyst for industrial development[J]. European Economic Review, 1999, 43(02): 0-356.

[96] MARSHALL A. Principles of economics[M]. London: Macmillan, 1966.

[97] MELITZ M J, OTTAVIANO G I P. Market size, trade, and productivity[J]. Review of Economic Studies, 2008, 75(01): 295-316.

[98] MELITZ M J. The impact of trade on intra—industry reallocations and aggregate industry productivity[J]. Econometrics, 2003, 71(06): 1695-1725.

[99] MILLER D. Configurations revisited[J]. Strategic Management Journal, 1996, 17 (07): 505-512.

[100] MIAO J, WANG P. Sectoral bubbles, misallocation, and endogenous growth[J]. Journal of Mathematical Economics, 2014, 53: 153-163.

[101] MOSCARINI G, OTTAVIANI M. Price competition for an informed buyer[J]. Journal of Economic Theory, 2001, 101(02): 457-493.

[102] MURPHY K M, SHLEIFER A, VISHNY R W. Industrialization and the big push [J]. Journal of Political Economy, 1989, 97(05): 1003-1026

[103] MYERS S C, MAJLUF N S. Corporate financing and investment decisions when firms have information that investors do not have[J]. Journal of Financial Economics, 1984, 13(02): 187-221.

[104] NICKELL S J. Competition and corporate performance[J]. Journal of Political Economy, 1996, 104(04): 724-746.

[105] OKUBO T, REBEYROL V. Home market effect and regulation costs: homogeneous

and heterogeneous firm trade models [EB/OL]. (2006). https://repec.graduateinstitute.ch/pdfs/Working_papers/HEIWP02-2006.pdf.

[106] OTTAVIANO G, LAMORGESE A, TABUCHI T, et al. Testing the home market effect in a multi-country world: the theory[EB/OL]. (2004-7-23). https://cepr.org/publications/dp4468.

[107] PENG M W. Institutional transitions and strategic choices [J]. Academy of Management Review, 2003, (02): 275-296.

[108] PONCET S. Measuring chinese domestic and international integration[J]. China Economic Review, 2003, 14(01): 1-21.

[109] PONCET S. A fragmented china, measure and determinants of chinese domestic market disintegration[J]. Review of International Economics, 2005, (13): 409-430.

[110] PORTER M E. The competitive advantage of nations [M]. London: Palgrave Macmillan, 1990.

[111] PRADHAN J P, SINGH N. Outward FDI and knowledge flows: a study of the indian automotive sector[J]. Institutions and Economies, 2009, 1(01): 156-187.

[112] RODRIGUE J, TAN Y. Price, product quality, and exporter dynamics: evidence from china[J]. International Economic Review, 2019, 60(04): 1911-1955.

[113] ROMER P M. Growth based on increasing returns due to specialization[J]. The American Economic Review, 1987, 77(02): 56-62.

[114] RONG Z, WANG W, GONG Q. Housing price appreciation, investment opportunity, and firm innovation: evidence from China[J]. Journal of Housing Economics, 2016, 33: 34-58.

[115] ROSENBAUM P R, RUBIN D B. Assessing sensitivity to an unobserved binary covariate in an observational study with binary outcome[J]. Journal of the Royal Statistical Society, Series B, 1983, (02): 212-218.

[116] SANNA-RANDACCIO F, VEUGELERS R. Multinational knowledge spillovers with decentralised R&D: a game — theoretic approach [J]. Journal of International Business Studies, 2007, (01): 47-63.

[117] SCHMOOKLER J. Invention and economic growth [M]. Cambridge: Harvard University Press, 1966.

[118] SCHUMACHER D. Home market and traditional effects on comparative advantage in a gravity approach[R]. DIW Discussion Paper, 2003.

［119］SCHUMPETER J A. Capitalism, socialism and democracy[M]. New York: Harper, 1942.

［120］SINGH J. Distributed R&D, cross-regional knowledge integration and quality of innovative output[J]. Research Policy, 2008,(01):77-96.

［121］SUEDEKUM J. Concentration and specialization trends in germany since reunification[J]. Regional Studies, 2006, 40(08):861-873.

［122］TAKII S. Productivity spillovers and characteristics of foreign multinational plants in indonesian manufacturing 1990-1995[J]. Journal of Development Economics, 2005, 76(02):521-542.

［123］TOULEMONDE E. Acquisition of skills, labor subsidies and agglomeration of firms [J]. Journal of Urban Economics, 2005, 59(03):420-439.

［124］VON ZEDTWITZ M, GASSMANN O. Market versus technology drive in R&D Internationalization: four different patterns of managing research and development [J]. Research policy, 2002,(04):569-588.

［125］WEDER R. Comparative home-market advantage: an empirical analysis of British and American exports[J]. Review of World Economics, 2003, 139(02):220-247.

［126］WU J, WANG C, HONG J. Internationalization and innovation performance of emerging market enterprises: the role of host-country institutional development[J]. Journal of World Business, 2016(02):251-263.

［127］YU M. Exchange rate, credit constraints and China's international trade[M]. London: Palgrave Macmillan, 2020.

［128］YU Z. Trade, market size, and industrial structure: revisiting the home-market effect [J]. Canadian Journal of Economics, 2005,38(01):255-72.

［129］ZWEIMüLLER J. Schumpeterian entrepreneurs meet engel's law: the impact of inequality on innovation-driven growth[J]. Journal of Economic Growth, 2000, 5(02):185-206.

［130］ZWEIMüLLER J, BRUNNER J K. Innovation and growth with rich and poor consumers[J]. Metroeconomica, 2005, 56(02):233-262.

［131］CEES研究团队,程虹,都阳,等.中国制造业企业如何应对劳动力成本上升？——中国企业-劳动力匹配调查（CEES）报告（2015—2016）[J].宏观质量研究,2017(02):1-21.

［132］安岗,王佳.本土市场规模与企业价格加成——来自中国企业的微观证据[J].国际贸

易问题,2023(08):88-105.

[133] 安同良,千慧雄.中国居民收入差距变化对企业产品创新的影响机制研究[J].经济研究,2014(09):62-76.

[134] 白东北,张营营,王珏.产业集聚与中国企业出口:基于创新要素流动视角[J].国际贸易问题,2021(02):63-79.

[135] 白洁.对外直接投资的逆向技术溢出效应——对中国全要素生产率影响的经验检验[J].世界经济研究,2009(08):65-69+89.

[136] 白俊,连立帅.信贷资金配置差异:所有制歧视抑或禀赋差异?[J].管理世界,2012(06):30-42+73.

[137] 包群,叶宁华,王艳灵.外资竞争、产业关联与中国本土企业的市场存活[J].经济研究,2015(07):102-115.

[138] 蔡冬青,刘厚俊.中国OFDI反向技术溢出影响因素研究——基于东道国制度环境的视角[J].财经研究,2012(05):59-69.

[139] 蔡冬青,周经.对外直接投资反向技术外溢的国际经验——基于母国吸收能力的考察[J].财经科学,2014(03):121-130.

[140] 蔡灵莎,杜晓君,史艳华,等.外来者劣势、组织学习与对外直接投资绩效研究[J].管理科学,2015(04):36-45.

[141] 曾国安,马宇佳.论FDI对中国本土企业创新影响的异质性[J].国际贸易问题,2020(03):162-174.

[142] 常玉春.我国对外直接投资的逆向技术外溢:以国有大型企业为例的实证[J].经济管理,2011(01):9-15.

[143] 陈彩云,李盈璇,汤湘希.R&D投资与经营风险[J].投资研究,2019(04):137-156.

[144] 陈丰龙,徐康宁.本土市场规模与中国制造业全要素生产率[J].中国工业经济,2012(05):44-56.

[145] 陈恒,侯建.R&D投入、FDI流入与国内创新能力的门槛效应研究:基于地区知识产权保护异质性视角[J].管理评论,2017(06):85-95.

[146] 陈家勤.适度增加进口的几点思考[J].国际贸易问题,1999(07):11-15.

[147] 陈梅,周申.动态外资进入与企业技能就业结构优化[J].世界经济研究,2018(01):67-77+135.

[148] 陈涛涛.中国FDI行业内溢出效应的内在机制研究[J].世界经济,2003(09):23-28.

[149] 陈晓华,彭榴静.外资进入速度对本土企业生产技术革新的影响分析:来自2000—2007年持续经营企业的经验证据[J].国际贸易问题,2018(08):121-134.

[150] 陈岩.中国对外投资逆向技术溢出效应实证研究:基于吸收能力的分析视角,中国软科学,2011(10):61-72.

[151] 程海波,于蕾,许治林.资本结构、信贷约束和信贷歧视:上海非国有中小企业的案例[J].世界经济,2005(08):69-74.

[152] 程玲.外部融资与企业的内外贸一体化:基于纯出口企业贸易模式转型的视角[J].经济学家,2021(01):43-53.

[153] 崔执树,宾建成.跨国公司在华投资经营本土化探析[J].理论探讨,2011(02):82-86.

[154] 戴魁早,刘友金.要素市场扭曲与创新效率:对中国高技术产业发展的经验分析[J].经济研究,2016(07):72-86.

[155] 戴西超,谢守祥,丁玉梅.企业规模、所有制与技术创新:来自江苏省工业企业的调查与实证[J].软科学,2006(6):114-121.

[156] 戴翔,李洲.全球价值链下中国制造业国际竞争力再评估:基于Koopman分工地位指数的研究[J].上海经济研究,2017(08):89-100.

[157] 邓路,高连水.研发投入、行业内R&D溢出与自主创新效率:基于中国高技术产业的面板数据(1999—2007)[J].财贸研究,2009(05):9-14.

[158] 杜威剑,李梦洁.产业集聚会促进企业产品创新吗?:基于中国工业企业数据库的实证研究[J].产业经济研究,2015(04):1-9,20.

[159] 杜威剑,李梦洁.外资进入、外资并购与企业的研发创新:基于微观层面的实证研究[J].世界经济研究,2016(06):105-113+136.

[160] 段丙蕾,汤泰劼,王竹泉."商业信用歧视"降低了行业资本回报率吗?[J].经济管理,2021(08):141-156.

[161] 樊霞,李芷珊.如何在研发国际化中实现企业创新绩效?:基于SCP范式的组态分析[J].研究与发展管理,2021(05):67-78.

[162] 范丹,刘宏.技术势差、OFDI逆向技术溢出与母国技术进步[J].云南财经大学学报,2015(02):20-27.

[163] 范红忠.有效需求规模假说、研发投入与国家自主创新能力[J].经济研究,2007(03):33-44.

[164] 范剑勇,冯猛.中国制造业出口企业生产率悖论之谜:基于出口密度差别上的检验[J].管理世界,2013(08):16-29.

[165] 方森辉,毛其淋.高校扩招、人力资本与企业出口质量[J].中国工业经济,2021(11):97-115.

[166] 方希桦,等.国际技术溢出:基于进口传导机制的实证研究[J].中国软科学,2004

(07)：58-64.

[167] 冯伟,徐康宁,邵军.基于本土市场规模的产业创新机制及实证研究[J].中国软科学,2014(01)：55-67.

[168] 冯伟.本土市场规模与产业生产率：来自中国制造业的经验研究,财贸研究,2015(05)：11-18.

[169] 付强.市场分割促进区域经济增长的实现机制与经验辨识[J].经济研究,2017(03)：47-60.

[170] 郭文强.模仿创新是我国轿车工业跨越式发展的必由之路[J].华东经济管理,2009(03)：154-156.

[171] 郭熙保,罗知.外资特征对中国经济增长的影响[J].经济研究,2009(05)：52-65.

[172] 郭也.中国制造业单位劳动力成本变化趋势：以2002—2016年数据为依据,北京社会科学[J].2021(04)：4-22.

[173] 何欢浪,蔡琦晟,章韬.进口贸易自由化与中国企业创新：基于企业专利数量和质量的证据[J].经济学(季刊),2021(02)：597-616.

[174] 何晖,刘帷韬.FDI对中国制造业企业的锁定效应研究[J].技术经济与管理研究,2018(06)：70-74.

[175] 贺晓宇,沈坤荣.跨国并购促进了企业创新能力提升吗？：基于制造业上市公司的微观证据[J].现代经济探讨,2018(07)：78-86.

[176] 洪正,张琳,肖锐.产业跃升、金融结构与中国经济增长[J].管理世界,2021(08)：58-88.

[177] 胡恒强,范从来,杜晴.融资结构、融资约束与企业创新投入[J].中国经济问题,2020(01)：27-41.

[178] 胡琰欣.对外直接投资的逆向创新溢出效应：基于中国省际面板数据的门槛回归分析[J].现代财经,2018(05)：55-66.

[179] 黄隽,李冀恺.中国消费升级的特征、度量与发展[J].中国流通经济,2018(04)：94-101.

[180] 黄曼行,任家华,严娱.我国中小企业R&D投资与企业财务风险：基于分位数回归方法[J].科技管理研究,2014,34(14)：113-117.

[181] 黄卫平.跨国公司本土化的再思考[J].经济理论与经济管理,2004(11)：50-55.

[182] 黄卫挺.居民消费升级的理论与现实研究[J].科学发展,2013(03)：43-52.

[183] 吉生保,曹韵诗,马淑娟.中国上市公司海外研发投资：发展现状与影响因素[J].世界经济研究,2021(10)：103-118+136.

[184] 季书涵,朱英明,张鑫.产业集聚对资源错配的改善效果研究[J].中国工业经济,2016(06):73-90.

[185] 季铸.进口贸易与经济增长的动态分析[J].财贸经济,2002(11):31-36.

[186] 蒋殿春,张宇.经济转型与外商直接投资技术溢出效应[J].经济研究,2008(07):26-38.

[187] 蒋冠宏,蒋殿春.中国工业企业对外直接投资与企业生产率进步[J].世界经济,2014(09):53-76.

[188] 蒋冠宏,蒋殿春.中国企业对外直接投资的"出口效应"[J].经济研究,2014(05):160-173.

[189] 金玲娣,陈国宏.企业规模与R&D关系实证研究[J].科研管理,2001(01):51-57.

[190] 康志勇,张杰.有效需求与自主创新能力影响机制研究[J].财贸研究,2008(05):1-8.

[191] 康志勇.出口贸易与自主创新:基于我国制造业企业的实证研究[J].国际贸易问题,2011(02):35-45.

[192] 康志勇.中国企业自主创新存在本土市场效应吗?[J].科学学研究,2012(07):1092-1100.

[193] 柯善咨,赵曜.产业结构、城市规模与中国城市生产率[J].经济研究,2014(04):76-88,115.

[194] 赖明勇,包群,彭水军,等.外商直接投资与技术外溢:基于吸收能力的研究[J].经济研究,2005(08):95-105.

[195] 兰宜生.出口企业增加内销比重是长久之策[J].金融博览,2020(08):18-19.

[196] 黎绍凯,朱卫平,刘东.高铁能否促进产业结构升级:基于资源再配置的视角[J].南方经济,2020(02):56-72.

[197] 黎文靖,郑曼妮.实质性创新还是策略性创新?宏观产业政策对微观企业创新的影响[J].经济研究,2016(04):60-73.

[198] 李兵,岳云嵩,陈婷.出口与企业自主技术创新:来自企业专利数据的经验研究[J].世界经济,2016(12):72-94.

[199] 李春顶.高房价致"中国制造"丧失价格竞争力[J].共产党员,2012(20):23.

[200] 李春顶.中国企业"出口-生产率悖论"研究综述[J].世界经济,2015(05):148-175.

[201] 李东红,乌日汗,陈东."竞合"如何影响创新绩效:中国制造业企业选择本土竞合与境外竞合的追踪研究[J].管理世界,2020(02):161-181.

[202] 李凡,代永玮,张迪.出口活动、吸收能力、研发合作与创新绩效[J].科研管理,2022(03):125-133.

[203] 李国学.对外直接投资促进国家创新能力提升的机制与途径[J].国际经济合作,2017

(04): 14-19.

[204] 李汇东,唐跃军,左晶晶.用自己的钱还是用别人的钱创新?:基于中国上市公司融资结构与公司创新的研究[J].金融研究,2013(02): 170-183.

[205] 李景睿,赵婉婉.金砖国家本土市场需求对出口产品技术升级的影响:基于2000—2015年面板数据的实证分析[J].亚太经济,2017(03): 146-153+198.

[206] 李景睿.收入差距、本土市场需求与出口产品质量升级:基于跨国数据的传导机制比较与优化方向选择[J].产业经济研究,2017(01): 14-24.

[207] 李坤望,蒋为,宋立刚.中国出口产品品质变动之谜:基于市场进入的微观解释[J].中国社会科学,2014(03): 80-103+206.

[208] 李梅,柳士昌.对外直接投资逆向技术溢出的地区差异和门槛效应[J].管理世界,2012(01): 21-32.

[209] 李平,李淑云,许家云.收入差距、有效需求与自主创新[J].财经研究,2012(02): 16-26.

[210] 李善同,侯永志,刘云中,陈波.中国国内地方保护问题的调查与分析[J].经济研究,2004(11): 78-84+95.

[211] 李晓晨,刘金林.FDI与自主创新协同效应研究:来自中国的证据[J].宏观经济研究,2015(05): 91-99.

[212] 厉伟,洪涛,李彩云.房价上涨对中国城市创新产生抑制效应了吗?:基于中国35个大中城市面板数据的实证分析[J].商业研究,2017(11): 61-66.

[213] 梁锶,谢吉惠,苑生龙.中国对中东欧国OFDI逆向技术溢出效应研究[J].宏观经济研究,2018(08): 60-67+84.

[214] 林毅夫.后发优势与后发劣势:与杨小凯教授商榷[J].经济学(季刊),2003(04): 990-1004.

[215] 林毅夫,等.中国经济转型时期的地区差距分析[J].经济研究,1998(06): 3-10.

[216] 刘斌,刘颖,曹鸿宇.外资进入与中国企业创新:促进还是抑制[J].山西财经大学学报,2021(03): 14-27.

[217] 刘斌,王乃嘉.房价上涨挤压了我国企业的出口能量吗?[J].财经研究,2016,42(05): 53-65.

[218] 刘宪.中国经济增长的产业逻辑及当前阶段的战略选择:基于长期消费需求的视角[J].消费经济,2020,36(02): 20-28.

[219] 刘灿雷,康茂楠,邱立成.外资进入与内资企业利润率:来自中国制造业企业的证据[J].世界经济,2018(11): 98-120.

[220] 刘恩初,李文秀.中美生产服务贸易的本地市场效应对比研究：基于投入产出面板数据的引力模型实证分析[J].中国软科学,2016(04)：166-175.

[221] 刘航.商品房价格上涨如何抑制金融业空间集聚：来自中国地级及以上城市的经验证据[J].南开经济研究,2021(02)：88-109+129.

[222] 刘和东.国内市场规模与创新要素集聚的虹吸效应研究[J].科学学与科学技术管理,2013(07)：104-112.

[223] 刘明霞.中国对外直接投资的逆向技术溢出效应：基于技术差距的影响分析[J].中南财经政法大学学报,2010(03)：16-21.

[224] 刘维林.产品架构与功能架构的双重嵌入：本土制造业突破GVC低端锁定的攀升途径[J].中国工业经济,2012(01)：152-160.

[225] 刘维林.劳动要素的全球价值链分工地位变迁：基于报酬份额与嵌入深度的考察[J].中国工业经济,2021(01)：76-94.

[226] 刘伟丽,余淼杰,吕乔.制造业出口质量升级的跨国比较[J].学术研究,2017(12)：25-30+177.

[227] 刘愿,连玉君,郑姣姣.房价上涨与企业技术创新：来自中国上市公司和债券企业的经验证据[J].学术研究,2017(06)：92-100.

[228] 刘志彪.基于内需的经济全球化：中国分享第二波全球化红利的战略选择[J].南京大学学报,2012(02)：51-59.

[229] 卢锐.跨国学习模仿创新与我国汽车产业的成长[J].国际经贸探索,2005(05)：42-46.

[230] 陆铭,陈钊.分割市场的经济增长：为什么经济开放可能加剧地方保护？[J].经济研究,2009(03)：42-52.

[231] 路风,慕玲.本土创新、能力发展和竞争优势：中国激光视盘播放机工业的发展及其对政府作用的政策含义[J].管理世界,2003(12)：57-82.

[232] 罗伟,葛顺奇.跨国公司进入与中国的自主研发：来自制造业企业的证据[J].世界经济,2015(12)：29-53.

[233] 马林静,梁明.中国对外贸易体制70年变革与未来改革思路探索[J].国际经济合作,2020(01)：45-55.

[234] 毛其淋,方森辉.外资进入自由化如何影响中国制造业生产率[J].世界经济,2020(01)：43-169.

[235] 毛其淋,许家云.外资进入如何影响了本土企业出口国内附加值？[J].经济学(季刊),2018(04)：1453-1488.

[236] 毛其淋,许家云.中国企业对外直接投资是否促进了企业创新[J].世界经济,2014(08)：98-125.

[237] 毛其淋.外资进入自由化如何影响了中国本土企业创新？[J].金融研究,2019(01)：72-90.

[238] 毛毅.金融业与实体经济行业间工资差距对中国经济增长的影响研究[J].财贸研究,2020,31(12)：49-60.

[239] 明秀南,阎虹戎,冼国明.对外直接投资对企业创新的影响分析[J].南方经济,2019(08)：39-54.

[240] 聂辉华,江艇,杨汝岱.中国工业企业数据库的使用现状和潜在问题[J].世界经济,2012(05)：142-158.

[241] 聂辉华,谭松涛,王宇锋.创新、企业规模和市场竞争：基于中国企业层面的面板数据分析[J].世界经济,2008(07)：57-66.

[242] 牛泽东,张倩肖,王文.高技术产业的企业规模与技术创新：基于非线性面板平滑转换回归模型的分析[J].中央财经大学学报,2012(10)：68-74.

[243] 欧阳峣,汤凌霄.大国创新道路的经济学解析[J].经济研究,2017(09)：11-23.

[244] 欧阳峣,袁礼,汤凌霄.市场规模优势研究：理论逻辑与前景展望[J].财贸经济,2023(09)：91-107.

[245] 潘红波,杨海霞.融资约束与企业创新：文献综述[J].财会月刊,2021(01)：30-36.

[246] 裴长洪.进口贸易结构与经济增长：规律与启示[J].经济研究,2013(07)：4-19.

[247] 钱学锋,黄云湖.中国制造业本地市场效应再估计：基于多国模型框架的分析[J].世界经济,2013(06)：59-78.

[248] 钱学锋,王菊蓉,黄云湖,等.出口与中国工业企业的生产率：自我选择效应还是出口学习效应？[J].数量经济技术经济研究,2011(02)：37-51.

[249] 邱斌,杨晓云.多产品企业、融资约束与出口二元边际[J].东南大学学报(哲学社会科学版),2014(05)：25-33+39+134.

[250] 邱斌,尹威.中国制造业出口是否存在本土市场效应[J].世界经济 2010(07)：44-63.

[251] 邱立成,康茂楠,刘灿雷.外资进入、技术距离与企业研发创新[J].国际贸易问题,2017(09)：142-148+152-153.

[252] 任保全,刘志彪,王亮亮.战略性新兴产业生产率增长的来源：出口还是本土市场需求[J].经济学家,2016(04)：13-23.

[253] 任若恩,覃筱.中美两国可比居民储蓄率的计量：1992—2001[J].经济研究,2006(03)：67-81+102.

[254] 沙文兵.东道国特征与中国对外直接投资逆向技术溢出：基于跨国面板数据的经验研究[J].世界经济研究,2014(05)：60-65+73+89.

[255] 邵玉君.FDI、OFDI与国内技术进步[J].数量经济技术经济研究,2017(09)：21-38.

[256] 沈国兵,黄铄珺.行业知识产权保护、外资进入与中国内资企业出口技术含量[J].国际贸易问题,2020(04)：1-18.

[257] 沈坤荣,孙文杰.市场竞争、技术溢出与内资企业R&D效率：基于行业层面的实证研究[J].管理世界,2009(01)：38-48+187-188.

[258] 沈能,赵增耀.空间异质性假定下OFDI逆向技术溢出的门槛效应[J].科研管理,2013(12)：1-7.

[259] 盛亚,蒋瑶.吉利汽车从模仿到自主的创新路径[J].科研管理,2010(01)：86-92.

[260] 施炳展,方杰炜.知识产权保护如何影响发展中国家进口结构[J].世界经济,2020(06)：123-145.

[261] 施炳展.中国企业出口质量异质性：测度与事实[J].经济学(季刊),2013(01)：263-284.

[262] 石大千,杨咏文.FDI与企业创新：溢出还是挤出？[J].世界经济研究,2018(09)：120-134+137.

[263] 石明明,江舟,周小焱.消费升级还是消费降级？[J].中国工业经济,2019(07)：42-60.

[264] 宋渊洋,黄礼伟.为什么中国企业难以国内跨地区经营？[J].管理世界,2014(12)：115-133.

[265] 苏汝劼,李玲.制造业对外直接投资的逆向技术溢出效应：基于技术差距的影响分析[J].宏观经济研究,2021(07)：66-78.

[266] 苏欣,王砚羽,谢伟.中国企业海外研发机构组织与管理问题述评[J].科技进步与对策,2020(01)：153-160.

[267] 苏永照.《劳动合同法》对劳动力需求影响的实证研究[J].西安财经大学学报,2020(03)：112-119.

[268] 随洪光,刘廷华.收入不平等如何影响技术创新？[J].经济问题探索,2015(04)：1-6.

[269] 孙福全,成微.中国企业海外研发遇到的主要问题和对策建议[J].太原科技,2009(12)：16-17+20.

[270] 孙军,梁东黎.全球价值链、市场规模与发展中国家产业升级机理分析[J].经济评论,2010(04)：34-41.

[271] 孙军,梁东黎.收入差距、市场规模及我国产业升级困境的摆脱[J].湖北社会科学,2009(07)：91-94.

[272] 孙鲲鹏,罗婷,肖星.人才政策、研发人员招聘与企业创新[J].经济研究,2021(08):143-159.

[273] 孙浦阳,蒋为,陈惟.外资自由化、技术距离与中国企业出口:基于上下游产业关联视角[J].管理世界,2015(11):53-69.

[274] 孙晓华,李传杰.有效需求规模、双重需求结构与产业创新能力[J].科研管理,2010(01):93-103.

[275] 孙兴杰,鲁宸,张璇.消费降级还是消费分层?:中国居民消费变动趋势动态特征研究[J].商业研究,2019(08):25-35.

[276] 孙秀林,周飞舟.土地财政与分税制:一个实证解释[J].中国社会科学,2013(04):40-59,205.

[277] 田巍,余淼杰.企业出口强度与进口中间品贸易自由化:来自中国企业的实证研究[J].管理世界,2013(01):28-44.

[278] 田巍,余淼杰.中间品贸易自由化和企业研发:基于中国数据的经验分析[J].世界经济,2014(06):90-112.

[279] 佟家栋,刘竹青.国内需求、出口需求与中国全要素生产率的变动及分解[J].学术研究,2012(02):74-80.

[280] 佟家栋.关于我国进口与经济增长关系的探讨[J].南开学报,1995(03):9-12.

[281] 万晓宁,孙爱军.中国和印度国内市场规模对出口贸易的促进效应分析:基于与英、法、德双边工业制成品贸易的比较[J].商业经济研究,2016(07):94-96.

[282] 王俊,刘东.中国收入差距与需求推动下的技术创新[J].中国人口科学,2009(05):58-67.

[283] 王岚,盛斌.比较优势、规模经济和贸易成本:国际生产分割下垂直关联产业的空间分布[J].世界经济研究,2013(04):18-23+65+87.

[284] 王然,燕波,邓伟根.FDI对我国工业自主创新能力的影响及机制:基于产业关联的视角[J].中国工业经济,2010(11):16-25.

[285] 王伟,刘雅芳,李立威.基于创新价值链理论的新型研究机构技术创新模式研究:以美国国家制造业创新网络和英国弹射中心为例[J].科技促进发展,2021(08):1487-1492.

[286] 王文春,荣昭.房价上涨对工业企业创新的抑制影响研究[J].经济学(季刊),2014(02):465-490.

[287] 王英,刘思峰.国际技术外溢渠道的实证研究[J].数量经济技术经济研究,2008(04):153-161.

[288] 王展硕,谢伟.研发国际化对企业创新绩效的作用过程及结果分析[J].外国经济与管理,2018(09):55-70.

[289] 温忠麟,张雷,侯杰泰.中介效应检验程序及其应用[J].心理学报,2004(05):614-620.

[290] 文洋.收入分配对我国出口贸易的影响:基于非参数核密度估计的需求结构重叠视角[J].世界经济研究,2011(10):33-39,88.

[291] 吴延兵.中国工业R&D投入的影响因素[J].产业经济研究,2009(06):13-21.

[292] 邢斐,张建华.外商技术转移对我国自主研发的影响[J].经济研究,2009,44(06):94-104.

[293] 徐康宁,陈健.跨国公司价值链的区位选择及其决定因素[J].经济研究,2008(03):138-149.

[294] 徐康宁,冯伟.基于本土市场规模的内生化产业升级:技术创新的第三条道路[J].中国工业经济,2010(11):58-67.

[295] 许德友.以内需市场培育出口竞争新优势:基于市场规模的视角[J].学术研究,2015(05):92-97.

[296] 薛志烜,胡永.中国"本地市场效应"的实现机理研究:基于出口贸易三元边际的新视角[J].当代经济,2018(23):4-8.

[297] 杨红丽,陈钊.外商直接投资水平溢出的间接机制:基于上游供应商的研究[J].世界经济,2015(03):123-144.

[298] 杨汝岱.中国工业制成品出口增长的影响因素研究:基于1994~2005年分行业面板数据的经验分析[J].世界经济,2008(08):32-41.

[299] 叶娇,赵云鹏.对外直接投资与逆向技术溢出:基于企业微观特征的分析[J].国际贸易问题,2016(01):134-144.

[300] 易先忠,欧阳峣.大国如何出口:国际经验与中国贸易模式回归[J].财贸经济 2018(03):79-94.

[301] 易先忠,晏维龙,李陈华.国内大市场与本土企业出口竞争力:来自电子消费品行业的新发现及其解释[J].财贸经济,2016(04):86-100.

[302] 尹东东,张建清.我国对外直接投资逆向技术溢出效应研究:基于吸收能力视角的实证分析[J].国际贸易问题,2016(01):109-120.

[303] 于洪霞,龚六堂,陈玉宇.出口固定成本融资约束与企业出口行为[J].经济研究,2011(04):55-67.

[304] 余观胜.对外直接投资、地区吸收能力与国内技术创新[J].当代财经,2013(09):

100-108.

[305] 余静文,彭红枫,李濛西.对外直接投资与出口产品质量升级:来自中国的经验证据[J].世界经济,2021(01):54-77.

[306] 余静文,王媛,谭静.房价高增长与企业"低技术锁定":基于中国工业企业数据库的微观证据[J].上海财经大学学报,2015(05):44-56.

[307] 余森杰,黄杨荔,张睿.中国出口产品质量提升的"富国效应"[J]学术月刊,2019(09):32-45.

[308] 余森杰,张睿.中国制造业出口质量的准确衡量:挑战与解决方法[J].经济学(季刊),2017(02):463-484.

[309] 余泳泽,张少辉.城市房价、限购政策与技术创新[J].中国工业经济,2017(06):98-116.

[310] 袁淳,荆新,廖冠民.国有公司的信贷优惠:信贷干预还是隐性担保?:基于信用贷款的实证检验[J].会计研究,2010(08):49-54+96.

[311] 袁凯华,彭水军,陈泓文.国内价值链推动中国制造业出口价值攀升的事实与解释[J].经济学家,2019(09):93-103.

[312] 张帆,潘佐红.本土市场效应及其对中国省间生产和贸易的影响[J].经济学(季刊),2006(02):307-328.

[313] 张国峰,王永进,李坤望.产业集聚与企业出口:基于社交与沟通外溢效应的考察[J].世界经济,2016(02):48-74.

[314] 张国胜,刘政.属地经营、省际市场扩张与产能过剩治理[J].财贸经济,2016(12):116-132.

[315] 张昊.国内市场如何承接制造业出口调整:产需匹配及国内贸易的意义[J].中国工业经济,2014(08):70-83.

[316] 张宏元,李晓晨.FDI与自主创新:来自中国省际面板的证据[J].宏观经济研究,2016(03):24-34+61.

[317] 张杰,刘元春,翟福昕,等.银行歧视、商业信用与企业发展[J].世界经济,2013,36(09):94-126.

[318] 张杰,芦哲,郑文平,等.融资约束、融资渠道与企业R&D投入[J].世界经济,2012(10):66-90.

[319] 张杰,杨连星,新夫.房地产阻碍了中国创新么?:基于金融体系贷款期限结构的解释[J].管理世界,2016(05):64-80.

[320] 张杰,张培丽,黄泰岩.市场分割推动了中国企业出口吗?[J].经济研究,2010(08):

29-41.

[321] 张杰,郑文平,翟福昕.中国出口产品质量得到提升了么？[J].经济研究,2014(10)：46-59.

[322] 张杰,郑文平.全球价值链下中国本土企业的创新效应[J].经济研究,2017(03)：151-165.

[323] 张杰.进口对中国制造业企业专利活动的抑制效应研究[J].中国工业经济,2015(07)：68-83.

[324] 张莉,李绍东.企业规模、技术创新与经济绩效：基于工业企业调查数据的实证研究[J].财经科学,2016(06)：67-74.

[325] 张迺聪,王保林.中国企业设立海外研发中心模式选择的影响因素研究[J].江西财经大学学报,2018(05)：31-40.

[326] 张甜迪.金融化影响金融、非金融行业收入差距的区域异质性研究：基于中国省际面板的实证分析[J].南方经济,2017(04)：96-108.

[327] 张伟科,葛尧.对外直接投资对绿色全要素生产率的空间效应影响[J].中国管理科学,2021(04)：26-34.

[328] 张晓磊,谢建国,张二震.外资进入强度与本土企业竞争力：基于企业单位劳动成本视角的检验[J].国际贸易问题,2020(02)：1-15.

[329] 张学良,程玲,刘晴.国内市场一体化与企业内外销[J].财贸经济,2021(01)：136-150.

[330] 张艳,唐宜红,李兵.中国出口企业"生产率悖论"：基于国内市场分割的解释[J].国际贸易问题,2014(10)：23-33.

[331] 张媛瑞.欧洲跨国公司在华的本土化战略研究[D].天津：天津商业大学,2018.

[332] 张振刚,章安康,罗泰晔.基于集中与分散理论我国制造企业海外研发机构区域扩张模式研究：以华为公司为案例[J].管理现代化,2021(01)：48-53.

[333] 赵锦春,谢建国.收入分配与进口需求：基于我国省际面板数据的门限回归分析[J].国际贸易问题,2013(08)：13-24.

[334] 赵奇伟,熊性美.中国三大市场分割程度的比较分析：时间走势与区域差异[J].世界经济,2009(06)：41-53.

[335] 赵奇伟,杨秋,严兵.市场分割、市场规模与中国制造业出口竞争力：对本土市场效应的再考察[J].国际经济合作,2016(04)：67-73.

[336] 赵伟,古广东.外向FDI与中国技术进步：机理分析与尝试性实证[J].管理世界,2006(07)：53-59.

[337] 支树平.以产品质量的提升推动经济的转型升级[J].中国质量技术监督,2013(09)：6-8.

[338] 钟昌标.外商直接投资地区间溢出效应研究[J].经济研究,2010(01):80-89.

[339] 周方召,符建华,仲深.外部融资、企业规模与上市公司技术创新[J].科研管理,2014(03):116-122.

[340] 周黎安,罗凯.企业规模与创新:来自中国省级水平的经验证据[J].经济学(季刊),2005(02):623-638.

[341] 周启良,范红忠.收入分配差距对进口贸易的影响:基于中国287个地级及以上城市的面板数据[J].地域研究与开发,2017(06):14-18.

[342] 朱彤,崔昊.对外直接投资、逆向技术溢出与中国技术进步[J].世界经济研究,2012(10):60-86.

[343] 朱希伟,金祥荣,罗德明.国内市场分割与中国的出口贸易扩张[J].经济研究,2005(12):68-76.

[344] 朱宇.出口退税对企业国际竞争力的影响分析[J].国际贸易问题,2007(06):50-54.

[345] 诸竹君,黄先海,王毅.外资进入与中国式创新双低困境破解[J].经济研究,2020(05):99-115.

[346] 诸竹君,黄先海,余骁.进口中间品质量、自主创新与企业出口国内增加值率[J].中国工业经济,2018(08):116-134.

附录 1
扩大内需战略规划纲要(2022—2035 年)

坚定实施扩大内需战略、培育完整内需体系,是加快构建以国内大循环为主体、国内国际双循环相互促进的新发展格局的必然选择,是促进我国长远发展和长治久安的战略决策。为推动实施扩大内需战略,根据《中华人民共和国国民经济和社会发展第十四个五年规划和 2035 年远景目标纲要》,制定本规划纲要。

一、规划背景

(一) 我国扩大内需已取得显著成效

改革开放以来特别是党的十八大以来,我国在深度参与国际产业分工的同时,不断提升国内供给质量水平,着力释放国内市场需求,促进形成强大国内市场,内需对经济发展的支撑作用明显增强。

消费基础性作用持续强化。最终消费支出占国内生产总值的比重连续 11 年保持在 50% 以上。住行消费等传统消费显著增长,城镇居民人均住房建筑面积稳步提高,汽车新车销量连续 13 年位居全球第一。消费新业态新模式快速发展,2021 年实物商品网上零售额占社会消费品零售总额比重为 24.5%,人均服务性消费支出占人均消费支出比重为 44.2%。

投资关键作用更好发挥。我国资本形成总额占国内生产总值的比重保持在合理水平,为优化供给结构、推动经济平稳发展提供了有力支撑。基础设施建设水平全面提升,全国综合运输大通道加快贯通,一批重大水利设施建成使用。5G 等新型基础设施建设加快推进,重大科技项目建设取得显著成就,高技术产业投资持续较快增长。医疗卫生、生态环保、农业农村、教育等领域短板弱项加快补齐。

国内市场运行机制不断健全。高标准市场体系加快建设,"放管服"改革持续深化,营商环境不断优化,要素市场化配置、产权制度等重点改革稳步推进,流通体系加快健全,社会保障制度逐步完善,统筹城乡的基本公共服务体系加快形成,市场活力得到有效激发。

国际国内市场联系更加紧密。我国国内生产总值超过110万亿元,已成为全球第二大商品消费市场,带动进口规模持续扩大、结构不断优化。国际经贸合作扎实推进,对外开放高地建设进展显著,我国成为最具吸引力的外资流入国之一,利用外资质量不断提高,我国市场与全球市场进一步协调发展、互惠互利。

(二)重大意义

实施扩大内需战略是满足人民对美好生活向往的现实需要。我国经济由高速增长阶段转向高质量发展阶段,发展要求和发展条件都呈现新特征,特别是人民对美好生活的向往总体上已经从"有没有"转向"好不好",呈现多样化、多层次、多方面的特点。解决人民日益增长的美好生活需要和不平衡不充分的发展之间的矛盾,必须坚定实施扩大内需战略,固根基、扬优势、补短板、强弱项,通过增加高质量产品和服务供给,满足人民群众需要,促进人的全面发展和社会全面进步,推动供需在更高水平上实现良性循环。

实施扩大内需战略是充分发挥超大规模市场优势的主动选择。大国经济具有内需为主导的显著特征。内需市场一头连着经济发展,一头连着社会民生,是经济发展的主要依托。我国经济经过改革开放40多年持续快速发展,逐步在市场需求、产业体系、人力资源、软硬基础设施等方面形成了超大规模市场优势,为培育完整内需体系奠定了基础。进一步发挥超大规模市场优势,必须坚定实施扩大内需战略,扩大居民消费和有效投资,增强经济发展韧性,促进经济持续健康发展。

实施扩大内需战略是应对国际环境深刻变化的必然要求。世界百年未有之大变局加速演进,国际力量对比深刻调整,新冠肺炎疫情影响广泛深远,世界经济增长不平衡不确定性增大,单边主义、保护主义、霸权主义对世界和平与发展构成威胁。面对复杂严峻的外部环境,必须坚定实施扩大内需战略,以自身的稳定发展有效应对外部风险挑战。

实施扩大内需战略是更高效率促进经济循环的关键支撑。构建新发展格局关键在于经济循环的畅通无阻。促进国内大循环更为顺畅,必须坚定实施扩大内需战略,打通经济循环堵点,夯实国内基本盘;实现国内国际双循环相互促进,也必须坚定实施扩大内需战略,更好依托国内大市场,有效利用全球要素和市场资源,更高效率实现内外市场联通,促进发展更高水平的国内大循环。

(三)机遇和挑战

进入新发展阶段,我国国内市场基础更加扎实,实施扩大内需战略的环境条件深刻变化。展望未来一段时期,国内市场主导国民经济循环特征会更加明显,消费已成为我国经济增长的主拉动力,居民消费优化升级同现代科技和生产方式相结合,我国这一全球最有潜力的消费市场还将不断成长壮大。我国正处于新型工业化、信息化、城镇化、农业现代化快速发展阶段,与发达国家相比,在很多方面还有较大投资空间,投资需求潜力巨大。同时,中国特色社会主义制度优势显著,宏观经济治理能力持续提升,改革创新不断孕育新的发展动力,全国统一大市场加快建设,商品和要素流通制度环境持续改善,我国生产要素质量和配置水平显著提升,国内市场空间更趋广阔。

同时要看到,我国扩大内需仍面临不少制约。劳动力、土地、环境等要素趋紧制约投资增长,创新能力不能完全适应高质量发展要求,群众个性化、多样化消费需求难以得到有效满足;城乡区域发展和收入分配差距较大,民生保障存在短板,财政金融等领域风险隐患不容忽视,制约内需潜力释放的体制机制堵点仍然较多;国际竞争日趋激烈,把我国打造成国际高端要素资源的"引力场"任重道远。

综合来看,我国扩大内需机遇和挑战都有新的发展变化,总体上机遇大于挑战。必须坚定实施扩大内需战略,准确把握国内市场发展规律,未雨绸缪,趋利避害,在危机中育先机、于变局中开新局,不断释放内需潜力,充分发挥内需拉动作用,建设更加强大的国内市场,推动我国经济平稳健康可持续发展。

二、总体要求

(一)指导思想

以习近平新时代中国特色社会主义思想为指导,坚持稳中求进工作总基调,立足新发展阶段,完整、准确、全面贯彻新发展理念,构建新发展格局,以推动高质量发展为主题,以深化供给侧结构性改革为主线,以改革创新为根本动力,以满足人民日益增长的美好生活需要为根本目的,坚持系统观念,更好统筹发展和安全,牢牢把握扩大内需这个战略基点,加快培育完整内需体系,加强需求侧管理,促进形成强大国内市场,着力畅通国内经济大循环,促进国内国际双循环良性互动,推动我国经济行稳致远、社会安定和谐,为全面建设社会主义现代化国家奠定坚实基础。

(二)工作原则

——坚持党的领导,发挥制度优势。充分发挥党总揽全局、协调各方的领导核心作用,贯彻党把方向、谋大局、定政策、促改革的要求,把党的领导贯彻到扩大内需战略实施全过程,发挥我国国家制度和国家治理体系多方面显著优势,为扩大内需战略实施提供根本保证。

——坚持人民立场,增进民生福祉。坚持以人民为中心,把满足人民日益增长的美好生活需要作为扩大内需的出发点和落脚点,始终做到发展为了人民、发展依靠人民、发展成果由人民共享,扎实推动共同富裕,不断增强人民群众的获得感、幸福感、安全感。

——坚持顶层设计,服务全局战略。坚持扩大内需这个战略基点,以创新驱动、高质量供给引领和创造新需求,使扩大内需成为构建新发展格局的重要支撑,推动质量变革、效率变革、动力变革,促进供需在更高水平上实现动态平衡。

——坚持改革开放,增强内生动力。坚定不移用改革的办法释放和激发市场潜力,把有效市场和有为政府结合起来,充分发挥市场在资源配置中的决定性作用,更好发挥政府作用,破除制约内需增长的体制机制障碍,不断提高要素配置和产品流通效率,同时实施更高水平对外开放,充分利用国际高端要素资源,持续增强国内市场活力。

——坚持系统观念,强化协同高效。加强前瞻性思考、全局性谋划、战略性布局、整体性推进,加快培育完整内需体系,统筹好供给和需求、消费和投资、内需和外需、数量和质量、国内和国际、速度和效益、效率和公平、发展和安全等重大关系,尽力而为、量力而行,实现发展质量、结构、规模、速度、效益、安全相统一,使扩大内需成为一个可持续的历史过程。

(三) 发展目标

按照全面建设社会主义现代化国家的战略安排,展望2035年,实施扩大内需战略的远景目标是:消费和投资规模再上新台阶,完整内需体系全面建立;新型工业化、信息化、城镇化、农业现代化基本实现,强大国内市场建设取得更大成就,关键核心技术实现重大突破,以创新驱动、内需拉动的国内大循环更加高效畅通;人民生活更加美好,城乡居民人均收入再迈上新的大台阶,中等收入群体显著扩大,基本公共服务实现均等化,城乡区域发展差距和居民生活水平差距显著缩小,全体人民共同富裕取得更为明显的实质性进展;改革对内需发展的支撑作用大幅提升,高标准市场体系更加健全,现代流通体系全面建成;我国参与全球经济合作和竞争新优势持续增强,国内市场的国际影响力大幅提升。

锚定2035年远景目标,综合考虑发展环境和发展条件,"十四五"时期实施扩大内需战略的主要目标是:

——促进消费投资,内需规模实现新突破。消费的基础性作用和投资的关键作用进一步增强。内需持续健康发展,质量效益明显提升,超大规模市场优势充分发挥,国内市场更加强大,培育完整内需体系取得明显进展。

——完善分配格局,内需潜能不断释放。分配结构明显改善,城乡区域发展差距和居民生活水平差距逐步缩小,居民人均可支配收入实际增长和经济增长基本同步。基本公共服务均等化水平持续提升,多层次社会保障体系更加健全,社会事业加快发展。

——提升供给质量,国内需求得到更好满足。供给侧结构性改革取得重大进展,农业基础更加稳固,制造业比重基本稳定,现代服务业加快建设,实体经济发展根基进一步夯实,传统产业改造提升加速推进,新产业新业态加快发展,创新能力显著提升,产业基础高级化、产业链现代化水平明显提高,供给体系对国内需求的适配性不断增强。

——完善市场体系,激发内需取得明显成效。统一开放、竞争有序、制度完备、治理完善的高标准市场体系基本建成,商品和要素在城乡区域间流动更加顺畅,产权制度改革和要素市场化配置改革取得重大进展,营商环境持续优化,公平竞争制度更加完善,现代流通体系建立健全。

——畅通经济循环，内需发展效率持续提升。更高水平开放型经济新体制基本形成，我国与周边区域经济合作程度进一步加深，对周边和全球经济发展的带动作用不断增强。

（四）重点任务

坚持问题导向，围绕推动高质量发展，针对我国中长期扩大内需面临的主要问题，特别是有效供给能力不足、分配差距较大、流通体系现代化程度不高、消费体制机制不健全、投资结构仍需优化等堵点难点，部署实施扩大内需战略的重点任务。

加快培育完整内需体系。把实施扩大内需战略同深化供给侧结构性改革有机结合起来，按照生产、分配、流通、消费和投资再生产的全链条拓展内需体系，培育由提高供给质量、优化分配格局、健全流通体系、全面促进消费、拓展投资空间等共同组成的完整内需体系。

促进形成强大国内市场。着力挖掘内需潜力，特别是推进新型城镇化和城乡区域协调发展释放内需潜能，进一步做大国内市场规模。通过优化市场结构、健全市场机制、激发市场活力、提升市场韧性，进一步做强国内市场，促进国内市场平稳发展和国际影响力持续提升。

支撑畅通国内经济循环。进一步推进各种要素组合有机衔接和循环流转，形成产品服务增加、社会财富积聚、人民福祉增进、国家实力增强的良性国内经济循环。以强大的国内经济循环为支撑，着力推进高水平对外开放，打造国际高端要素资源"引力场"，使国内和国际市场更好联通，以国际循环提升国内大循环效率和水平，实现国内国际双循环互促共进。

三、全面促进消费，加快消费提质升级

最终消费是经济增长的持久动力。顺应消费升级趋势，提升传统消费，培育新型消费，扩大服务消费，适当增加公共消费，着力满足个性化、多样化、高品质消费需求。

（一）持续提升传统消费

提高吃穿等基本消费品质。加强引导、强化监督、支持创新，推动增加高品质基本消费品供给，推进内外销产品同线同标同质。倡导健康饮食结构，增加

健康、营养农产品和食品供给,促进餐饮业健康发展。坚持不懈制止餐饮浪费。

释放出行消费潜力。优化城市交通网络布局,大力发展智慧交通。推动汽车消费由购买管理向使用管理转变。推进汽车电动化、网联化、智能化,加强停车场、充电桩、换电站、加氢站等配套设施建设。便利二手车交易。

促进居住消费健康发展。坚持"房子是用来住的、不是用来炒的"定位,加强房地产市场预期引导,探索新的发展模式,加快建立多主体供给、多渠道保障、租购并举的住房制度,稳妥实施房地产市场平稳健康发展长效机制,支持居民合理自住需求,遏制投资投机性需求,稳地价、稳房价、稳预期。完善住房保障基础性制度和支持政策,以人口净流入的大城市为重点,扩大保障性租赁住房供给。因地制宜发展共有产权住房。完善长租房政策,逐步使租购住房在享受公共服务上具有同等权利。健全住房公积金制度。推进无障碍设施建设,促进家庭装修消费,增加智能家电消费,推动数字家庭发展。

更好满足中高端消费品消费需求。促进免税业健康有序发展。促进民族品牌加强同国际标准接轨,充分衔接国内消费需求,增加中高端消费品国内供应。培育建设国际消费中心城市,打造一批区域消费中心。深入推进海南国际旅游消费中心建设。

(二)积极发展服务消费

扩大文化和旅游消费。完善现代文化产业体系和文化市场体系,推进优质文化资源开发,推动中华优秀传统文化创造性转化、创新性发展。鼓励文化文物单位依托馆藏文化资源,开发各类文化创意产品,扩大优质文化产品和服务供给。大力发展度假休闲旅游。拓展多样化、个性化、定制化旅游产品和服务。加快培育海岛、邮轮、低空、沙漠等旅游业态。释放通用航空消费潜力。

增加养老育幼服务消费。适应人口老龄化进程,推动养老事业和养老产业协同发展,加快健全居家社区机构相协调、医养康养相结合的养老服务体系。发展银发经济,推动公共设施适老化改造,开发适老化技术和产品。推动生育政策与经济社会政策配套衔接,减轻家庭生育、养育、教育负担,改善优生优育全程服务,释放生育政策潜力。增加普惠托育供给,发展集中管理运营的社区托育服务。

提供多层次医疗健康服务。全面推进健康中国建设,深化医药卫生体制改革,完善公共卫生体系,促进公立医院高质量发展。支持社会力量提供多层次多样化医疗服务,鼓励发展全科医疗服务,增加专科医疗等细分服务领域有效供给。积极发展中医药事业,着力增加高质量的中医医疗、养生保健、康复、健康旅游等服务。积极发展个性化就医服务。加强职业健康保护。完善常态化疫情防控举措。适时优化国家免疫规划疫苗种类,逐步将安全、有效、财政可负担的疫苗纳入国家免疫规划。

提升教育服务质量。健全国民教育体系,促进教育公平。完善普惠性学前教育和特殊教育、专门教育保障机制。推动义务教育优质均衡发展和城乡一体化。巩固提升高中阶段教育普及水平。着眼建设世界一流大学和一流科研院所,加强科教基础设施和产教融合平台建设。完善职业技术教育和培训体系,增强职业技术教育适应性。鼓励社会力量提供多样化教育服务,支持和规范民办教育发展,全面规范校外教育培训行为,稳步推进民办教育分类管理改革,开展高水平中外合作办学。

促进群众体育消费。深入实施全民健身战略,建设国家步道体系,推动体育公园建设。以足球、篮球等职业体育为抓手,提升体育赛事活动质量和消费者观感、体验度,促进竞赛表演产业扩容升级。发展在线健身、线上赛事等新业态。推进冰雪运动"南展西扩东进",带动群众"喜冰乐雪"。

推动家政服务提质扩容。促进家政服务业专业化、规模化、网络化、规范化发展,完善家政服务标准体系,发展员工制家政企业。深化家政服务业提质扩容"领跑者"行动。提升家政服务和培训质量,推动社会化职业技能等级认定,加强家政从业人员职业风险保障。推进家政进社区,构建24小时全生活链服务体系。鼓励发展家庭管家等高端家政服务。

提高社区公共服务水平。构建公共服务、便民利民服务、志愿互助服务相结合的社区服务体系,增强社区服务功能,引导社会力量参与社区服务供给,持续提升社区服务质量,提高社区服务智能化水平。支持家政、养老、托幼、物业等业态融合创新。提升社区疫情防控能力和水平。

(三)加快培育新型消费

支持线上线下商品消费融合发展。加快传统线下业态数字化改造和转型升级。丰富5G网络和千兆光网应用场景。加快研发智能化产品,支持自动驾驶、无人配送等技术应用。发展智慧超市、智慧商店、智慧餐厅等新零售业态。健全新型消费领域技术和服务标准体系,依法规范平台经济发展,提升新业态监管能力。

培育"互联网+社会服务"新模式。做强做优线上学习服务,推动各类数字教育资源共建共享。积极发展"互联网+医疗健康"服务,健全互联网诊疗收费政策,将符合条件的互联网医疗服务项目按程序纳入医保支付范围。深入发展在线文娱,鼓励传统线下文化娱乐业态线上化,支持打造数字精品内容和新兴数字资源传播平台。鼓励发展智慧旅游、智慧广电、智能体育。支持便捷化线上办公、无接触交易服务等发展。

促进共享经济等消费新业态发展。拓展共享生活新空间,鼓励共享出行、共享住宿、共享旅游等领域产品智能化升级和商业模式创新,完善具有公共服务属性的共享产品相关标准。打造共享生产新动力,鼓励企业开放平台资源,充分挖掘闲置存量资源应用潜力。鼓励制造业企业探索共享制造的商业模式和适用场景。顺应网络、信息等技术进步趋势,支持和引导新的生活和消费方式健康发展。

发展新个体经济。支持社交电商、网络直播等多样化经营模式,鼓励发展基于知识传播、经验分享的创新平台。支持线上多样化社交、短视频平台规范有序发展,鼓励微应用、微产品、微电影等创新。

(四)大力倡导绿色低碳消费

积极发展绿色低碳消费市场。健全绿色低碳产品生产和推广机制。促进居民耐用消费品绿色更新和品质升级。大力发展节能低碳建筑。完善绿色采购制度,加大政府对低碳产品采购力度。建立健全绿色产品标准、标识、认证体系和生态产品价值实现机制。加快构建废旧物资循环利用体系,规范发展汽车、动力电池、家电、电子产品回收利用行业。

倡导节约集约的绿色生活方式。深入开展绿色生活创建。推进绿色社区建设。按照绿色低碳循环理念规划建设城乡基础设施。倡导绿色低碳出行,发展城市公共交通,完善城市慢行交通系统。完善城市生态和通风廊道,提升城市绿化水平。深入实施国家节水行动。持续推进过度包装治理,倡导消费者理性消费,推动形成"节约光荣、浪费可耻"的社会氛围。

四、优化投资结构,拓展投资空间

善于把握投资方向,消除投资障碍,聚焦关键领域和薄弱环节,努力增加制造业投资,加大重点领域补短板力度,系统布局新型基础设施,着力提高投资效率,促进投资规模合理增长、结构不断优化,增强投资增长后劲。

(一)加大制造业投资支持力度

围绕推动制造业高质量发展、建设制造强国,引导各类优质资源要素向制造业集聚。加大传统制造业优化升级投资力度,扩大先进制造领域投资,提高制造业供给体系质量和效率。加大制造业技术改造力度,支持企业应用创新技术和产品实施技术改造。完善促进制造业发展的政策制度,降低企业生产经营成本,提升制造业盈利能力。加强制造业投资的用地、用能等要素保障。创新完善制造业企业股权、债券融资工具。

(二)持续推进重点领域补短板投资

加快交通基础设施建设。完善以铁路为主干、以公路为基础,水运民航比较优势充分发挥的国家综合立体交通网,推进"6轴7廊8通道"主骨架建设,增强区域间、城市群间、省际间交通运输联系。加强中西部地区、沿江沿海战略骨干通道建设,有序推进能力紧张通道升级扩容,加强与周边国家互联互通。加快国家铁路网建设,贯通"八纵八横"高速铁路主通道,有序推进区域连接线建设,加快普速铁路建设和既有铁路改造升级。支持重点城市群率先建成城际铁路网,推进重点都市圈市域(郊)铁路和城市轨道交通发展,并与干线铁路融合发展。完善公路网骨干线路,提升国家高速公路网络质量,加快省际高速公路建设,推进普通国省道瓶颈路段贯通升级。继续推进"四好农村路"建设。加强航空网络建设,加快建设国际和区域枢纽机场,积极推进支线机场和通用机场建设,推动打造京津冀、长三角、粤港澳大湾区、成渝世界级机场群。提升水运综合优势,在津冀沿海、长三角、粤港澳大湾区推动构建世界级港口群,支持建设国际航运中心,加快长江等内河高等级航道网建设。构建多层级、一体化综合交通枢纽体系。

加强能源基础设施建设。提升电网安全和智能化水平,优化电力生产和输送通道布局,完善电网主网架布局和结构,有序建设跨省跨区输电通道重点工程，积极推进配电网改造和农村电网建设，提升向边远地区输配电能力。优化煤炭产运结构，推进煤矿智能化、绿色化发展，优化建设蒙西、蒙东、陕北、山西、新疆五大煤炭供应保障基地，提高煤炭铁路运输能力。加快全国干线油气管道建设，集约布局、有序推进液化天然气接收站和车船液化天然气加注站规划建设。大幅提高清洁能源利用水平，建设多能互补的清洁能源基地，以沙漠、戈壁、荒漠地区为重点加快建设大型风电、光伏基地。统筹推进现役煤电机组超低排放和节能改造，提升煤电清洁高效发展水平。推动构建新型电力系统，提升清洁能源消纳和存储能力。

加快水利基础设施建设。加快推进集防洪减灾、水资源调配、水生态保护等功能为一体的综合水网建设，提升国家水安全保障能力。推动综合性水利枢纽和调蓄工程建设，立足流域整体和水资源空间均衡配置，加快推进跨流域跨区域水资源配置工程建设，实施对区域发展具有重要作用的引调水工程，提升水资源优化配置能力。加强节水基础设施建设。提升水旱灾害防御能力，加快补齐大江大河大湖防洪短板，推进堤防加固、河道治理、控制性工程、蓄滞洪区等建设，加强中小河流治理、山洪灾害防治和病险水库除险加固。推进供水、灌溉、水源工程建设，加强供水区域间联合调度。有条件的地区可将城镇周边的村庄纳入城镇供水体系。强化农村中小型水源工程建设和饮用水水源保护，推进大中型灌区建设与现代化改造。在沿海缺水城市推动大型海水淡化设施建设。

完善物流基础设施网络。统筹国家物流枢纽、国家骨干冷链物流基地、示范物流园区等布局建设，优化国家层面的骨干物流基础设施网络，提高跨区域物流服务能力，支撑构建"通道＋枢纽＋网络"的现代物流运行体系。优化以综合物流园区、专业配送中心、末端配送网点为支撑的商贸物流设施网络。加快建设农产品产地仓储保鲜冷链物流设施，提高城乡冷链设施网络覆盖水平，推动食品产销供的冷链全覆盖。

加大生态环保设施建设力度。全面提升生态环境基础设施水平，构建集污水、垃圾、固废、危废、医废处理处置设施和监测监管能力于一体的环境基础设施体系，形成由城市向建制镇和乡村延伸覆盖的环境基础设施网络。实施重要生态系统保护和修复重大工程。推动建立生态保护补偿制度。全面推进资源高效利用，建设促进提高清洁能源利用水平、降低二氧化碳排放的生态环保设施。

完善社会民生基础设施。补齐医疗领域建设短板,完善城市传染病救治网络,全面提升县级医院救治能力,持续改善县级医院设施条件,补齐乡镇卫生院、村卫生室等基础医疗设备配备,全面改善疾控机构设施设备条件,健全口岸公共卫生防控体系,提高公共卫生防控救治能力。加快补齐教育资源短板,加强教育基础设施建设,改善各级各类学校办学条件。增加普惠性养老和医养结合服务设施。完善妇幼健康服务设施,积极规划建设婴幼儿照护和未成年人保护服务机构及设施。提升县级公共文化设施水平,加强广播电视传输覆盖等设施建设。加快高品质、各具特色的旅游景区、度假区、休闲街区建设。提升体育场地设施水平,持续改善群众身边健身设施。

(三)系统布局新型基础设施

加快建设信息基础设施。建设高速泛在、天地一体、集成互联、安全高效的信息基础设施,增强数据感知、传输、存储、运算能力。加快物联网、工业互联网、卫星互联网、千兆光网建设,构建全国一体化大数据中心体系,布局建设大数据中心国家枢纽节点,推动人工智能、云计算等广泛、深度应用,促进"云、网、端"资源要素相互融合、智能配置。以需求为导向,增强国家广域量子保密通信骨干网络服务能力。

全面发展融合基础设施。推动5G、人工智能、大数据等技术与交通物流、能源、生态环保、水利、应急、公共服务等深度融合,助力相关行业治理能力提升。支持利用5G技术对有线电视网络进行改造升级。积极稳妥发展车联网。

前瞻布局创新基础设施。支持有条件的地方建设区域性创新高地,适度超前布局建设重大科技基础设施。优化提升国家产业创新中心、国家制造业创新中心、国家工程研究中心、国家技术创新中心等产业创新基础设施,强化共性基础技术供给。

五、推动城乡区域协调发展,释放内需潜能

城镇化是扩大内需的重要支撑,把扩大内需战略和新型城镇化战略有序衔接起来,使之成为经济发展的重要推动力。推动城乡区域协调发展是释放内需潜能、促进产业升级的重要举措,坚持全国一盘棋,全面实施乡村振兴战略,坚持实施区域重大战略、区域协调发展战略,增强发展的整体性、协调性,充分释

放内需潜在势能。

（一）推进以人为核心的新型城镇化

推进农业转移人口市民化。深化户籍制度改革,建立健全经常居住地提供基本公共服务制度,促进农业转移人口全面融入城市,提高市民化质量。完善财政转移支付与农业转移人口市民化挂钩相关政策。依法保障进城落户农民农村土地承包权、宅基地使用权、集体收益分配权,建立农村产权流转市场体系,健全农户"三权"市场化退出机制和配套政策。

培育城市群和都市圈。推进成渝地区双城经济圈等城市群建设,完善城市群一体化发展体制机制,统筹推进基础设施协调布局、产业分工协作、公共服务共享、生态共建环境共治。依托辐射带动能力较强的中心城市,提高通勤圈协同发展水平,培育发展同城化程度高的现代化都市圈。推进超大特大城市瘦身健体,严控中心城市规模无序扩张。完善大中城市宜居宜业功能,支持培育新生中小城市。健全城镇体系,依法依规加强城市生态修复和功能完善,合理确定城市规模、人口密度、空间结构。

推进以县城为重要载体的城镇化建设。推进县城公共服务、环境卫生、市政公用、产业配套等设施提级扩能,增强综合承载能力和治理能力。鼓励东部城镇化地区县城加快发展,支持中西部和东北城镇化地区县城建设,合理引导农产品主产区和重点生态功能区县城建设。按照区位条件、资源禀赋、发展基础,分类引导小城镇发展。促进特色小镇规范健康发展。

推进城市设施规划建设和城市更新。加强市政水、电、气、路、热、信等体系化建设,推进地下综合管廊等设施和海绵城市建设,加强城市内涝治理,加强城镇污水和垃圾收集处理体系建设,建设宜居、创新、智慧、绿色、人文、韧性城市。加强城镇老旧小区改造和社区建设,补齐居住社区设施短板,完善社区人居环境。加快地震易发区房屋设施抗震加固改造,加强城市安全监测。强化历史文化保护,塑造城市风貌,延续城市历史文脉。

（二）积极推动农村现代化

实施乡村建设行动。综合考虑村庄演变规律、集聚特点、现状分布,结合农民生产生活半径,合理确定村庄布局和规模。完善乡村基础设施和综合服务设施,提升农房品质,严格建房安全标准。加强农村生态文明建设和农村人居环境整治。推进农村移风易俗。加大农村地区文化遗产保护力度,保护传统村落、民族村寨和乡村风貌,让居民望得见山、看得见水、记得住乡愁。

完善乡村市场体系。健全农产品流通网络,加强农村商贸体系建设,畅通工业品下乡、农产品进城双向流通渠道。完善以县级物流节点为核心、乡镇服务站点为骨架、村级末端网点为延伸的县乡村三级物流节点设施体系,完善农村电商配套服务。培育农产品网络品牌。推动农村居民汽车、家电、家具、家装消费升级。引导县域引入城市消费新业态新模式,充分满足县乡居民个性化、多元化、中高端消费需求。持续依法打击假冒伪劣产品,规范农村市场秩序。

丰富乡村经济形态。深入实施质量兴农战略,推动农村一二三产业融合发展,高质量发展现代农产品加工业,延长农业产业链条。发展各具特色的现代乡村富民产业,壮大休闲农业、乡村旅游、民宿经济、乡村文化等特色产业。完善利益联结机制,让农民更多分享产业增值收益。发展新型农村集体经济,扶持各类新型农业经营主体,提高农业经营效益和农民职业吸引力。推动乡村人才振兴,优化农村创新创业环境,激发农村创新创业活力。

健全城乡融合发展体制机制。强化以工补农、以城带乡,推动形成工农互促、城乡互补、协调发展、共同繁荣的新型工农城乡关系。统筹推进城乡规划布局和建设管理,让城乡之间各美其美、美美与共。推动城乡在要素配置、产业发展、安全标准、公共服务、生态保护等方面相互融合和协同发展,促进城乡生产要素平等交换、双向自由流动和公共资源合理配置,逐步缩小城乡发展差距和居民生活水平差距。

(三) 优化区域经济布局

依托区域重大战略打造内需新增长极。以疏解北京非首都功能为"牛鼻子",持续推动京津冀协同发展。坚持生态优先、绿色发展和共抓大保护、不搞大开发,全面推动长江经济带高质量发展。支持香港、澳门更好融入国家发展大局,积极稳妥推进粤港澳大湾区建设。紧扣"一体化"和"高质量",提升长三角一体化发展水平。协调上中下游共抓大保护,扎实推进黄河流域生态保护和高质量发展。支持经济发展优势区域增强经济和人口承载能力,提升创新策源能力和全球资源配置能力,促进区域间融合互动、融通补充,培育新增长极,带动全国经济效率整体提升。

推动区域协调发展完善内需增长空间格局。在全国统一大市场框架下充分发挥各地区比较优势,努力实现差异竞争、错位发展,释放区域协调发展的巨大内需潜力。深入推进西部大开发、东北全面振兴、中部地区崛起、东部率先发展,支持欠发达地区、革命老区等特殊类型地区加快发展,加大对民族地区发展支持力度。推动巩固拓展脱贫攻坚成果同乡村振兴有效衔接,完善农村低收入人口和欠发达地区帮扶机制。健全区际利益补偿等促进区域协调发展机制。积极拓展海洋经济发展空间。

六、提高供给质量,带动需求更好实现

供给侧有效畅通可以打通循环堵点、消除瓶颈制约,满足现有需求并进一步引领创造新需求。要面向需求结构变化和供给革命,顺应新一轮科技革命和产业变革趋势,强化科技自立自强,以创新驱动、高质量供给引领和创造新需求,推动供需在更高水平上实现良性循环。

(一)加快发展新产业新产品

实现科技高水平自立自强。以国家战略性需求为导向优化国家创新体系整体布局,强化以国家实验室为引领的战略科技力量。推进科研院所、高等学校和企业科研力量优化配置、资源共享。健全新型举国体制,确定科技创新方向和重点,改进科研项目组织管理方式。在人工智能、量子信息、脑科学等前沿领域实施一批前瞻性、战略性国家重大科技项目。聚焦核心基础零部件及元器件、关键基础材料、关键基础软件、先进基础工艺和产业技术基础,引导产业链上下游联合攻关。持之以恒加强基础研究,发挥好重要院所、高校的国家队作用,重点布局一批基础学科研究中心。加强科学研究与市场应用的有效衔接,支持产学研协同,促进产业链、创新链、生态链融通发展。强化企业科技创新主体作用。

壮大战略性新兴产业。深入推进国家战略性新兴产业集群发展,建设国家级战略性新兴产业基地。全面提升信息技术产业核心竞争力,推动人工智能、先进通信、集成电路、新型显示、先进计算等技术创新和应用。加快生物医药、生物农业、生物制造、基因技术应用服务等产业化发展。发展壮大新能源产业。推进前沿新材料研发应用。促进重大装备工程应用和产业化发展,加快大飞机、航空发动机和机载设备等研发,推进卫星及应用基础设施建设。发展数字

创意产业。在前沿科技和产业变革领域,组织实施未来产业孵化与加速计划,前瞻谋划未来产业。推动先进制造业集群发展,建设国家新型工业化产业示范基地,培育世界级先进制造业集群。

加强创新产品应用。依托我国超大规模市场和完备产业体系,创造有利于新技术快速大规模应用和迭代升级的独特优势,加速科技成果向现实生产力转化。完善激励和风险补偿机制,推动首台(套)装备、首批次材料等示范应用。建立重要产品快速审评审批机制。

加快推动数字产业化和产业数字化。加强数字社会、数字政府建设,发展普惠性"上云用数赋智",不断提升数字化治理水平。建立完善跨部门跨区域的数据资源流通应用机制,强化数据安全保障能力,优化数据要素流通环境。加快数据资源开发利用及其制度规范建设,打造具有国际竞争力的数字产业集群,加大中小企业特别是制造业中小企业数字化赋能力度。积极参与数字领域国际规则和标准制定。

激发人才创新活力。遵循人才成长规律和科研活动规律,培养造就更多国际一流的领军人才。加强创新型、应用型、技能型人才培养,壮大高水平工程师和高技能人才队伍。鼓励大型企业与科研院所联合培养科技人才。健全以创新能力、质量、实效、贡献为导向的科技人才评价体系,完善技能人才评价制度。弘扬科学精神和工匠精神,提升全民科学素质。

(二)积极促进传统产业改造提升

大力发展现代农业。持续强化农业基础地位,加快建立现代农业产业体系、生产体系、经营体系,发展农业专业化社会化服务。健全农业支持保护制度,优化农业生产区域布局,加强粮食生产功能区、重要农产品生产保护区、特色农产品优势区建设。优化农业生产结构,扩大紧缺农产品生产。加强高标准农田建设,加强东北黑土地保护和地力恢复,增强粮食综合生产能力。推动畜牧业转型升级,发展标准化规模养殖,强化动物疫病风险防控,推进畜禽养殖废弃物资源化利用。推进水产绿色健康养殖,规范有序发展海洋渔业。强化农业科技和装备支撑,推进农业机械化和农机装备智能化。推动发展智慧农业。

推进制造业高端化、智能化、绿色化。深入实施工业互联网创新发展战略。促进数据、人才、技术等生产要素在传统产业汇聚,推动企业加快数字化改造。

发展智能制造、绿色制造，推动生产方式向柔性、智能、精细化转变。构建多层次资源高效循环利用体系，推进大宗固废综合利用，规范发展再制造产业。

优化区域产业产能布局。发挥各地区比较优势，优化区域分工协作格局。优化石化化工、钢铁等重要基础性产业规划布局，严格控制建设高耗能、高排放项目。不断完善产业结构调整指导目录、西部地区鼓励类产业目录等，支持引导中西部和东北地区依托资源要素禀赋，在充分考虑资源环境承载能力基础上承接国内产业梯度转移。推进老工业基地制造业竞争优势重构。加强对重大生产力布局的统一规划和宏观指导，防止盲目投资和重复建设。

持续推动生产性服务业向高端延伸。发展服务型制造，鼓励制造业企业发展生产性服务业，拓展研发设计、供应链协同、系统解决方案、柔性化定制、全生命周期管理等增值服务，促进制造业企业由提供"产品"向提供"产品＋服务"转变，提升价值链。推动现代服务业同先进制造业融合发展。积极发展科技服务业。支持智能制造、流程再造等领域新型专业化服务机构发展。发展研发、设计、检测等生产性服务外包，鼓励电子商务等服务业企业向制造环节拓展。引导研发设计企业与制造业企业嵌入式合作。培育专业化、国际化的知识产权服务品牌机构。聚焦提高要素配置效率，推动供应链金融、信息数据、人力资源等服务创新发展。

（三）着力加强标准质量品牌建设

健全产品和服务标准体系。建立健全全国统一的强制性国家标准体系。构建现代农业全产业链标准体系，完善制造业高端化标准体系，动态调整消费品安全标准，健全旅游、养老、商贸流通等服务业标准体系。优化企业标准"领跑者"制度。大力发展先进团体标准。加快构建国家现代先进测量体系。加强检验检测体系建设。

持续提高产品和服务质量。加强质量安全监管，推进质量分级，稳步提高消费品质量安全水平。健全质量认证体系，完善质量认证采信机制。加快建设覆盖线上线下的重要产品追溯体系，实施优质服务标识管理制度，促进品质消费。

深入实施商标品牌战略。打造中国品牌，培育和发展中华老字号和特色传统文化品牌。持续办好中国品牌日活动，宣传推介国货精品，增强全社会品牌发展意识，在市场公平竞争、消费者自主选择中培育更多享誉世界的中国品牌。

七、健全现代市场和流通体系,促进产需有机衔接

完善的市场体系可以推动资源配置实现效益最大化和效率最优化,高效的流通体系能够在更大范围更深程度把生产和消费有机联系起来。要推动形成全国统一大市场,加快健全市场体系基础制度,建设现代流通体系,优化生产要素配置,有效提高市场运行和流通效率,促进生产与需求紧密结合。

(一)提升要素市场化配置水平

推进劳动力要素有序流动。营造公平就业环境,保障城乡劳动者享有平等就业权利。建立协调衔接的劳动力、人才流动政策体系和交流合作机制,健全统一规范的人力资源市场体系,完善全国统一的人力资源社会保障公共服务平台,推动公共资源由主要按城市行政等级配置向主要按实际服务管理人口规模配置转变。

推动经营性土地要素市场化配置。健全城乡统一的建设用地市场,合理调节土地增值收益。探索建立全国性的建设用地指标和补充耕地指标跨区域交易机制。加快培育发展建设用地二级市场,推进产业用地市场化配置,推动不同产业用地类型合理转换,探索增加混合产业用地供给。完善城乡基准地价、标定地价的制定与发布制度,逐步形成与市场价格挂钩动态调整机制。充分利用市场机制盘活存量土地和低效用地。

完善知识、技术、数据要素配置机制。深化科技成果使用权、处置权、收益权改革,完善职务科技成果转化激励机制。加大科研单位改革力度,支持科研事业单位试行更灵活的岗位、薪酬等管理制度。建立健全高等学校、科研机构、企业间创新资源自由有序流动机制。建设国家知识产权和科技成果产权交易机构。完善数据要素市场化配置机制,建立数据资源产权、交易流通、跨境传输、安全保护等基础制度和标准规范。

(二)加快建立公平统一市场

完善公平竞争的市场秩序。在要素获取、准入许可、经营运行、标准制定、招投标、政府采购等方面,对各类所有制企业平等对待。建立公平开放透明的竞争规则,构建覆盖事前事中事后全环节的竞争政策实施机制,健全公平竞争审查机制,强化公平竞争审查刚性约束。加强和改进反垄断和反不正当竞争执

法，完善法律法规。完善市场竞争状况评估制度。

加快构建全国统一大市场。破除地方保护和市场分割，建设高效规范、公平竞争的国内统一市场，破除妨碍生产要素市场化配置和商品服务流通的体制机制障碍，降低全社会交易成本。健全市场准入负面清单制度，全面提升市场准入效能。推进能源、铁路、电信、公用事业等行业竞争性环节市场化改革。深化公共资源交易平台整合共享。合理划分不同层级政府市场监管事权，构建跨区域市场监管机制，有效防止滥用行政权力限制竞争。

（三）建设现代流通体系

优化现代商贸体系。提升城市商业水平，发展智慧商圈，构建分层分类的城市商业格局，打造"一刻钟"便民生活圈。加强县域商业建设，建立完善农村商业体系。加快物联网、人工智能等技术与商贸流通业态融合创新，同时注意防范垄断和安全风险。

发展现代物流体系。围绕做优服务链条、做强服务功能、做好供应链协同，完善集约高效的现代物流服务体系。促进现代物流业与农业、制造、商贸等融合发展。积极发展公铁水联运、江海联运和铁路快运。探索建立城市群物流统筹协调机制，培育有机协同的物流集群。优化国际海运航线，强化国际航空货运网络，巩固提升中欧班列等国际铁路运输组织，推动跨境公路运输发展，支持优化海外仓全球布局，加快构建高效畅通的多元化国际物流干线通道，形成内外联通、安全高效的物流网络。

八、深化改革开放，增强内需发展动力

用足用好改革这个关键一招，实行更高水平开放，能够为深挖国内需求潜力、拓展扩大最终需求提供强大动力。要聚焦重点领域重点问题，加强改革开放举措的系统集成、协同高效，完善促进消费、扩大投资的制度安排，为国内市场发展提供源源不断的动力和活力。

（一）完善促进消费的体制机制

持续释放服务消费潜力。实施宽进严管，对可以依靠市场充分竞争提升供给质量的服务消费领域取消准入限制。对于电力、油气等行业中具有自然垄断属性的服务领域，根据不同行业特点实行网运分开，放宽上下游竞争相对充分

服务业准入门槛。按照政事分开、事企分开、管办分离的要求,持续推进教育、科技、文化、卫生、体育等领域事业单位改革。

加强消费者权益保护。建立健全适应消费新业态新模式发展特点的新型监管机制。建立假冒伪劣产品惩罚性巨额赔偿制度。健全缺陷产品召回、产品伤害监测、产品质量担保等制度,完善多元化消费维权机制和纠纷解决机制。严格食品药品监管,确保安全。强化重点商品和服务领域价格监管,维护市场价格秩序。

(二)推进投融资体制改革

加大对民间投资支持和引导力度。坚持毫不动摇巩固和发展公有制经济,毫不动摇鼓励、支持、引导非公有制经济发展,促进公有制经济和非公有制经济优势互补、共同发展。完善支持政策,发挥政府资金引导带动作用,引导民间资本参与新型基础设施、新型城镇化、交通水利等重大工程和补短板领域建设。鼓励民营企业增加研发投入,推动设备更新和技术改造,扩大战略性新兴产业投资,提高自主创新能力,掌握拥有自主知识产权的核心技术。鼓励和引导非国有资本投资主体通过参股控股、资产收购等多种形式,参与国有企业改制重组。切实保护民营企业的合法权益,培育和维护公平竞争的投资环境。加强对民营企业的服务、指导和规范管理。

持续完善投资管理模式。协同推进投资审批制度改革,规范有序推广企业投资项目承诺制、区域评估、标准地改革等投资审批创新经验,加强投资决策与规划和用地、环评的制度衔接。完善投资法规制度和执法机制,健全地方配套制度体系。加强投资项目特别是备案类项目的事中事后监管。建立健全投资审批数据部门间共享机制,推动投资审批权责"一张清单"、审批数据"一体共享"、审批事项"一网通办"。

健全投资项目融资机制。持续优化政府投资结构,加大对补短板领域支持力度。有序推动基础设施领域不动产投资信托基金健康发展。通过多种方式盘活存量资产,形成存量资产和新增投资的良性循环。规范有序推进政府和社会资本合作。鼓励金融机构依法合规提供更多直达实体经济的金融产品和服务。健全政府性融资担保体系。增强资本市场对实体经济的融资功能,提高直接融资特别是股权融资比重。扩大债券融资规模,推进债券市场互联互通。

(三)优化营商环境激发市场活力

深化"放管服"改革。持续深化行政审批制度改革和商事制度改革,减少和优化涉企经营许可事项,改革完善生产许可制度,简化工业产品生产许可证审批程序。加快建立全方位、多层次、立体化监管体系,实现事前事中事后全链条全领域监管。提升企业开办标准化、规范化、便利化水平,简化普通注销程序,建立健全企业破产和自然人破产制度。加快推动市场数据跨部门共享,规范商业机构数据公开使用与发布。完善营商环境评价体系。

健全现代产权制度。加强产权保护和激励,完善以公平为原则的产权保护制度,完善产权执法司法保护制度,全面依法平等保护各类产权。强化知识产权全链条保护,提升知识产权审查能力,建立健全知识产权侵权快速反应、惩罚性赔偿等机制。加强数据、知识、环境等领域产权制度建设,完善自然资源资产产权制度和法律法规。完善国有产权交易制度,完善农村集体产权确权和保护制度。

完善社会信用体系。推进信用法治建设,健全社会信用法律法规和政策体系。依法依规加强信用信息归集、共享、公开、应用,建立公共信用信息同金融信息共享整合机制。建立健全以信用为基础的新型监管机制,加强企业信用状况综合评价,推广信用承诺和告知承诺制,依法依规健全守信激励和失信惩戒机制。强化消费信用体系建设。加强诚信文化建设和宣传教育,营造公平诚信的市场环境和社会环境。

(四)发挥对外开放对内需的促进作用

高质量共建"一带一路"。推进基础设施互联互通,拓展第三方市场合作。构筑互利共赢的产业链供应链合作体系,深化国际产能合作,扩大双向贸易和投资,健全多元化投融资体系。加快推进西部陆海新通道高质量发展,提高中欧班列开行质量,推动国际陆运贸易规则制定。支持各地深化与共建"一带一路"国家交流合作。

持续提升利用外资水平。推进投资便利化,稳步推动规则、规制、管理、标准等制度型开放,健全外商投资准入前国民待遇加负面清单管理制度,全面深入落实准入后国民待遇,促进内外资企业公平竞争。鼓励外商投资中高端制造、高新技术和现代服务产业。加强外商投资合法权益保护。促进引资与引智更好结合,鼓励外资企业进一步融入我国创新体系。

打造高水平、宽尺度、深层次的开放高地。坚持推动更高水平开放与区域协调发展相结合,协同推动扩大内陆开放、加快沿边开放、提升沿海开放层次。建设好各类开发开放平台和载体,加快培育更多内陆开放高地。发挥京津冀、长三角、粤港澳大湾区等地区先导示范效应,打造面向东北亚、中亚、南亚、东南亚的沿边开放合作门户。赋予自由贸易试验区更大改革自主权。稳步推进海南自由贸易港建设,建立中国特色自由贸易港政策和制度体系。

稳步推进多双边贸易合作。实施自由贸易区提升战略,做好区域全面经济伙伴关系协定生效后实施工作,推动商签更多高标准自由贸易协定和区域贸易协定。促进我与周边国家地区农业、能源、服务贸易、高新技术等领域合作不断深化。推进国际陆海贸易新通道建设。优化促进外贸发展的财税政策,不断完善与我国经济发展水平相适应的关税制度。

扩大重要商品和服务进口。拓宽优质消费品、先进技术、重要设备、关键零部件和重要能源资源进口渠道。支持国内产业转型升级需要的技术、设备及零部件进口,鼓励研发设计、节能环保、环境服务等生产性服务进口。扩大与人民生活密切相关的优质商品、医药产品和康复服务等进口。支持边境贸易创新发展。持续办好中国国际进口博览会、中国进出口商品交易会、中国国际服务贸易交易会、中国国际消费品博览会等,推动进口规模扩大、结构优化、来源多元化。

九、扎实推动共同富裕,厚植内需发展潜力

共同富裕是社会主义的本质要求,是中国式现代化的重要特征。坚持以人民为中心的发展思想,在高质量发展中促进共同富裕,正确处理效率和公平的关系,完善收入分配格局,构建初次分配、再分配、三次分配协调配套的基础性制度安排,加大税收、社保、转移支付等调节力度并提高精准性,扩大中等收入群体比重,增加低收入群体收入,合理调节高收入,取缔非法收入,促进社会公平正义,促进人的全面发展,增强内需发展后劲。

(一)持续优化初次分配格局

提升就业质量增加劳动者劳动收入。持续实施就业优先战略,坚持经济发

展就业导向,扩大就业容量,提升就业质量,促进充分就业。注重缓解结构性就业矛盾,加快提升劳动者技能素质,发展现代职业教育,健全终身职业技能培训制度。加快新一代信息技术与制造业深度融合,挖掘新产业新业态新模式带动就业潜力,创造更多更高质量更高收入的就业岗位。健全就业公共服务体系、劳动关系协调机制,完善重点群体就业支持体系。加快乡村产业振兴,积极促进农民工就业,增加农村居民工资性收入。

提高劳动报酬在初次分配中的比重。坚持居民收入增长和经济增长基本同步、劳动报酬提高和劳动生产率提高基本同步,增加劳动者特别是一线劳动者劳动报酬。完善企业薪酬调查和信息发布制度,健全劳动者工资决定、合理增长和支付保障机制,健全最低工资标准调整机制。改革完善事业单位工资、国有企业工资分配等制度。积极推行工资集体协商制度。实施渐进式延迟法定退休年龄。

健全各类生产要素参与分配机制。构建知识、技术、数据等创新要素参与收益分配机制,强化以增加知识价值为导向的分配政策,发挥工资激励保障作用。完善国有企业科技人才薪酬激励政策。完善股份制企业特别是上市公司分红制度。完善股票发行、信息披露等制度,推动资本市场规范健康发展。创新更多适应家庭财富管理需求的金融产品,增加居民投资收益。探索通过土地、资本等要素使用权、收益权增加中低收入群体要素收入。

扩大中等收入群体规模。通过开展示范区建设等,探索扎实推动共同富裕的有效路径。推进高等学校和职业院校毕业生、技能型劳动者、农民工等群体稳定增收,培育高素质农民,完善小微创业者扶持政策,支持个体工商户、灵活就业人员等群体勤劳致富,使更多普通劳动者通过自身努力进入中等收入群体。健全公共服务体系,合理减轻中等收入群体负担。

(二)逐步健全再分配机制

加大财税制度对收入分配的调节力度。健全直接税体系,完善综合与分类相结合的个人所得税制度,加强对高收入者的税收调节和监管。完善中央与地方财政事权和支出责任划分,推动教育、养老、医疗、住房保障等基本公共服务均等化。完善转移支付制度,重点加大对发展水平相对落后地区的转移支付力度。有序增加社会民生领域资金投入,优化教育支出结构。

健全社会保障制度。推进基本养老保险由制度全覆盖到法定人群全覆盖,完善灵活就业人员参加职工社会保险制度。发展企业年金、职业年金,规范发展第三支柱养老保险。完善基本医疗保险制度,健全重特大疾病医疗保险和救助制度,支持商业健康保险发展。实现企业职工基本养老保险全国统筹,推动基本医疗保险、失业保险省级统筹,巩固完善工伤保险省级统筹。健全社会保障待遇调整机制。完善社会救助制度兜底功能。完善帮扶残疾人、孤儿等社会福利制度。健全退役军人工作体系和保障制度。

(三)重视发挥第三次分配作用

发展慈善事业。建立健全慈善事业发展体制机制,规范培育发展慈善组织。完善慈善褒奖制度,引导支持有意愿有能力的企业和社会群体积极参与公益慈善事业。

健全志愿服务体系。发展社会工作服务机构和志愿服务组织,壮大志愿者队伍,搭建更多志愿服务平台,全面提升志愿服务水平。广泛开展志愿服务关爱行动。探索建立文明实践积分银行,将志愿服务活动、践行文明行为等纳入积分管理,促进形成志愿服务良好社会氛围。

十、提升安全保障能力,夯实内需发展基础

把安全发展贯穿扩大内需工作各领域和全过程,着力提升粮食、能源和战略性矿产资源等领域供应保障能力,有效维护产业链供应链稳定,不断提高应对突发应急事件能力,为国内市场平稳发展提供坚强安全保障。

(一)保障粮食安全

推进粮食稳产增产。深入实施藏粮于地、藏粮于技战略,坚持最严格的耕地保护制度,严守18亿亩耕地红线,坚决遏制耕地"非农化"、严格管控"非粮化"。推进合理布局,主产区、主销区、产销平衡区都要保面积、保产量,加大粮食生产政策支持力度,确保口粮绝对安全、谷物基本自给。实施重要农产品保障战略,实现生猪基本自给、其他重要农副产品供应充足。

健全粮食产购储加销体系。落实粮食安全党政同责要求。深化粮食等重要农产品收储制度改革,加快培育多元市场购销主体,科学确定粮食储备规模、结构、布局,完善粮食储备管理体制和运行机制。加强粮食、棉、糖等重要农产

品仓储物流设施建设。强化地方储备体系建设,健全层级分明、运作高效的农产品储备体系。深入推进优质粮食工程,加快构建现代化粮食产业体系。持续倡导节粮减损。

加强种子安全保障。建立健全现代种业体系,加强种质资源保护利用和种子库建设,提高资源保护、育种创新、品种测试、良种繁育能力,实施农业生物育种重大科技项目。在尊重科学、严格监管的前提下,有序推进生物育种产业化应用。

(二)强化能源资源安全保障

增强国内生产供应能力。推动国内油气增储上产,加强陆海油气开发。推动页岩气稳产增产,提升页岩油开发规模。引导和鼓励社会资本进入油气勘探开采领域。稳妥推进煤制油气,规划建设煤制油气战略基地。深入实施找矿突破战略行动,开展战略性矿产资源现状调查和潜力评价,积极开展现有矿山深部及外围找矿,延长矿山服务年限。持续推进矿山智能化、绿色化建设。

(三)增强产业链供应链安全保障能力

推进制造业补链强链。实施产业基础再造工程,健全产业基础支撑体系,加强产业技术标准体系建设。巩固拓展与周边国家产业链供应链合作,共同维护国际产业链供应链稳定运行。实施制造业供应链提升工程,构建制造业供应链生态体系。围绕重点行业产业链供应链关键原材料、技术、产品,增强供应链灵活性可靠性。

保障事关国计民生的基础产业安全稳定运行。聚焦保障煤电油气运安全稳定运行,强化关键仪器设备、关键基础软件、大型工业软件、行业应用软件和工业控制系统、重要零部件的稳定供应,保证核心系统运行安全。保障居民基本生活必需品产业链安全,实现极端情况下群众基本生活不受大的影响。

(四)推动应急管理能力建设

增强重特大突发事件应急能力。加强应急物资装备保障体系建设,强化公共卫生、灾害事故等领域应急物资保障,完善中央、省、市、县、乡五级应急物资储备网络。建设国家级应急物资储备库,升级地方应急物资储备库和救援装备库,中央应急物资储备向中西部地区和灾害多发易发地区倾斜。优化重要应急物资产能区域布局,实施应急产品生产能力储备工程,引导企业积极履行社会责任建立必要的产能储备,建设区域性应急物资生产保障基地,完善国家应急资源管理平台。健全应急决策支撑体系,建设应急技术装备研发实验室。加快提升应急物流投送与快速反应能力,完善应急广播体系。

加强应急救援力量建设。完善航空应急救援体系,推进新型智能装备、航空消防大飞机、特种救援装备、特殊工程机械设备研发配备。加大综合性消防救援队伍和专业救援队伍、社会救援队伍建设力度,推动救援队伍能力现代化。推进城乡公共消防设施建设,推进重点场所消防系统改造。强化危险化学品、矿山、道路交通等重点领域生命防护,提高安全生产重大风险防控能力。

推进灾害事故防控能力建设。支持城乡防灾基础设施建设,完善防汛抗旱、防震减灾、防风抗潮、森林草原防灭火、地震地质灾害防治等骨干设施。提升城市防洪排涝能力,逐步建立完善防洪排涝体系。优化国土空间防灾减灾救灾设施布局,推进公共基础设施安全加固,加快构建城乡应急避难场所体系。加强防灾减灾救灾和安全生产科技信息化支撑能力,加快构建天空地一体化灾害事故监测预警体系和应急通信体系。发展巨灾保险。

十一、实施保障

(一)加强党的全面领导

各地区各部门要深入学习贯彻习近平新时代中国特色社会主义思想,增强"四个意识"、坚定"四个自信"、做到"两个维护",不断提高政治判断力、政治领悟力、政治执行力,不断提高把握新发展阶段、贯彻新发展理念、构建新发展格局的政治能力、战略眼光、专业水平,抓好重大任务和政策落实。充分调动各有关方面实施扩大内需战略的积极性、主动性、创造性,为实现规划纲要确定的主要目标提供坚强组织保障。

(二)完善组织协调机制

各有关部门要加强实施扩大内需战略部际协调,发挥统筹协调作用,推动落实扩大内需各项工作;定期编制扩大内需战略实施方案,进一步细化实化规划纲要明确的重大任务和重大政策。地方各级政府要因地制宜积极作为,把实施扩大内需战略纳入经济社会发展规划,结合实际制定本地区扩大内需战略政策措施,压实地方落实扩大内需战略责任,创新规划纲要组织实施方式,发挥各方面作用,坚决杜绝形式主义、官僚主义。

(三) 强化政策协同配合

完善宏观经济治理,不断创新和完善宏观调控,强化宏观政策对实施扩大内需战略的统筹支持。着力发挥规划纲要导向作用,加强财政、货币、就业、产业、投资、消费、环保、区域等政策的协同配合,推动形成扩大内需的政策合力。密切跟踪分析政策落实情况及内需形势变化,加强扩大内需政策研究储备,完善政策制定和执行机制,强化政策成效评估,保障战略目标顺利实现。

(四) 加大宣传引导力度

各地区各有关部门要加强扩大内需战略的宣传和引导,综合运用各种媒体,通过大众喜闻乐见的形式深入解读扩大内需战略的新举措新要求,进一步营造浓厚社会氛围。及时总结规划纲要实施成效,充分挖掘各地区和不同行业、企业在扩大内需方面的成功案例,通过多种形式及时总结推广好经验好做法。

附录 2
国务院办公厅关于支持出口产品转内销的实施意见

各省、自治区、直辖市人民政府，国务院各部委、各直属机构：

为深入贯彻落实党中央、国务院关于统筹推进新冠肺炎疫情防控和经济社会发展工作的决策部署，做好"六稳"工作、落实"六保"任务，在鼓励企业拓展国际市场的同时，支持适销对路的出口产品开拓国内市场，着力帮扶外贸企业渡过难关，促进外贸基本稳定，经国务院同意，现提出以下意见：

一、工作原则

发挥政府引导作用，支持出口产品转内销，帮助外贸企业纾困，确保产业链供应链畅通运转，稳住外贸外资基本盘。发挥企业主体作用，坚持市场化运作，鼓励外贸企业拓展销售渠道，促进国内消费提质升级。落实地方属地责任，因地制宜推动出口产品转内销工作，重点帮扶本地区重要产业链供应链外贸企业和中小微外贸企业。

二、支持出口产品进入国内市场

（一）加快转内销市场准入

在 2020 年底前，对依据出口目的国标准生产且相关标准技术指标达到我国强制性标准要求的出口产品，因疫情影响转内销的，允许企业作出相关书面承诺，通过自我符合性声明的方式进行销售，法律法规另有规定的从其规定。外贸企业要对出口转内销产品加贴的中文和外文标签、标识的一致性负责。（市场监管总局、生态环境部、交通运输部、农业农村部、卫生健康委、应急部、铁路局、民航局、煤矿安监局等部门按职责分工负责)出口转内销产品涉及强制性产品认证(CCC认证)的,应当依法获得强制性产品认证证书。继续深化强制性产品认证制度改革,简化出口转内销产品认证程序,缩短办理时间。(市场监管总局负责)简化企业办税程序。(税务总局负责)

(二)促进"同线同标同质"发展

支持企业发展"同线同标同质"(以下称"三同")产品,即在同一生产线上按照相同标准、相同质量要求生产既能出口又可内销的产品,帮助企业降低成本、实现内外销转型。扩大"三同"适用范围至一般消费品、工业品领域。(市场监管总局、工业和信息化部、商务部等部门按职责分工负责)开通国内生产销售审批快速通道。加快完善"三同"公共信息服务平台功能。(市场监管总局负责)开展"三同"产品宣传推广活动,提升知名度和影响力。(中央宣传部、商务部、市场监管总局按职责分工负责)

(三)加强知识产权保障

支持外贸企业与品牌商协商出口转内销产品涉及的知识产权授权,做好专利申请、商标注册和著作权登记。加强对外贸企业知识产权运用的指导和服务。(中央宣传部、知识产权局按职责分工负责)

三、多渠道支持转内销

(一)搭建转内销平台

鼓励外贸企业对接电商平台,依托各类网上购物节,设置外贸产品专区。在符合国内疫情防控要求的前提下,引导主要步行街组织开展出口产品转内销专题活动。组织各地大型商业企业与外贸企业开展订单直采,设立外贸产品销售专区、专柜。组织国内采购商在中国进出口商品交易会(广交会)、中国加工贸易产品博览会等采购外贸产品。(商务部,各省、自治区、直辖市人民政府负责)

(二)发挥有效投资带动作用

重点结合各地新型基础设施、新型城镇化和重大工程("两新一重")建设需要,组织对接一批符合条件的出口产品转内销,帮助企业融入投资项目产业链供应链。(各省、自治区、直辖市人民政府负责)引导外贸企业积极补链固链强链,推动产业链协同创新和产业结构调整、加大技术和工艺升级改造力度,参与

工业和通信业重大项目建设。（工业和信息化部、各省、自治区、直辖市人民政府负责）

（三）精准对接消费需求

引导外贸企业精准对接国内市场消费升级需求，发挥质量、研发等优势，应用大数据、工业互联网等技术，通过个性化定制、柔性化生产，研发适销对路的内销产品，创建自有品牌，培育和发展新的消费热点，推动消费回升。鼓励外贸企业充分利用网上销售、直播带货、场景体验等新业态新模式，促进线上线下融合发展。（工业和信息化部、商务部按职责分工负责，各省、自治区、直辖市人民政府负责）

四、加大支持力度

（一）提升转内销便利化水平

对符合条件可集中办理内销征税手续的加工贸易企业，在不超过手（账）册有效期或核销截止日期的前提下，由每月 15 日前申报，调整为最迟可在季度结束后 15 天内申报。（海关总署负责）

（二）做好融资服务和支持

鼓励各类金融机构对出口产品转内销提供金融支持，加强供应链金融服务，结合实际开展内销保险项下的保单融资业务，加大流动性资金贷款等经营周转类信贷支持，积极开展应收账款、存货、机器设备、仓单、订单等质押融资，依托大型电商平台加强对中小微外贸企业直贷业务。（财政部、人民银行、银保监会按职责分工负责）

（三）加大保险支持力度

支持保险公司加大对出口产品转内销的保障力度，提供多元化的保险服务。（银保监会负责）

（四）加强资金支持

用足用好外经贸发展专项资金，支持出口转内销相关业务培训、宣传推介、信息服务等，支持外贸企业参加线上线下内销展会。（财政部、商务部负责）

五、加强组织实施

各地方人民政府、各有关部门要高度重视支持出口产品转内销工作。各地方要根据本地区实际出台针对性配套措施，商务部要会同相关部门制定具体工作方案并组织实施，加强政策指导和业务培训，及时总结推广好经验好做法；组织引导媒体集中开展宣传报道，营造支持出口产品转内销的良好环境，引导拓展国内市场空间，促进公平竞争。（中央宣传部、发展改革委、工业和信息化部、财政部、商务部、人民银行、海关总署、税务总局、市场监管总局、银保监会按职责分工负责，各省、自治区、直辖市人民政府负责）

国务院办公厅

2020 年 6 月 17 日

附录 3

中共中央 国务院
关于加快建设全国统一大市场的意见

（2022 年 3 月 25 日）

建设全国统一大市场是构建新发展格局的基础支撑和内在要求。为从全局和战略高度加快建设全国统一大市场，现提出如下意见。

一、总体要求

（一）指导思想

以习近平新时代中国特色社会主义思想为指导，全面贯彻党的十九大和十九届历次全会精神，弘扬伟大建党精神，坚持稳中求进工作总基调，完整、准确、全面贯彻新发展理念，加快构建新发展格局，全面深化改革开放，坚持创新驱动发展，推动高质量发展，坚持以供给侧结构性改革为主线，以满足人民日益增长的美好生活需要为根本目的，统筹发展和安全，充分发挥法治的引领、规范、保障作用，加快建立全国统一的市场制度规则，打破地方保护和市场分割，打通制约经济循环的关键堵点，促进商品要素资源在更大范围内畅通流动，加快建设高效规范、公平竞争、充分开放的全国统一大市场，全面推动我国市场由大到强转变，为建设高标准市场体系、构建高水平社会主义市场经济体制提供坚强支撑。

（二）工作原则

——立足内需，畅通循环。以高质量供给创造和引领需求，使生产、分配、流通、消费各环节更加畅通，提高市场运行效率，进一步巩固和扩展市场资源优势，使建设超大规模的国内市场成为一个可持续的历史过程。

——立破并举，完善制度。从制度建设着眼，明确阶段性目标要求，压茬推进统一市场建设，同时坚持问题导向，着力解决突出矛盾和问题，加快清理废除妨碍统一市场和公平竞争的各种规定和做法，破除各种封闭小市场、自我小循环。

——有效市场，有为政府。坚持市场化、法治化原则，充分发挥市场在资源配置中的决定性作用，更好发挥政府作用，强化竞争政策基础地位，加快转变政府职能，用足用好超大规模市场优势，让需求更好地引领优化供给，让供给更好地服务扩大需求，以统一大市场集聚资源、推动增长、激励创新、优化分工、促进竞争。

——系统协同，稳妥推进。不断提高政策的统一性、规则的一致性、执行的协同性，科学把握市场规模、结构、组织、空间、环境和机制建设的步骤与进度，坚持放管结合、放管并重，提升政府监管效能，增强在开放环境中动态维护市场稳定、经济安全的能力，有序扩大统一大市场的影响力和辐射力。

（三）主要目标

——持续推动国内市场高效畅通和规模拓展。发挥市场促进竞争、深化分工等优势，进一步打通市场效率提升、劳动生产率提高、居民收入增加、市场主体壮大、供给质量提升、需求优化升级之间的通道，努力形成供需互促、产销并进、畅通高效的国内大循环，扩大市场规模容量，不断培育发展强大国内市场，保持和增强对全球企业、资源的强大吸引力。

——加快营造稳定公平透明可预期的营商环境。以市场主体需求为导向，力行简政之道，坚持依法行政，公平公正监管，持续优化服务，加快打造市场化法治化国际化营商环境。充分发挥各地区比较优势，因地制宜为各类市场主体投资兴业营造良好生态。

——进一步降低市场交易成本。发挥市场的规模效应和集聚效应，加强和改进反垄断反不正当竞争执法司法，破除妨碍各种生产要素市场化配置和商品服务流通的体制机制障碍，降低制度性交易成本。促进现代流通体系建设，降低全社会流通成本。

——促进科技创新和产业升级。发挥超大规模市场具有丰富应用场景和放大创新收益的优势，通过市场需求引导创新资源有效配置，促进创新要素有序流动和合理配置，完善促进自主创新成果市场化应用的体制机制，支撑科技创新和新兴产业发展。

——培育参与国际竞争合作新优势。以国内大循环和统一大市场为支撑，有效利用全球要素和市场资源，使国内市场与国际市场更好联通。推动制度型开放，增强在全球产业链供应链创新链中的影响力，提升在国际经济治理中的话语权。

二、强化市场基础制度规则统一

（一）完善统一的产权保护制度

完善依法平等保护各种所有制经济产权的制度体系。健全统一规范的涉产权纠纷案件执法司法体系，强化执法司法部门协同，进一步规范执法领域涉产权强制措施规则和程序，进一步明确和统一行政执法、司法裁判标准，健全行政执法与刑事司法双向衔接机制，依法保护企业产权及企业家人身财产安全。推动知识产权诉讼制度创新，完善知识产权法院跨区域管辖制度，畅通知识产权诉讼与仲裁、调解的对接机制。

（二）实行统一的市场准入制度

严格落实"全国一张清单"管理模式，严禁各地区各部门自行发布具有市场准入性质的负面清单，维护市场准入负面清单制度的统一性、严肃性、权威性。研究完善市场准入效能评估指标，稳步开展市场准入效能评估。依法开展市场主体登记注册工作，建立全国统一的登记注册数据标准和企业名称自主申报行业字词库，逐步实现经营范围登记的统一表述。制定全国通用性资格清单，统一规范评价程序及管理办法，提升全国互通互认互用效力。

（三）维护统一的公平竞争制度

坚持对各类市场主体一视同仁、平等对待。健全公平竞争制度框架和政策实施机制，建立公平竞争政策与产业政策协调保障机制，优化完善产业政策实施方式。健全反垄断法律规则体系，加快推动修改反垄断法、反不正当竞争法，完善公平竞争审查制度，研究重点领域和行业性审查规则，健全审查机制，统一审查标准，规范审查程序，提高审查效能。

（四）健全统一的社会信用制度

编制出台全国公共信用信息基础目录，完善信用信息标准，建立公共信用信息同金融信息共享整合机制,形成覆盖全部信用主体、所有信用信息类别、全国所有区域的信用信息网络。建立健全以信用为基础的新型监管机制,全面推广信用承诺制度,建立企业信用状况综合评价体系,以信用风险为导向优化配置监管资源,依法依规编制出台全国失信惩戒措施基础清单。健全守信激励和失信惩戒机制,将失信惩戒和惩治腐败相结合。完善信用修复机制。加快推进社会信用立法。

三、推进市场设施高标准联通

(一)建设现代流通网络

优化商贸流通基础设施布局,加快数字化建设,推动线上线下融合发展,形成更多商贸流通新平台新业态新模式。推动国家物流枢纽网络建设,大力发展多式联运,推广标准化托盘带板运输模式。大力发展第三方物流,支持数字化第三方物流交付平台建设,推动第三方物流产业科技和商业模式创新,培育一批有全球影响力的数字化平台企业和供应链企业,促进全社会物流降本增效。加强应急物流体系建设,提升灾害高风险区域交通运输设施、物流站点等设防水平和承灾能力,积极防范粮食、能源等重要产品供应短缺风险。完善国家综合立体交通网,推进多层次一体化综合交通枢纽建设,推动交通运输设施跨区域一体化发展。建立健全城乡融合、区域联通、安全高效的电信、能源等基础设施网络。

(二)完善市场信息交互渠道

统一产权交易信息发布机制,实现全国产权交易市场联通。优化行业公告公示等重要信息发布渠道,推动各领域市场公共信息互通共享。优化市场主体信息公示,便利市场主体信息互联互通。推进同类型及同目的信息认证平台统一接口建设,完善接口标准,促进市场信息流动和高效使用。依法公开市场主体、投资项目、产量、产能等信息,引导供需动态平衡。

(三)推动交易平台优化升级

深化公共资源交易平台整合共享,研究明确各类公共资源交易纳入统一平台体系的标准和方式。坚持应进必进的原则要求,落实和完善"管办分离"制度,将公共资源交易平台覆盖范围扩大到适合以市场化方式配置的各类公共资源,加快推进公共资源交易全流程电子化,积极破除公共资源交易领域的区域壁垒。加快推动商品市场数字化改造和智能化升级,鼓励打造综合性商品交易平台。加快推进大宗商品期现货市场建设,不断完善交易规则。鼓励交易平台与金融机构、中介机构合作,依法发展涵盖产权界定、价格评估、担保、保险等业务的综合服务体系。

四、打造统一的要素和资源市场

(一)健全城乡统一的土地和劳动力市场

统筹增量建设用地与存量建设用地,实行统一规划,强化统一管理。完善城乡建设用地增减挂钩节余指标、补充耕地指标跨区域交易机制。完善全国统一的建设用地使用权转让、出租、抵押二级市场。健全统一规范的人力资源市场体系,促进劳动力、人才跨地区顺畅流动。完善财政转移支付和城镇新增建设用地规模与农业转移人口市民化挂钩政策。

(二)加快发展统一的资本市场

统一动产和权利担保登记,依法发展动产融资。强化重要金融基础设施建设与统筹监管,统一监管标准,健全准入管理。选择运行安全规范、风险管理能力较强的区域性股权市场,开展制度和业务创新试点,加强区域性股权市场和全国性证券市场板块间的合作衔接。推动债券市场基础设施互联互通,实现债券市场要素自由流动。发展供应链金融,提供直达各流通环节经营主体的金融产品。加大对资本市场的监督力度,健全权责清晰、分工明确、运行顺畅的监管体系,筑牢防范系统性金融风险安全底线。坚持金融服务实体经济,防止脱实向虚。为资本设置"红绿灯",防止资本无序扩张。

(三)加快培育统一的技术和数据市场

建立健全全国性技术交易市场,完善知识产权评估与交易机制,推动各地技术交易市场互联互通。完善科技资源共享服务体系,鼓励不同区域之间科技信息交流互动,推动重大科研基础设施和仪器设备开放共享,加大科技领域国际合作力度。加快培育数据要素市场,建立健全数据安全、权利保护、跨境传输管理、交易流通、开放共享、安全认证等基础制度和标准规范,深入开展数据资源调查,推动数据资源开发利用。

(四) 建设全国统一的能源市场

在有效保障能源安全供应的前提下,结合实现碳达峰碳中和目标任务,有序推进全国能源市场建设。在统筹规划、优化布局基础上,健全油气期货产品体系,规范油气交易中心建设,优化交易场所、交割库等重点基础设施布局。推动油气管网设施互联互通并向各类市场主体公平开放。稳妥推进天然气市场化改革,加快建立统一的天然气能量计量计价体系。健全多层次统一电力市场体系,研究推动适时组建全国电力交易中心。进一步发挥全国煤炭交易中心作用,推动完善全国统一的煤炭交易市场。

(五) 培育发展全国统一的生态环境市场

依托公共资源交易平台,建设全国统一的碳排放权、用水权交易市场,实行统一规范的行业标准、交易监管机制。推进排污权、用能权市场化交易,探索建立初始分配、有偿使用、市场交易、纠纷解决、配套服务等制度。推动绿色产品认证与标识体系建设,促进绿色生产和绿色消费。

五、推进商品和服务市场高水平统一

(一) 健全商品质量体系

建立健全质量分级制度,广泛开展质量管理体系升级行动,加强全供应链、全产业链、产品全生命周期管理。深化质量认证制度改革,支持社会力量开展检验检测业务,探索推进计量区域中心、国家产品质量检验检测中心建设,推动认证结果跨行业跨区域互通互认。推动重点领域主要消费品质量标准与国际接轨,深化质量认证国际合作互认,实施产品伤害监测和预防干预,完善质量统计监测体系。推进内外贸产品同线同标同质。进一步巩固拓展中国品牌日活动等品牌发展交流平台,提高中国品牌影响力和认知度。

(二) 完善标准和计量体系

优化政府颁布标准与市场自主制定标准结构,对国家标准和行业标准进行整合精简。强化标准验证、实施、监督,健全现代流通、大数据、人工智能、区块链、第五代移动通信(5G)、物联网、储能等领域标准体系。深入开展人工智能社会实验,推动制定智能社会治理相关标准。推动统一智能家居、安防等领域标准,探索建立智能设备标识制度。加快制定面部识别、指静脉、虹膜等智能化识别系统的全国统一标准和安全规范。紧贴战略性新兴产业、高新技术产业、先进制造业等重点领域需求,突破一批关键测量技术,研制一批新型标准物质,不断完善国家计量体系。促进内外资企业公平参与我国标准化工作,提高标准制定修订的透明度和开放度。开展标准、计量等国际交流合作。加强标准必要专利国际化建设,积极参与并推动国际知识产权规则形成。

(三) 全面提升消费服务质量

改善消费环境,强化消费者权益保护。加快完善并严格执行缺陷产品召回制度,推动跨国跨地区经营的市场主体为消费者提供统一便捷的售后服务,进一步畅通商品异地、异店退换货通道,提升消费者售后体验。畅通消费者投诉举报渠道,优化消费纠纷解决流程与反馈机制,探索推进消费者权益保护工作部门间衔接联动机制。建立完善消费投诉信息公示制度,促进消费纠纷源头治理。完善服务市场预付式消费管理办法。围绕住房、教育培训、医疗卫生、养老托育等重点民生领域,推动形成公开的消费者权益保护事项清单,完善纠纷协商处理办法。

六、推进市场监管公平统一

(一) 健全统一市场监管规则

加强市场监管行政立法工作,完善市场监管程序,加强市场监管标准化规范化建设,依法公开监管标准和规则,增强市场监管制度和政策的稳定性、可预期性。对食品药品安全等直接关系群众健康和生命安全的重点领域,落实最严谨标准、最严格监管、最严厉处罚、最严肃问责。对互联网医疗、线上教育培训、在线娱乐等新业态,推进线上线下一体化监管。加强对工程建设领域统一公正监管,依纪依法严厉查处违纪违法行为。强化重要工业产品风险监测和监督抽查,督促企业落实质量安全主体责任。充分发挥行业协会商会作用,建立有效的政企沟通机制,形成政府监管、平台自律、行业自治、社会监督的多元治理新模式。

(二) 强化统一市场监管执法

推进维护统一市场综合执法能力建设,加强知识产权保护、反垄断、反不正当竞争执法力量。强化部门联动,建立综合监管部门和行业监管部门联动的工作机制,统筹执法资源,减少执法层级,统一执法标准和程序,规范执法行为,减少自由裁量权,促进公平公正执法,提高综合执法效能,探索在有关行业领域依法建立授权委托监管执法方式。鼓励跨行政区域按规定联合发布统一监管政策法规及标准规范,积极开展联动执法,创新联合监管模式,加强调查取证和案件处置合作。

(三) 全面提升市场监管能力

深化简政放权、放管结合、优化服务改革,完善"双随机、一公开"监管、信用监管、"互联网＋监管"、跨部门协同监管等方式,加强各类监管的衔接配合。充分利用大数据等技术手段,加快推进智慧监管,提升市场监管政务服务、网络交易监管、消费者权益保护、重点产品追溯等方面跨省通办、共享协作的信息化水平。建立健全跨行政区域网络监管协作机制,鼓励行业协会商会、新闻媒体、消费者和公众共同开展监督评议。对新业态新模式坚持监管规范和促进发展并重,及时补齐法规和标准空缺。

七、进一步规范不当市场竞争和市场干预行为

(一) 着力强化反垄断

完善垄断行为认定法律规则,健全经营者集中分类分级反垄断审查制度。破除平台企业数据垄断等问题,防止利用数据、算法、技术手段等方式排除、限制竞争。加强对金融、传媒、科技、民生等领域和涉及初创企业、新业态、劳动密集型行业的经营者集中审查,提高审查质量和效率,强化垄断风险识别、预警、防范。稳步推进自然垄断行业改革,加强对电网、油气管网等网络型自然垄断环节的监管。加强对创新型中小企业原始创新和知识产权的保护。

(二) 依法查处不正当竞争行为

对市场主体、消费者反映强烈的重点行业和领域,加强全链条竞争监管执法,以公正监管保障公平竞争。加强对平台经济、共享经济等新业态领域不正当竞争行为的规制,整治网络黑灰产业链条,治理新型网络不正当竞争行为。健全跨部门跨行政区域的反不正当竞争执法信息共享、协作联动机制,提高执法的统一性、权威性、协调性。构建跨行政区域的反不正当竞争案件移送、执法协助、联合执法机制,针对新型、疑难、典型案件畅通会商渠道、互通裁量标准。

（三）破除地方保护和区域壁垒

指导各地区综合比较优势、资源环境承载能力、产业基础、防灾避险能力等因素,找准自身功能定位,力戒贪大求洋、低层次重复建设和过度同质竞争,不搞"小而全"的自我小循环,更不能以"内循环"的名义搞地区封锁。建立涉企优惠政策目录清单并及时向社会公开,及时清理废除各地区含有地方保护、市场分割、指定交易等妨碍统一市场和公平竞争的政策,全面清理歧视外资企业和外地企业、实行地方保护的各类优惠政策,对新出台政策严格开展公平竞争审查。加强地区间产业转移项目协调合作,建立重大问题协调解决机制,推动产业合理布局、分工进一步优化。鼓励各地区持续优化营商环境,依法开展招商引资活动,防止招商引资恶性竞争行为,以优质的制度供给和制度创新吸引更多优质企业投资。

（四）清理废除妨碍依法平等准入和退出的规定做法

除法律法规明确规定外,不得要求企业必须在某地登记注册,不得为企业跨区域经营或迁移设置障碍。不得设置不合理和歧视性的准入、退出条件以限制商品服务、要素资源自由流动。不得以备案、注册、年检、认定、认证、指定、要求设立分公司等形式设定或者变相设定准入障碍。不得在资质认定、业务许可等方面,对外地企业设定明显高于本地经营者的资质要求、技术要求、检验标准或评审标准。清理规范行政审批、许可、备案等政务服务事项的前置条件和审批标准,不得将政务服务事项转为中介服务事项,没有法律法规依据不得在政务服务前要求企业自行检测、检验、认证、鉴定、公证以及提供证明等,不得搞变相审批、有偿服务。未经公平竞争不得授予经营者特许经营权,不得限定经营、购买、使用特定经营者提供的商品和服务。

（五）持续清理招标采购领域违反统一市场建设的规定和做法

制定招标投标和政府采购制度规则要严格按照国家有关规定进行公平竞争审查、合法性审核。招标投标和政府采购中严禁违法限定或者指定特定的专利、商标、品牌、零部件、原产地、供应商,不得违法设定与招标采购项目具体特点和实际需要不相适应的资格、技术、商务条件等。不得违法限定投标人所在地、所有制形式、组织形式,或者设定其他不合理的条件以排斥、限制经营者参与投标采购活动。深入推进招标投标全流程电子化,加快完善电子招标投标制度规则、技术标准,推动优质评标专家等资源跨地区跨行业共享。

八、组织实施保障

(一)加强党的领导

各地区各部门要充分认识建设全国统一大市场对于构建新发展格局的重要意义,切实把思想和行动统一到党中央决策部署上来,做到全国一盘棋,统一大市场,畅通大循环,确保各项重点任务落到实处。

(二)完善激励约束机制

探索研究全国统一大市场建设标准指南,对积极推动落实全国统一大市场建设、取得突出成效的地区可按国家有关规定予以奖励。动态发布不当干预全国统一大市场建设问题清单,建立典型案例通报约谈和问题整改制度,着力解决妨碍全国统一大市场建设的不当市场干预和不当竞争行为问题。

(三)优先推进区域协作

结合区域重大战略、区域协调发展战略实施,鼓励京津冀、长三角、粤港澳大湾区以及成渝地区双城经济圈、长江中游城市群等区域,在维护全国统一大市场前提下,优先开展区域市场一体化建设工作,建立健全区域合作机制,积极总结并复制推广典型经验和做法。

(四)形成工作合力

各地区各部门要根据职责分工,不折不扣落实本意见要求,对本地区本部门是否存在妨碍全国统一大市场建设的规定和实际情况开展自查清理。国家发展改革委、市场监管总局会同有关部门建立健全促进全国统一大市场建设的部门协调机制,加大统筹协调力度,强化跟踪评估,及时督促检查,推动各方抓好贯彻落实。加强宣传引导和舆论监督,为全国统一大市场建设营造良好社会氛围。重大事项及时向党中央、国务院请示报告。